中国资本市场
第三种模式

CHINESE
CAPITAL
MARKET
THE THIRD MODE

吴晓求 等 著

中国人民大学出版社
·北京·

图书在版编目（CIP）数据

中国资本市场：第三种模式 / 吴晓求等著. -- 北京：中国人民大学出版社，2022.1
ISBN 978-7-300-30094-8

Ⅰ. ①中… Ⅱ. ①吴… Ⅲ. ①资本市场-研究-中国 Ⅳ. ①F832.5

中国版本图书馆 CIP 数据核字（2021）第 259623 号

中国资本市场：第三种模式
吴晓求 等 著
Zhongguo Ziben Shichang: Di-san Zhong Moshi

出版发行	中国人民大学出版社			
社　　址	北京中关村大街 31 号		邮政编码	100080
电　　话	010-62511242（总编室）		010-62511770（质管部）	
	010-82501766（邮购部）		010-62514148（门市部）	
	010-62515195（发行公司）		010-62515275（盗版举报）	
网　　址	http://www.crup.com.cn			
经　　销	新华书店			
印　　刷	涿州市星河印刷有限公司			
开　　本	720 mm×1000 mm　1/16		版　次	2022 年 1 月第 1 版
印　　张	18.5 插页 2		印　次	2023 年 4 月第 2 次印刷
字　　数	261 000		定　价	78.00 元

版权所有　侵权必究　印装差错　负责调换

目 录

导 论 中国资本市场：从过去到未来 ······ 001
 一、中国资本市场发展的变革历程 ······ 001
 二、中国资本市场发展的历史使命：服务于国家经济战略转型 ······ 005
 三、中国资本市场发展新探索：第三种模式 ······ 009

第一章 中国资本市场：历史轨迹中的理论逻辑 ······ 016
 一、中国资本市场发展的历史轨迹 ······ 017
 二、中国资本市场发展的理论逻辑 ······ 025
 三、历史轨迹中的实用主义逻辑：融资角度的变革 ······ 050

第二章 中国资本市场：经济的战略转型与未来发展模式 ······ 055
 一、中国经济的战略转型 ······ 055
 二、资本市场与创新发展战略 ······ 065
 三、资本市场与数字经济转型 ······ 073
 四、资本市场与绿色经济发展 ······ 079
 五、资本市场与高水平开放 ······ 084

第三章 资本市场与实体经济：美国模式分析 ······ 095
 一、美国资本市场发展历程 ······ 096
 二、美国资本市场的特征 ······ 102
 三、对美国资本市场发展模式的综合评析 ······ 111
 四、美国资本市场与实体经济的关系 ······ 116
 五、结 论 ······ 121

第四章　资本市场与实体经济：德国模式分析 124
　一、德国经济与金融现状概述 125
　二、德国实体企业融资特点 138
　三、德国金融模式评价与中国金融发展建议 148

第五章　中国资本市场：美德模式的结构性选择 156
　一、金融体系与技术创新 156
　二、美德资本市场发展模式比较 164
　三、中国资本市场发展模式选择 168
　四、着眼于长期经济发展的资本市场 173
　五、完善金融支持科技创新的路径选择 174
　六、推动构建金融市场与银行"双峰"主导型金融体制 179

第六章　中国资本市场基础设施建设：从法制到透明度 184
　一、基于法制与透明度的市场完整性 185
　二、美德两种模式中资本市场基础设施比较：市场完整性视角 194
　三、中国资本市场法制建设的现状、不足与成因 198
　四、从法制到透明度：关于中国资本市场基础设施透明度建设的政策设想 208

第七章　中国资本市场的生态系统：培育多样化资本业态 219
　一、中国资本市场生态系统的构建：融资视角 219
　二、中国资本市场的生态系统：投资视角 238

第八章　中国资本市场的未来重点：市场化、法制化和国际化 263
　一、中国资本市场的改革重点：市场化 264
　二、中国资本市场的制度基础：法制化 267
　三、中国资本市场的发展趋势：国际化 275

后　记 289

Contents

Introduction　Chinese Capital Market: From Past to Future ·········· 001

Chapter 1　Chinese Capital Market: Theoretical Logic
　　　　　　in History Track ································· 016

Chapter 2　Chinese Capital Market: Strategic Transformation of Economy
　　　　　　and Future Development Mode ···················· 055

Chapter 3　Capital Market and Real Economy: US Approach Analysis ······ 095

Chapter 4　Capital Market and Real Economy: German Approach Analysis ··· 124

Chapter 5　Chinese Capital Market: Choice of Market Structure between US
　　　　　　and German Approaches ·························· 156

Chapter 6　The Construction of Chinese Capital Market Infrastructure:
　　　　　　From Legal System to Transparency ················· 184

Chapter 7　Ecosystem of Chinese Capital Market: Cultivation of Diversified
　　　　　　Capital Types ··································· 219

Chapter 8　Future Emphasis of Chinese Capital Market: Marketization, Legalization and Internationalization ······················· 263

Epilogue ·· 289

导 论
中国资本市场：从过去到未来
——如何构建新模式

摘　要：中国资本市场经历了三十多年的艰难探索，吸收了发达资本市场的先进理论与发展经验，融入了中国经济发展的实践基础与现实需要，正在形成有别于传统的市场主导模式和银行主导模式的第三种发展模式。本文从资本市场发展的变革历程、历史使命以及新模式探索三个方面，系统梳理了资本市场功能的变化及其与我国经济战略转型的深度耦合关系。在此基础上，深入分析当前中国经济发展的新目标、新路径，总结提炼出服务中国经济战略的市场与银行"双峰"或"双柱"主导型金融体系下的资本市场发展新模式。

一、中国资本市场发展的变革历程

从创立之初，中国资本市场就承担起为中国经济发展提供融资的功能，那时功能较为单一、制度尚不完善。进入 21 世纪，一些制度上的缺陷慢慢显露出来，中国资本市场的发展受到制约，远远跟不上中国经济的增长速度。通过多次重大变革，中国资本市场逐步实现制度化、规范化，其规模、结构、功能都发生了实质性的变化，不断向市场化、法制化、国际化迈进，为实体经济服务的重心正在从传统工业企业转向科技创新企业。

（一）金融脱媒时代的开启：以传统产业融资需求为主导

沪深交易所的设立与运行，是中国资本市场发展史上开天辟地的大事，拉开了中国金融结构性改革和金融脱媒时代的序幕。在资本市场成立以前，企业融资主要是以银行贷款为主，单一的融资渠道阻碍了经济体制的改革和企业活力的释放。很多企业都需要拓宽融资渠道，特别是股权融资，通过市场融资对资金进行长期配置，对风险进行合理分散。资本市场生生不息的发展，实质上源于脱媒力量的推动。

沪深交易所成为全国性的证券交易市场，需要建立全国统一的股票发行制度。当时，人们对资本市场的认识存在很多不足，将资本市场的功能局限于企业融资需求导向，结果制度建设跟不上，市场在行政主导下运行。在2000年以前，股票发行采用审批制，包括"额度管理"和"指标管理"两个不同阶段，完全由行政主导，计划经济色彩浓厚。在这样的制度安排下，企业一有市场融资需求，就向地方政府要"额度"、要"指标"，地方政府"额度"和"指标"用完时则向中央政府要，市场的功能没有被充分释放出来。在2001年以后，股票发行采用核准制，可进一步分为"通道制"和"保荐制"两个阶段。核准制虽在市场化上迈出了一大步，但在制度上仍是行政化的安排。

伴随着发行制度的探索与变革，中国资本市场的法律体系和监管体制发生了相应的变化。早期资本市场法律法规以地方政府行政规则和交易所业务规则为主，呈现显著的地方性与探索性的特征。但由于资本市场立法政出多门，同时缺乏高位阶的法律作为规范基础，相关规定之间容易出现脱节、矛盾等现象，缺乏一定的系统性。随着《中华人民共和国公司法》（简称《公司法》）和《中华人民共和国证券法》（简称《证券法》）的相继出台，中国资本市场开始形成更高层级的全国性法律法规，法制建设主导权逐步由地方转移至中央，逐步展现出统一性的特征。监管体制改革同样逐步从多部门分散化向集中统一转变。早期资本市场形成了中国人民银行主导、国务院证券委员会宏观管理、地方政府参与、交易所自律的监管体系。随着一系列监管机构和职能的合并统一，最终基本形成了证监会统一领导的全国性证券监管体制。

（二）制度规范时代的到来：以市场功能完善为特征

经过十几年的发展，中国资本市场初具体系。然而，以股权分置为代表的早期制度缺陷限制了中国资本市场的进一步成长壮大，造成资本市场的发展速度远远滞后于经济的增长速度。这样的市场不仅没有充分释放自身的潜能，没有体现出企业的成长性和市场价值，而且严重地打击了投资者的信心，不利于市场的长期健康发展。以 2005 年的股权分置改革为标志，中国资本市场进入规范化时代，完成了多次重大变革，逐步完善了市场的财富管理、优化公司治理、吸引外资等功能。

第一，股权分置改革。在资本市场成立之初，对国有股流通问题采取了搁置的方式，导致在制度上人为地使股权处于流通股和非流通股两类股东的分置状态。其中非流通股股东持股比例较高，约为三分之二，并且通常处于控股地位。股权分置下的两类股东的利益诉求存在重大差别，出现激励机制缺失问题，公司治理结构存在严重缺陷，使流通股股东的合法权益遭受损害。1998 年下半年以及 2001 年，中国资本市场曾先后两次进行国有股减持的探索性尝试。2005 年 4 月，股权分置改革试点正式启动，到 2006 年末基本实现股市的全流通状态。股权分置改革的成功，解决了股东利益不一致和激励不足的问题，为资本市场的规范化发展打下了坚实的基础。

第二，客户保证金存管机制改革。在资本市场发展早期，证券公司存在将客户交易结算资金（简称"客户保证金"）视同存款的错误认识，挪用客户资金的情况十分普遍，一度形成影响行业生存发展的重大风险。如果挪用金额较大，形成大量沉淀资金，就有可能造成投资者没有足够的资金买卖证券，对投资者的利益造成损害，极端情况下甚至可能造成挤提，进而引发证券市场乃至整个金融系统的危机。2006 年，证监会全面推行客户资金第三方存管制度，将投资者的资金与证券公司的自有资金完全分开，这标志着我国资本市场在保护投资者的利益方面迈出了坚实的一步。

第三，鼓励大型蓝筹股回归 A 股。为配合股权分置改革，保持股市稳定，A股IPO和增发暂停了很长时间，股票市场融资功能一度中断，很多大型国有企业选择到香港等境外交易所上市。新老划断后再无流通股和非流通股之分，A股融资大门再度打开。为扩大资本市场容量并提高A股上市公司整体质量，国家鼓励已经在境外上市的大型国有企业回归A股，掀起了大型蓝筹股回归大潮。股权分置改革后的大型蓝筹股回归，是A股市场结构的一次重要转型和提升，改善了上市公司整体结构和质量，让国内投资者能分享优质公司业绩增长红利，进而提振了国内外投资者对A股市场的信心。

第四，资本市场的扩大开放。中国资本市场开放模式，是在过渡性制度安排下，摸索性的多重管道式开放。继B股和合格境外机构投资者（QFII）制度的"引进来"式开放政策之后，2007年启动的合格境内机构投资者（QDII）制度开创了境内机构对境外资本市场投资的先河。2011年底推出的RQFII制度，为境外机构投资者通过离岸人民币投资境内资本市场开辟了渠道。对QFII/RQFII制度限制的逐步取消，以及沪深港通制度的实施和对相关限制的逐步取消，都提升了中国资本市场的影响力和国际化水平，加速了中国资本市场对外开放的进程。虽然这些制度都是在中国资本项下未实现完全自由兑换下的过渡性安排，但为中国资本市场吸引了大量境外投资者，推动了中国资本市场的开放化、国际化，提升了上市公司的整体质量和治理水平。

（三）注册制时代的来临：以服务科创企业为重心

在注册制改革之前，中国资本市场亦有市场化改革的探索，但都是局部的、阶段性的。注册制改革以股票发行制度为突破口，是涉及退市制度、并购重组制度、交易制度、信息披露制度、监督体制、法律体系等的系统性改革，是推动中国资本市场发展的、全方位的市场化改革。从注册制推行的一系列改革来看，中国资本市场以服务科技创新企业为重心，健全和完善资本市场配套制度体系，弥补制度和规则的缺陷，强力威慑和严厉打击违法违规行为，努力向"建制度、不干预、零容忍"的监管原则靠拢。

科创板、创业板、北京证券交易所（简称"北交所"）相继试行注册发行制度，既更好地让市场发挥资源配置的决定性作用，由市场来决定什么样的企业可以上市、以什么样的价格上市，又适应了中国经济发展向创新驱动转型的需要，更加强调为科技创新型企业服务。过去，中国经济处于全速追赶发达国家的阶段，主要依赖于要素驱动战略、投资驱动战略，实现了经济的持续高增长。如今，传统生产方式对经济增长的促进作用逐渐变得不显著，与生态文明和美好家园建设的目标存在冲突，大力发展科技创新成为新发展阶段的重中之重。注册制改革在为科创企业提供更多支持的同时，激发了一些如风险投资、私募股权等新金融业态的活力，进而鼓励更多企业家和创业者投身于高风险、高回报的科技创新，对推动产业升级、保障供应链安全有着至关重要的作用。

二、中国资本市场发展的历史使命：服务于国家经济战略转型

（一）从国际大循环到国内国际双循环

改革开放之初，国家在探讨沿海地区发展外向型经济时提出国际大循环战略，旨在鼓励和提倡沿海地区积极参与国际交换和市场竞争。国际大循环战略顺应了当时世界经济发展的形势与我国经济发展面临的历史机遇，既发挥了沿海地区的经济优势和有利条件，充分利用了国际市场和外商投资，也解决了农村剩余劳动力的出路问题，减少了沿海地区与内地的原料和市场竞争。2001年12月，中国加入世界贸易组织（WTO），中国企业进一步参与到国际分工和竞争中去，中国经济也保持了较长时期的快速增长。

在确立发展外向型经济的相当长的时间内，中国经济的对外依存度从1978年的10%持续上升至2006年64%的峰值（见图0-1）。中国经济通过国际大循环积极融入国际市场，使得国民总收入和人均收入都有了很大幅度的提升，但随着中国经济规模的快速增长以及世界经济形势的变化，中国经济的内部结构也在发生变化，表现为对国际市场的依赖程度有较大幅度的回

落，国内市场对经济增长的贡献愈发凸显。中国作为世界第二大经济体，在经济总量上介于美国和日本之间，经济对外依存度的变化态势会与美国和日本类似，上升至一定高度后回落，并在一定范围内上下浮动，大致水平是在25%左右。

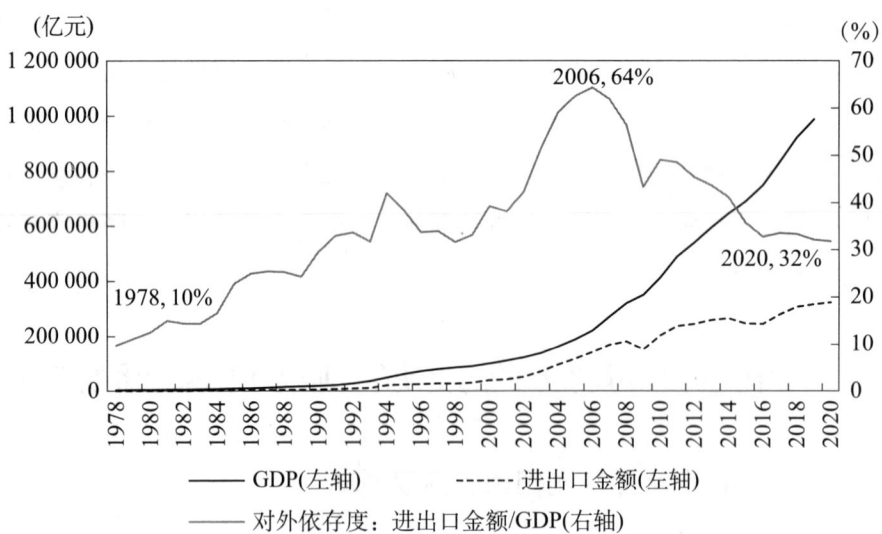

图0-1　1978—2020年中国经济规模及对外依存度变化情况

资料来源：国家统计局。

当前中国经济在规模、结构和增速上都发生了巨大变化，内生经济增长逐渐成为中国经济增长的驱动力。中国要充分认清当前面临的国际环境和国内情况，进而采取合适有效的举措来实现经济转型和产业升级战略，为经济可持续增长、社会稳定发展奠定良好的基础，从而逐步形成以国内大循环为主体、国内国际双循环相互促进的新发展格局。

中国经济进入新发展阶段，不再过分看重增长速度，遵循质量为主、效益为先的绿色发展理念，从增量扩张促进经济发展转变为存量提升经济发展。高质量发展对市场经济的作用提出了更高要求，必须是有升有降、有进有出的优胜劣汰过程，把低效率的成分淘汰掉，让高效率的要素占领市场。同时，新发展阶段对科技创新的要求出现了本质性变化，要实现从"模仿者"和"追赶者"向"并跑者"和"领跑者"的角色转变,即从模仿创新向原始创新转变,由此打通产业链供应链的阻塞点和风险点,打破"卡脖子"技术的封锁线。

(二)中国经济战略转型:新目标与新路径

2020年是具有里程碑意义的一年。中国已经全面建成小康社会,实现了第一个百年奋斗目标,并以此为新的起点,全面迈向社会主义现代化强国。"十四五"时期是开启全面建设社会主义现代化国家新征程、向第二个百年奋斗目标进军的第一个五年,中国正在进入新发展阶段。党的十九届五中全会对中国经济的远景目标做了全面规划:第一,到2035年建成中等发达国家,构建高水平社会主义市场经济体制。第二,实现在发展基础上的共同富裕。继续深化收入分配制度改革,缩小收入分配差距。第三,实现"双碳"目标。在2030年前实现碳达峰和在2060年前实现碳中和,走生态优先、绿色低碳的高质量发展道路。

要实现这些目标,中间具有诸多不确定性。新冠肺炎疫情的暴发和蔓延使得中国经济发展的外部环境变得更加严峻,这就意味着我们需要进一步挖掘中国经济增长的内生性动力,以国内需求作为发展的出发点和落脚点,加快构建完整的内需体系。扩大内需和促进消费,要依靠城乡居民人均收入增长,特别是提高低收入群体的收入水平和扩大中等收入群体。全球气候变化也在深刻影响着中国经济发展的进程。中国要实现"双碳"目标,意味着中国需要用全球最短的时间实现节能减排,这对长期以来我国高能耗的经济发展模式提出了极大的挑战。

由此可见,寻求科技创新和产业升级转型、挖掘内生经济增长动力是实现中国经济发展新目标的必然选择。要在保持经济增长的同时优化经济结构,打造安全高效的产业链供应链,发展战略新兴产业,实现基础研究和核心技术的突破;利用科技减少能源消耗、提高能源的使用效率,实现生产生活绿色转型。

(三) 中国资本市场发展的新使命

从基础设施建设、传统工业企业发展到新科技、新产业，中国经济增长的内生驱动力正在向创新转型，需要中国资本市场提供与之匹配的新金融业态和市场功能。服务科技创新、推动产业升级转型成为中国资本市场发展的历史使命，这是中国资本市场功能从以融资为主转向投融资并重内生要求的。

资本市场的发展离不开企业的成长性，缺乏成长性企业的市场是活力不足和功能难以发挥的，对经济发展的作用十分有限。企业的成长性不能长期依赖于规模的简单膨胀，否则很容易被新技术新产业所淘汰，这就决定了企业的成长性必须以科技创新为持续动力，也就形成了资本市场发展的内生性要求。由此可见，科技创新与资本市场发展存在紧密的耦合关系，在资本市场为科技创新提供资金和市场引导的同时，科技创新推动着资本市场的发展。

在过去三十多年的变革历程中，中国资本市场在制度、功能、规模及结构等方面已经取得长足的进步，但仍需深化市场化改革，加快适应科技创新的新变化和新要求，从而更好地服务于国家经济战略转型。

第一，提高市场配置资源效率，强化竞争和激励机制。坚持市场在资源配置中的决定性作用，深化以注册制为核心的股票市场制度改革，优化发行定价和交易机制，减少价格扭曲。完善退市制度，实现优胜劣汰。强化信息披露，依法治市，严厉惩戒违法违规行为。让真正具备科技创新决心和实力的优秀企业在资本市场的大浪淘沙中涌现，让资源高效支持科技创新、产业升级、绿色增长等高质量发展领域。

第二，支持新金融业态发展，适应市场的新变化和新要求。资本市场建立以后，一些新的金融业态如风险投资、私募股权、产业基金等开始涌现，改善了原有的商业银行贷款的单一融资渠道，更好地匹配了创新性产业活动的风险特征。资本市场要进一步释放新业态的活力，满足科技创新日益多样化的金融需求，为有创新精神的企业家和创业者提供有力的支持，为资本市场注入新的活力,让企业与投资者共担风险、共享收益,由此慢慢形成一种良性循环。

第三,完善多层次资本市场,满足处于产业生命周期不同阶段的企业的需要。目前,中国资本市场已经形成了以主板市场和二板市场为主的场内市场以及以三板市场和四板市场为主的场外市场。未来,中国资本市场还会培育出更多长期资本,满足专精特新企业的长期融资需求,为提升制造业核心竞争力和经济硬实力保驾护航。多层次的资本市场要为各类大中小的创新型企业提供适合的挂牌、转让、融资、估值等服务,让有技术的企业做大做好,让优势互补企业做优做强,让技术领跑的企业扩大优势地位并有能力参与国际竞争,逐步在企业间形成良性的竞争环境,使企业家的积极性得到进一步激发,创新的激励作用得到进一步强化。

三、中国资本市场发展新探索:第三种模式

中国经济发展正面临从高速增长阶段向高质量发展阶段的转变,在这一过程中,经济增长从规模扩张向结构优化转变,从要素驱动向创新驱动转变。创新成为引领高质量发展的第一动力。科技创新往往在总体上呈现出高投入、高风险、高回报、长周期的特征,需要通过从基础研究到技术开发再到产业化应用的长路径来实现市场回报。虽然创新成功后的高收益能够给创新者和投资者带来巨大的回报,甚至推动整个产业或者经济实现快速发展,但是在实现科技创新的不同阶段,往往都需要大量高水平专业人员和研究资金的投入,研发过程面临反复失败的风险,创新成果的应用和产业推广又需要巨额资本的支撑。这就导致科技创新活动离不开金融的支持,尤以资本市场的作用更为重要。

(一)市场主导与银行主导下的金融体系

当今世界金融体系模式的发展大体可以分为两种:一种是以美国、英国

为典型的市场主导型金融体系，市场为企业活动和经济发展提供强大的推动力；另一种是以德国、日本为典型的银行主导型金融体系，银行采取一些不同于英美的创新性金融安排，部分替代了市场对科技创新的推动作用（吴晓求等，2005）。市场主导与银行主导两种金融模式，与一国的经济发展和创新体系有很大的关联，美德模式之间的差异既与金融体系自身发展有关，也与企业创新活动需要有密切联系。

美国的现代金融业最早可追溯到独立战争时期，当时银行是美国最先产生的金融组织形式，并在很长时间内是美国金融体系的重要组成部分。美国金融体系经历了四次大的调整，其中两个阶段商业银行发挥了绝对主导作用。在大萧条之后，美国资本市场开始在一个严格的规章制度框架下逐渐取代商业银行体系成为科技创新的主要推动者。这种金融结构变化背后的原因主要体现在三个方面：一是美国民众对权力集中的"根深蒂固的恐惧和反感"导致国家在金融政策制定过程中采取了抵制大银行的思路，并体现在若干金融法案中，这种分散化政策严格限制了商业银行的发展；二是大萧条后美国资本市场建立了高效全面的制度体系，促进了美国资本市场的规范、快速、健康发展；三是在20世纪70年代，美国以信息革命为契机进行了产业升级，国民经济在电子、信息、生物等新兴产业的带动下进入了新的快速发展阶段。因此，美国依靠强大的资本市场实现了资本市场与创新型企业的结合，推动了产业结构由重工业向高新技术产业变迁的成功转型。

从美国技术创新发展的特点来看，长期以来，美国政府和企业将大量研发费用投入到基础研究中。美国政府对诸多新兴产业如半导体和互联网等投入大量资金，吸引大量企业参与，为美国在相关领域保持世界领先地位奠定了坚实的基础。同时，美国大量企业设立了著名的企业实验室，如AT&T贝尔实验室、杜邦中心实验室、默克研究实验室等，这些企业的发展证明了基础研究对企业盈利能力和成长性具有巨大作用。时至今日，美国仍然保持着超大规模的研发投入，2018年全美研发支出达5 816亿美元，居世界首位（UNESCO的统计数据）。普华永道的全球企业创新报告（2018）显示，亚马逊、Alphabet、英特尔、微软、苹果、强生、默克七个美国企业位列全球企业创新前10强。现在，美国大型企业逐渐退出基础研究，但是美国政府长期高度重视基础研究并形成了新的"创新分工"体系，即大学专注于基础研究，大型公司专注于技术的应用和商业化。

德国是典型的银行中心型金融体系，全能银行在公司融资、公司治理中均占据重要地位，资本市场极不发达。德国选择发展以银行业为主体的金融体系的原因在于：第一，德国企业更不喜欢股权融资的方式。这既是因为德国的资本市场不够发达，又是因为家族企业在德国经济体系中占有很高的比重，而相关企业担忧在公开上市后会出现企业控制权转移问题（Vitols，2001）。第二，德国的全能银行与企业之间形成了密切的联系。这些银行通常与企业建立长期信贷关系，这样做不仅能够为企业提供大量信贷资金支持，而且能够通过持有企业的大量股票及在董事会中任职等方式强化与企业的联系并给予相应创业指导（Hirsch-Kreinsen，2011）。第三，德国对金融监管宽容度较低，这是因为大陆法更偏向于考虑公共利益及其对私人缔约的限制。这一特征的优点是整个金融体系运行比较稳健，金融业务和创新更多地只能围绕实体经济去拓展，不易出现由金融危机引发的经济危机。缺点是对更多的金融创新进行了限制，使得金融业活力不足（黄宪等，2019）。

虽然在德国的经济转型过程中资本市场对企业并没有太多的直接支持，但是德国的创新型企业并没有陷入融资难题（张晓朴等，2021）。原因在于德国中小型企业数量众多，而且受到重视，对其提供稳定贷款是德国的一项重要政策。德国的商业银行把服务的重点对象锁定在创新型中小企业上，企业与银行间形成了稳定的联系。此外，复兴信贷银行作为国家政策性银行为德国新兴产业的发展做出了巨大贡献。但是，资本市场的不发达也同时抑制了德国风险资本的发展。德国风险资本的来源主要是银行，养老基金等近几年才提供支持，且力度很小。德国风险资本对创业企业早期阶段投入不足，在投资领域对生物、医药、信息等方面的投入也不够。此外，通过IPO退出的机制不畅通，也大大影响了风险资本的收益，从而阻碍了整个行业的发展。与美国发达的资本市场相比,德国上市公司规模和占 GDP 的比重都远远小于美国上市公司(见图 0-2)。

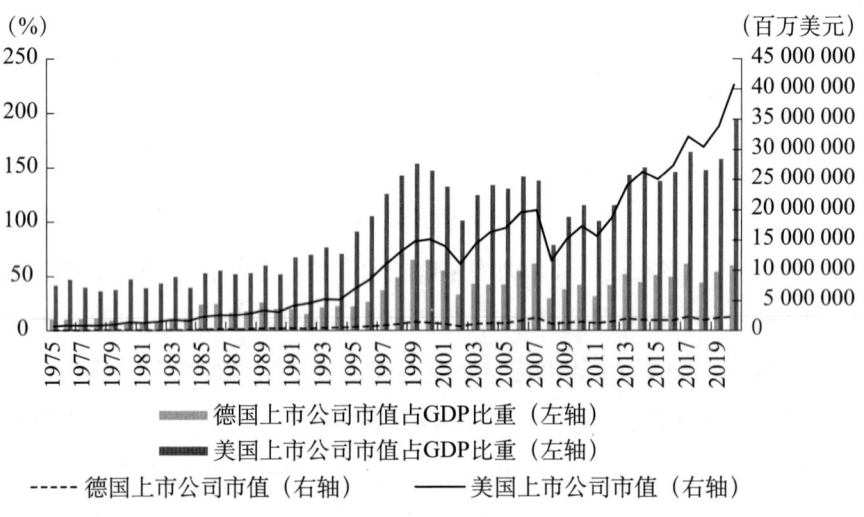

图 0-2 美国、德国上市公司市值和市值占 GDP 比重

资料来源：CEIC 数据库。

从德国的创新体系来看,企业处于中心地位。德国中小企业具有以创新为导向的企业文化,因为德国的中小企业数量庞大且具有异质性,德国中小企业的创新活动呈现出结构上较强的灵活性,同时由于大部分中小企业是家族企业,得益于扁平的管理结构,其创新活动的效率较高。企业引领的创新模式虽然较难出现具有引领时代进步的重大创新,但在革命性创新出现后,企业能够迅速跟进,深度挖掘原创的潜能,把创新成果推广和应用于更加广阔的领域,扩展和延伸创新的价值链。总之,和谐的劳资关系、企业和行业协会深度合作下的职工培训制度、个人对职业和企业的忠诚、精益求精的工匠精神以及表现为社团主义的集体主义文化是这种模式的突出优势(沈越,2020)。

(二)资本市场发展的中国探索：第三种模式的形成

中国资本市场的发展除了遵循资本市场一般性原则和英美市场的理论内核

外，还做出了自己的一些探索，正在形成适应中国经济战略转型需要的资本市场发展模式。这一模式在大陆法系的基础架构上实现了顺应科技创新要求的市场化改革，主要体现在三个方面：一是在董事会和监事会双层治理模式下嵌入的独立董事制度与监事会制度共同奠定了中国上市公司内部监督体系；二是注册制改革引入的特殊投票权制度满足了高科技公司创始人通过双重股权结构保留公司控制权的需要；三是正在实践中摸索的代表人诉讼制度在学理上突破了关于"代表人必须同时是案件当事人"的传统认识，在实践上直接赋予了投保机构基于当事人委托而成为代表人的法律地位，这对构建中国特色的证券集体诉讼[①]制度具有基础性的、特别的意义。

中国资本市场的新探索与国家经济转型战略深度耦合，正在形成有别于美、德模式的第三种资本市场发展模式。这种模式与其说是资本市场发展的第三种模式，不如说是金融发展的第三种模式。这一模式既不同于美国的市场主导型金融体系，又不同于德日的银行主导型金融体系，而是一种市场与银行双峰主导型现代金融体系，这是由中国经济进入高质量发展阶段决定的。其精髓在于，在吸收发达国家资本市场发展历史中所形成的大多数、一般性原则的基础上，有限地引入了国家战略意图的引导作用，完善了原有法律结构约束，有效地吸收了有利于资本市场发展的独立董事制度等英美法系元素，使资本市场的法律规范走上了大陆法系和英美法系的"融合"之路。

从长期来看，中国经济的基本面发生了历史性的实质变化，已经进入一个经济发展的新阶段。在这个新阶段中，将发生一系列全局性、长期性的新现象、新变化。其中一个重要特征就是经济发展从要素驱动、投资驱动转向创新驱动，技术进步成为推动经济增长方式转变、实现长期稳定增长的核心动力。商业银行体系具有规模上的优势，对国民经济稳定运行至关重要，但相比金融市场，更侧重于满足低风险产业的融资需求，更有助于传统成熟产业的发展（Allen and Gale，2000；龚强等，2014）。资本市场具有多样化的金融业态和专

---

① 集团诉讼是美国法的概念，集体诉讼是中国法的概念。

业化的管理团队，能够满足企业和投资者各式各样的需求，依托于风险分散机制下的融资功能和财富管理功能，更适合于推动高科技创新。

中国需要积极推动科技创新来实现经济转型升级，打通产业链供应链的阻塞点、风险点，从制造业大国转变为制造业强国，所以中国更需要进一步推动资本市场发展，充分发挥资本市场对于推动科技、资本和实体经济高水平循环的枢纽作用，形成与中国经济规模和创新水平相匹配的金融体系。大力发展股权融资和资本市场，以风险投资和直接融资为主体，运用金融市场的风险分散机制为投资者提供多样化的金融产品，不仅有助于解决间接融资主导体系下企业杠杆率过高的问题，而且有助于应对期限错配和权益错配。此外，资本市场发展带来的财富效应也有助于在需求端推动消费升级，成为拉动内循环继而促进内外循环联动的强劲动力。

由此可见，中国资本市场要发展的第三种模式，是一种基于中国的制造业大国地位和创新型国家发展战略，能与经济体量相匹配、与科技创新相适应的市场化进程。中国模式不仅依赖于银行所提供的大量信贷资金对整个经济稳定运行的支持，而且需要资本市场风险分散机制下的投融资功能对科技创新的推动。在未来，中国资本市场的发展道路一定要立足于中国的发展实际，坚持建设大国金融下的现代金融体系和保持资本市场健康、稳定、长久运行的发展目标，持续推进市场化、法制化、国际化的建设。要以注册制改革为契机，全方位推进市场化建设，进一步推进法制体系的健全和完善，逐步提升资本市场开放化和国际化水平，努力把中国资本市场建设成为人民币计价资产交易和全球财富管理的国际金融中心。

中国资本市场历经千难万险，在摸索中不断成长，逐步探索出一种符合自身发展和国家战略需要的发展模式，朝着大国金融的现代金融体系和国际金融中心不断迈进。然而，中国资本市场模式仍不乏一些问题需要我们深入思考和继续改进，例如，如何平衡国家战略发展问题与市场发挥主导作用之间的冲突，如何均衡有效地调节市场的融资功能与财富管理功能，以及如何应对一些在大陆法系基础上发展起来的混合趋势对我国现有司法体系需要改革和完善部分带来的挑战等。

参考文献

[1] Allen F, Gale D. Financial contagion. Journal of Political Economy, 2000, 108 (1): 1-33.

[2] Hirsch-Kreinsen H. Financial market and technological innovation. Industry and Innovation, 2011, 18 (4): 351-368.

[3] Vitols S. The origins of bank-based and market-based financial systems: Germany, Japan, and the United States. Discussion Papers, Research Unit: Economic Change and Employment FS I 01-302, WZB Berlin Social Science Center, 2001.

[4] 龚强, 张一林, 林毅夫. 产业结构、风险特性与最优金融结构. 经济研究, 2014 (4): 4-16.

[5] 黄宪, 刘岩, 童韵洁. 金融发展对经济增长的促进作用及其持续性研究: 基于英美、德国、法国法系的比较视角. 金融研究, 2019 (12): 147-168.

[6] 沈越. 新时代中国创新模式的转换与升级: 基于一个理论框架的历史演化分析. 社会科学战线, 2020 (2): 42-48.

[7] 吴晓求, 方明浩. 中国资本市场30年: 探索与变革. 财贸经济, 2021 (4): 20-36.

[8] 吴晓求, 汪勇祥, 应展宇. 市场主导与银行主导: 金融体系变迁的金融契约理论考察. 财贸经济, 2005 (6): 3-9, 96.

[9] 吴晓求, 许荣, 孙思栋. 现代金融体系: 基本特征与功能结构. 中国人民大学学报, 2020 (1): 60-73.

[10] 张晓朴, 朱鸿鸣, 等. 金融的谜题: 德国金融体系比较研究. 北京: 中信出版社, 2021.

第一章

中国资本市场：历史轨迹中的理论逻辑

　　摘　要：本章从中国资本市场三十余年发展的历史轨迹中梳理出理论逻辑，三十余年的发展历程基本沿着市场化和法制化这一逻辑主线展开。市场化法制化的推进，促进了市场功能的拓展、升级。融资功能得以发挥和持续，资产定价功能、资源配置功能不断增强，风险管理功能正在显现，投资功能、财富管理功能正在受到重视，资本市场功能正在向深层次、多样化发展，促进了中国金融的现代化进程。

　　中国资本市场创立初期，弱小的资本市场转型特征明显，带有浓厚的"计划"色彩和"人为"痕迹，在艰难探索中，拉开了中国金融结构改革和金融脱媒的序幕。之后的资本市场改革，既有市场化、法制化的渐进式推进，又有针对股权分置、发行制度等重大问题的攻难克坚。市场化、法制化水平不断提高，股票发行注册制和较为完善的法律体系以及较为健全的资本市场层次等，标志着中国资本市场建设取得了显著成效，留下了一条蜿蜒向前的、清晰的市场化和法制化逻辑主线。这条逻辑主线还将伴随中国资本市场的发展继续向前延伸。

　　中国资本市场历经三十余年的探索、建设和发展，回视其发展壮大以及曲折前行的历史轨迹，能够梳理出清晰的理论逻辑：随着金融脱媒的开启、对市场作用认识的逐步深刻、市场化建设的逐步推进、法制化特征的逐渐清晰、金融功能从较单一向多样化的升级和演进，发展趋势越来越清晰，金融现代化方向特征雏形初现，并将逐渐收敛于既吸纳现代资本市场的核心元素和基本原则又有自身特征的"第三种模式"。中国金融体系的这种模式既不完全等同于以美国为代表的市场主导型金融体系，又有别于以日、德为代表的银行主导型金融体系，而是具有市场和银行双峰（双柱）特征的现代金融体系。以市场化、法制化为核心的现代资本市场一峰将更加侧重于推动创新和财富管理功能。

一、中国资本市场发展的历史轨迹

（一）中国资本市场的创立与初期探索：中国金融脱媒时代的开启

20世纪80年代后期各地出现了资本市场的雏形。1986年8月5日，沈阳市信托投资公司主办的沈阳市证券市场开业；1986年9月26日，中国工商银行上海信托投资公司静安营业部开始代理股票买卖业务；1987年4月，沈阳北方证券公司成立。随着改革开放的逐步深入，经济逐渐从计划向市场转型，越来越多的企业开始进行股份制改革，股票发行和投资者队伍日益壮大，为适应企业和投资者对证券交易的需求，股票和债券的柜台交易陆续在全国各地出现。初期，股票发行缺乏全国统一的法律法规，资本市场缺乏统一监管，市场秩序混乱导致违规交易行为频发。上海证券交易所（简称"上交所"）和深圳证券交易所（简称"深交所"）分别于1990年12月19日和1991年7月3日正式开业。虽然诞生之初的中国资本市场还很弱小，但是这一壮举却是中国金融结构变革和金融脱媒之路的开端。自此直接融资走上了发展之路。

初期的中国资本市场面临着"姓资还是姓社"的争论。1992年邓小平的南方谈话，为后续国内资本市场的发展扫清了思想上的障碍。但是鉴于当时的环境和条件，市场监管还远远赶不上市场的快速发展，出现了很多问题，以至出现了"8·10"事件。至此，成立一个专门对资本市场进行监管的国家机构已是一个刻不容缓的问题。不久之后，1992年10月，国务院证券委员会和中国证券监督管理委员会（简称"中国证监会"）成立。1992年底，国务院发布了《关于进一步加强证券市场宏观管理的通知》，标志着我国资本市场开始被逐步纳入全国统一监管框架。1997年12月，国务院颁布《证券交易所管理办法》（现已失效），其中明确规定"证券交易所由中国证券监督管理委员会监督管理"，结束了沪深证券交易所在地方政府领导下的竞争，我国证交所管理开始走向统一，标志着全国性市场由此形成并初步发展。

沪深证券交易所的建立标志着中国资本市场正式成为市场体系的重要组成部分，为以后资本市场的理论探索提供了重要支撑，为中国资本市场实践建立了核心平台。沪深证券交易所的设立对中国经济和金融改革具有里程碑式的意义，意味着中国金融脱媒时代的来临，虽然进程缓慢，但对中国金融的结构性变革和现代企业制度的形成具有深远影响。

（二）市场运行机制的重构：从股权分置到全流通

在资本市场成立初期，人们对市场经济的认识还相当肤浅，在制度设计、政策设计上存在矛盾和犹疑，其中争议的核心问题是：资本市场到底是姓"社"还是姓"资"？政府部门采取了一个折中的办法，提出"国有存量股份不动，增量股份筹集转让"的股权分置暂行模式：首先，将国有企业原有的净资产折成国有股份，不允许进行上市流通，只可通过场外协议转让（非流通股）；之后，在原有的净资产之外再多发出一部分股权形成增量股份对外发行，在资本市场上流通（流通股）。

流通权的差异导致了流通股和非流通股定价机制的差异，流通股按市价在证券交易所挂牌交易，而非流通股则按净资产价格协议转让，这就导致非流通股股东和流通股股东分别以资产净值最大化和资产市值最大化为利益目标，两类股东处于割裂状态。在2004年股权分置时期，以国有股和法人股为代表的非流通股占比高达70%。由于流通股供应的稀缺性和更强的流动性，流通股的价格往往远高于非流通股，但是流通股股东和非流通股股东所持的每股股票享有的公司控制权又是一样的，换而言之，流通股股东需要花费更高的成本来取得与非流通股股东一样的控制权,这就形成了"同股同权不同价"的局面,严重损害了流通股股东的利益,也为后续非流通股股东频繁推动上市公司在二级市场上向流通股股东高价再融资,进一步侵害流通股股东的利益埋下了隐患。此外,仅占25%~30%的流通股让资本市场无法充分实现其价格发现功能,流通股和非流通股的双定价体系也让股价难以反映上市公司的真实价值,扭曲了资本市场的定价功能,定价功能的缺失又进一步影响了资源配置功能的发挥。

1. 股权分置改革的必要性

股权分置严重损害了我国资本市场的正常发展,是引发我国上市公司内幕交易频发、关联交易盛行、资金使用低效、业绩不断下滑的重要原因。股权分置所带来的诸多弊端随着我国资本市场的逐步发展日益显现,主要可以归纳为:第一,股权分置导致流通股股东和非流通股股东之间缺乏共同的利益基础,造成了股东之间的利益冲突;第二,股权分置扭曲了资本市场的定价机制;第三,股权分置影响了资源配置功能的有效发挥;第四,股权分置导致我国难以形成有效的并购重组机制;第五,股权分置不利于上市公司建立完善的公司治理结构;第六,股权分置是市场内幕交易盛行的微观基础。

我国上市公司股权分置问题已经成为我国资本市场发展的枷锁,是我国资本市场的一项重大基础制度缺失。因此,股权分置改革不仅涉及非流通股份的流通问题,而且是重塑我国资本市场各项基本功能的关键。股权分置是引发上述问题的根源,进行股权分置改革,就是要在根本上改善和解决这些问题,引导我国资本市场健康发展。

2. 股权分置的历史回顾

回顾股权分置改革的整个进程,两次国有股减持可以被看作是股权分置改革的起点,第一次是1999年9月在党的十五届四中全会上提出的,第二次是在2001年6月12日由国务院提出的,但是两次尝试都引发了股价暴跌,与市场预期存在巨大落差,最终导致两次国有股减持计划都流产了。经历了两次国有股减持试错式的失败后,证监会从中吸取教训、总结经验,于

2003年11月通过网络向社会公众集思广益，征集国有股减持方案。证监会逐渐意识到，协调各方利益，保证流通股股东的权益不受侵害，才是成功推进股权分置改革的关键所在。

2004年1月31日，国务院发布《关于推进资本市场改革开放和稳定发展的若干意见》（简称"国九条"），提出"积极稳妥解决股权分置问题。规范上市公司非流通股份的转让行为，防止国有资产流失。稳步解决目前上市公司股份中尚不能上市流通股份的流通问题。在解决这一问题时要尊重市场规律，有利于市场的稳定和发展，切实保护投资者特别是公众投资者的合法权益"，为股权分置改革提供了最为直接的政策依据。2005年4月29日，经过国务院批准，中国证监会发布了《关于上市公司股权分置改革试点有关问题的通知》，确立了"市场稳定发展、规则公平统一、方案协商选择、流通股东表决、实施分步有序"的操作原则，股权分置改革试点正式启动。经过两批公司试点取得初步成功后，2005年8月23日，经国务院同意，中国证监会等五部门联合发布《关于上市公司股权分置改革的指导意见》，中国证监会等部门随后又出台了相关的配套政策从而细化了股权分置改革的操作准则，为股权分置改革的全面推进建立了完整的法制框架，标志着股权分置改革从试点阶段开始转入积极稳妥地全面铺开的新阶段。经过两年的股权分置改革，基本实现上市公司股份的全流通。

改革取得成功的重要原因是，将基本的理论逻辑应用于实践，很好地平衡了流通股和非流通股的利益关系。股权分置改革的本质是要让非流通股得以流通起来（即获得流通权），从而实现同股同权。而流通股的流通权是因为支付了较非流通股更高的认股成本，非流通股之所以没有流通权是因为支付了较流通股更低的认股成本。非流通股股东想要换取流通权，这实际上是一种对契约的变更。变更后，必然会改变资本市场上股票的供求关系，从而对股票价格造成影响，令流通股股东蒙受损失，因此非流通股股东需要支付相应的"对价"来对流通股股东权益受损的部分进行补偿。在金融理论中，任何能够给未来带来收益的权利都是可以定价的。所以，非流通股股东要获取流通权就要付出成本。至于对价，标准上市公司之间不必相同，可采取较为灵活的、体现流通股股东意志的、由两类股东认可的方案。方案设计的多样化正是中国资本市场创新之处的体现。

(三) 中国资本市场的注册制改革：市场化时代的全面来临

中国资本市场一直进行着局部的、阶段性的市场化改革探索。2019年6月开启的注册制改革是一次全面的市场化改革，并由此推动中国资本市场全方位的系统性改革。这次改革是以股票发行制度为突破口，从发行制度到退市机制、从信息披露到监管制度及法律体系的全方位重大改革。

发行制度改革是本次改革的核心。回顾我国股票发行制度的改革过程，可以清晰地发现其不断从计划经济色彩向市场化机制转变。中国资本市场股票发行制度主要经历了审批制、核准制（包括通道制、保荐制）和注册制。

1. 审批制

在我国资本市场成立初期，受计划经济大环境的影响，最初的股票发行制度也具有很强的行政色彩，股票发行的额度被牢牢管控在行政机关的手中，其本质是计划经济下的股票发行制度。一方面，我国各方机关对资本市场的成立与发展仍持怀疑态度，甚至认为资本市场和市场经济是属于资本主义的制度，社会主义是不能搞资本市场的；另一方面，资本市场作为一种新生事物，我国各方机关对它的认识还不够全面，对资本市场规则和制度的了解不够深入，出于稳定社会经济的考虑需要谨慎地将其纳入国家的严格管控。因此，在多方考虑后，我国尝试性地推出了"审批制"。

在审批制下，国务院首先会根据国家经济和资本市场发展现状确定一个国内股票总发行额度，接着根据各省份经济在国民经济中的地位来确定分发给各省份的额度，最后由各省份和部委在各自分到的额度内预选企业，并将预选的结果推荐给证监会进行最终复核。在这种额度管理的股票发行制度下，企业发行股票的首要条件是取得指标和额度，因此，股票发行额度成了各个企业的竞争焦点。在这种制度下，股票发行额度成了一种稀缺资源，只有少数企业可以取得上市资格,因此许多企业开始采取另一种手段来达成上市,即"买壳上市"。

一方面,由于退市制度不够完善,导致"壳公司"难以退市;另一方面,因为审批制度下上市资源的匮乏,很多运营良好、急需融资发展的公司想上市却上不了。此外,审批企业上市的权力被掌握在证监会手中,在国有企业股份制改革的大背景下,证监会天然地向国有企业倾斜,导致理应按照市场机制来配置的上市资源被人为干预,其结果就是产生了巨大的寻租空间。

审批制下产生的另一问题是企业的虚假包装问题。为了谋求上市并在上市后尽可能多地"圈钱",企业纷纷开始粉饰财务报表,甚至靠做账达标的方式来达到上市的要求。审批制是特定历史条件下的产物,随着资本市场的发展,这种落后的股票发行制度必将被淘汰。

2. 核准制

(1) 通道制。

随着我国逐步由计划经济体制向市场经济体制转型,审批制这种计划经济下的股票发行制度已经不再适合我国资本市场的发展。但是要想使资本市场的制度安排从"政府主导型"向"市场主导型"方向一下子完成转变,是不大现实的。因此在2001年审批制被取消后,证监会不再做"额度管制",而是开始对证券公司实施"通道管理",即:证监会首先确定各个证券公司所拥有的发股通道数量,接着证券公司根据通道数量推荐企业,由证券公司将推荐的企业逐一排队,按序推荐,且证券公司所推荐的企业每发行上市一个才能再报一个。

该制度本质上仍是通过行政手段来限制证券公司同时推荐的发行人数量,实现对准上市公司数量乃至扩容节奏的控制,因此通道制仍具有"行政控制"的成分。但是通道制的实施让证券公司开始在投行业务上正式有了自己的话语权,并且承担了一部分发行筛查的职责,这是我国股票发行制度向市场化迈进的重要一步。

(2) 保荐制。

核准制下的"通道制"只是"保荐制"推出前的试水，因此"通道制"只存在了很短的一段时间。2003年12月中国证监会颁布了《证券发行上市保荐制度暂行办法》，标志着"通道制"正式过渡到"保荐制"。保荐制是指由证券公司保荐人负责对发行人的上市进行推荐和辅导，核实公司发行上市文件中所记载资料是否真实、准确、完整，协助发行人建立严格的信息披露制度，并承担风险防范责任。由此可见，保荐制加大了证券公司的责任，证券公司不仅需要对发行企业进行事前监督，而且需要一并承担股票发行的风险。

在保荐制下，发行人在申请发行股票时不仅需要如实公开披露企业的经营状况，而且必须符合有关法律和证券监管机构规定的必要条件。证券监管机构需要对申报企业的资料进行核查，例如材料的真实性、完整性、及时性、准确性等，也要对发行人的财力、素质、营业性质、发展前景、发行数量和发行价格等方面进行细致的审查，并据此判断发行人是否符合发行条件。如若发行人没有严格遵守相关条例，或者不符合股票发行条件，证券监管机构有权对股票发行申请进行否决。

由于保荐制强制申请企业进行信息披露，提高了市场透明度，在一定程度上降低了发行风险，遏制了审批制下企业虚假包装的问题。此外，核准制下的保荐制强化了发行监管，引入了证券公司和证券监管机构的"事前＋事中"的双重监管，初步建立了证券发行监管的法规体系，提高了发行审核工作的程序化和标准化程度，进一步弱化了行政审批的权力。只要符合发行条件，企业就可以进入上市候选名单，而能不能真正上市，则要看企业本身的实力。核准制下的保荐制进一步推进了我国股票发行制度的市场化程度，并为我国的资本市场输送了一大批优秀的中小企业。

虽然核准制可以阻止质量差的股票发行，从而保护投资者利益，但是保荐制下企业的上市审核权一直被掌握在证监会手中，上市门槛较高且要求较严，较长的审核周期和较低的审核效率增加了企业上市的难度，形成了企业排队上市的"堰塞湖",一些具有巨大成长潜力的创新型企业仍难以上市融资。

3. 注册制

核准制本质上是审批制向注册制的过渡形式,注册制才是一个制度完善的成熟证券市场所应该采取的股票发行制度。在注册制下,证券监管部门公布股票发行的必要条件,企业只要能够达到条件要求,就可以发行上市。注册制的基本特点是以信息披露为中心,发行人申请发行股票时必须依法真实、准确、完整地披露公司信息,并将拟公开的各种资料向证交所申报。证交所对申报文件仅做合规性的形式审查,只要企业符合上市条件,就可以安排企业上市,但是对证券的价值好坏、价格高低不做实质性判断,而是将发行企业的质量留给证券中介机构来判断和决定。企业只需依规将股票信息真实、全面地披露,至于股票发行成功与否、发行价格高低完全取决于市场。投资者根据公开披露的信息对股票价格进行判断,进而做出投资决策。由此可见,注册制具有很高的市场化程度。2019年6月13日,上海证券交易所宣布科创板正式开板,也标志着注册制的启程。

与核准制不同的是,证监会不再负责对申请企业进行审核,而是将这一权限下放至上海证券交易所。证监会仅负责发行注册工作,并对证券交易所的发行审核工作进行监督,拟在科创板上市的企业,需将与企业经营相关的信息提交给上交所,由上交所进行以问询形式为主的审核。这个过程是交易所提出问询的问题,上市公司和保荐机构进行回答,通过一问一答多轮问询,逐渐揭示和公开相关信息。

虽然我国在科创板实施了注册制,但毕竟科创板的成立时间短,上市公司数量较少,因此科创板的注册制只具有象征意义。借鉴科创板的注册制试点的实施经验,2020年8月创业板改革施行注册制。2019年12月28日新修订的《证券法》的重点内容就是明确要全面推行注册制。未来将向沪深主板市场全面推广注册制。

科创板和创业板先后推行注册制是我国股票发行制度市场化改革的重要

里程碑。

二、中国资本市场发展的理论逻辑

（一）多层次资本市场架构渐趋完善

随着资本市场的不断发展，我国已经形成由主板（包括中小板）市场、创业板市场、科创板市场、专精特新板（精选层）市场、新三板市场以及区域性股权交易市场组成的多层次资本市场体系。市场分层的本质是风险的分层管理，不同的市场对应着不同的规模与主体特征，能够向处于不同发展阶段的企业提供不同的融资平台支持。

1. 沪深交易所市场

在资本市场成立初期，沪深交易所只有主板市场。企业发行上市的标准单一，门槛较高，难以满足处于不同阶段、不同类型企业的融资需求和投资者不同的风险偏好。虽然2004年5月深交所在主板市场内设立了中小企业板块（下称"中小板"），但是，中小板所遵循的法律法规、部门规章等与主板一致，从架构上仍从属于主板市场。2021年4月中小板被并入主板。中小板实际上是创业板建立前的过渡。

2009年10月30日深交所创业板（二板市场）开板，标志着我国多层次市场雏形初现。相较于主板和中小板，创业板有两大特点：一是创业板的服务对象不同。创业板的成立目的主要是扶持具有一定盈利能力、创新能力的中小企业，尤其是高成长性企业，更多的是新兴行业的企业，因此创业板的上市门槛要更低。二是创业板强化了退市制度，完善了退市标准，优化了退市流程，是相对于主板的一个重大进步。尽管创业板进一步放松了上市标准，但在当时无论是主板还是创业板，采用的股票发行制度都仍是核准制，企业上市需经证券监管机构批准。

2019年6月13日上海证券交易所设立科创板并试点注册制。科创板主要服务于尚未进入成熟期,但具有成长潜力,且符合有关规范性及科技型、创新型特征的中小企业。因此,科创板的上市标准较主板更加灵活包容,制定5套差异化上市标准,结合"市值、收入、净利润、现金流、核心技术"等多重指标实现差异化评定,企业经营的确定性越高、经营成果越好,对市值的要求越低,以满足各类科创企业的上市需求。甚至允许尚未盈利或存在累计未弥补亏损的优质企业在科创板上市,不再对无形资产占比进行限制,从而提高尚未盈利科技企业的直接融资比例,促进企业孵化发展。

科创板试点注册制,使得企业的上市门槛大大降低,必须匹配严格的退市制度,充分发挥资本市场优胜劣汰的筛选机制。按照退市新规,在科创板上市的企业一旦触及终止上市标准,股票就直接终止上市,不再适用暂停上市、恢复上市、重新上市程序。此外,科创板退市制度特别规定,如果上市公司的营业收入主要来源于与主营业务无关的贸易业务或者不具备商业实质的关联交易收入,有证据表明公司已经明显丧失持续经营能力,将按照规定的条件和程序启动退市,对"空心化"企业严格执行退市制度。

2. 场外市场

我国的场外市场主要包括两个层次:一是全国中小企业股份转让系统,也就是所谓的"新三板"市场(三板市场);二是区域性股权交易市场(四板市场)。

(1)新三板市场。

新三板市场主要为创新型、创业型、成长型中小微企业提供服务,前身为2001年设立的"代办股份转让系统",也就是俗称的"老三板"。"老三板"设立的初衷是为了解决主板市场退市公司和两网系统挂牌公司的股份转让问题,其股票来源主要是原NET和STAQ系统挂牌的不具备上市条件的公司和从主板退市的公司。2006年1月16日,代办股份转让系统内增设了中关村科技园区股份报价转让试点,允许中关村科技园区内注册企业在符合条件的情况下进入证券公司代办股份转让系统实行协议式报价转让,"新三板"正式诞生。2012年8月,新三板从中关村科技园区扩容到上海张江高新产业开发区、湖北武汉东湖新技术产业开发区和天津滨海高新区。2013 年 1 月，全国中小企业股份转让系统有限责任公司正式挂牌；2013 年 12 月，国务院发布《关于全国中小企业股份转让系统有关问题的决定》；2014 年 1 月"新三板"正式扩容至全国。

之后，新三板陆续出台多项制度，逐步完善了新三板的市场功能。2014 年 8 月 25 日，新三板推出做市交易制度，新三板市场流动性有所提升。2016 年 6 月，对挂牌公司实施分层管理，将市场分割为基础层和创新层。

2019 年 10 月 25 日，证监会宣布启动全面深化新三板改革。按照新三板改革的总体思路，证监会将重点推进优化发行融资制度、完善市场分层、建立挂牌公司转板上市机制、加强监督管理、健全市场退出机制五大方面的改革措施。允许符合条件的创新层企业向不特定合格投资者公开发行股票。同时，新三板内部的市场分层也进一步完善。2020 年 7 月，新三板推出精选层，与已有的基础层和创新层一起组成了新三板的内部多层次结构，能够更好地服务实体企业的差异化需求。

新三板推出内部分层制度的另一原因是为了向市场注入新的流动性。相较于交易所市场，新三板的准入门槛较低，在早期推动了挂牌企业的爆发性增长，但是宽松的市场环境也导致挂牌企业参差不齐。股转公司为了改善这一情况，重新激活市场，将新三板市场分为了三个层次：基础层、创新层、精选层。内部分层制度是新三板特有的制度，内部分层制度能够根据主体特征的差别提供有针对性的服务，帮助投资者初步筛选合意的目标企业，降低其搜寻过程中的时间成本，提高企业与投资者之间的投融资对接效率。

但是新三板的流动性仍然严重不足，能够得到融资机会的只有小部分企业，大部分规模较小、盈利能力和财务状况较差的企业在很长的一段时间甚至没有发生任何交易，沦为僵尸股，这严重背离了新三板的设立初心。新三板本应成为培育高新技术企业的"孵化基地"，致力于为高新技术企业提供有针对性的融资服务，令不适合在创业板市场上市的企业能够在新三板得到更好的发展，建立中国版的"纳斯达克"，但大量存在的僵尸企业拉低了整个新三板市场的挂牌企业质量。

新三板对挂牌企业宽松的准入政策和对投资者严格的准入门槛导致资金供需双方的需求量严重不匹配，企业的融资需求量大大超出投资者的资金供给量。投资者基数小，流入市场的现金流有限，是造成新三板交易不活跃、流动性较差的客观原因。随着改革红利作用的散去，新三板的交易成交额和换手率连续下跌，投资者数量不足的弊端开始逐步显现。原本设立新三板的初心是为小微企业提供更多融资机会，降低小微企业的融资成本，但从新三板的发展情况来看，新三板的融资功能并未如预期那样发挥其应有的作用。

为了进一步激发新三板的交易活跃度，新三板市场推出了转板制度，这同样是新三板所独有的制度。2020年6月3日发布的《关于全国中小企业股份转让系统挂牌公司转板上市的指导意见》明确在新三板精选层挂牌满一年的企业，可申请转板到科创板或创业板上市，使新三板在一定程度上成为沪深两市的预备仓。转板机制将各个层次的市场联结为一个有机整体，为新三板注入了新的流动性，增强了各层次市场间的联系，提高了资本市场的资源配置效率和定价效率（龚慧敏，2016）。转板机制就像是链接各个蓄水池的水渠，使资金可以在市场板块之间流转，否则市场层次之间就会相互割裂，变成一潭死水。目前我国企业仍主要以间接融资为主，存在着股权融资与债券融资发展不平衡的现象，全面深化新三板改革也是为了给企业提供更多的融资机会，降低中小微企业的融资成本，实现资本市场的高质量发展。

从多层次资本市场的结构定位来看，新三板处在中部，高于区域性股权交易市场，低于科创板市场和创业板市场，有着"承上启下"的作用。新三板对下可以吸纳区域性市场的头部企业，接纳全国区域股权转让系统非公开转让企业挂牌；对上可以把自己的头部企业输送给科创板和创业板。

（2）区域性股权交易市场。

区域性股权交易市场是为特定区域内的企业提供股权、债券的转让和融资服务的私募市场，一般以省级市场为单位，由省级人民政府监管。区域性股权交易市场是我国多层次资本市场的重要组成部分，亦是中国多层次资本市场建设中必不可少的部分。对于促进企业特别是中小微企业股权交易和融资，鼓励科技创新和激活民间资本，加强对实体经济薄弱环节的支持，具有积极作用。

3. 北交所市场

新三板设立精选层，筛选出了一批优质小微企业，为北京证券交易所的设立打下了基础。2021年9月3日北京证券交易所（简称"北交所"）注册成立，是经国务院批准设立的中国第一家公司制证券交易所。2021年9月2日，证监会表示：建设北交所的主要思路是，严格遵循《证券法》，按照分步实施、循序渐进的原则，总体平移精选层各项基础制度，坚持北交所上市公司由创新层公司产生，维持新三板基础层、创新层与北交所层层递进的市场结构，同步试点证券发行注册制。此外，在北交所开市前已开通精选层交易权限的投资者，其交易权限也将自动平移至北交所。

北交所的设立本质上是深化新三板改革的一个重要举措。传统的新三板分为基础层、创新层和精选层；现在将精选层平移至北交所，变为基础层、创新层和北交所。随着新三板中精选层的公司直接平移到北交所上市，股票的流动性和交易活跃度得到增强，让资本市场得以更好地为中小企业服务。因此，设立北交所的主要目的仍是希望更好地促进创新型中小企业发展，培育一批专精特新的中小微企业，服务主体与新三板一致。或者说，就是因为新三板的流动性不足，无法有效满足中小企业的融资需求，所以才通过设立北交所的方式来激活新三板的流动性，对基础层、创新层产生拉动作用，进而提升新三板服务中小企业的能力。

从实际情况来看，北交所的设立也的确盘活了新三板的流动性。之前为了激活新三板的流动性，新三板先后推出了分层制度和转板制度，但都作用有限。但是随着北交所的设立以及新三板创新层个人投资者开户门槛的下调等，新三板的流动性有了显著改善。首先，明确个人投资者准入的资金门槛为证券资产50万元，对机构投资者准入不设置资金门槛。其次，将创新层投资者准入资金门槛由150万元调整为100万元。较低的投资者准入门槛扩大了投资者基数，入市资金大大增加。新三板流动性不足的一个重要原因就是对挂牌企业的准入政策太松，对投资者的准入门槛又太严，导致资金供需严重失衡，企业的融资需求量大大超出投资者的资金供给量。

北交所同样试点注册制，主要安排与科创板和创业板总体保持一致，但上市门槛要比主板、创业板和科创板更低。此外，转板制度在北交所同样适用，满足条件的企业可以先在基础层挂牌，接着进入创新层，满足北交所上市条件后再到北交所上市，之后可以选择在创业板或科创板上市，形成基础层—创新层—北交所—创业板/科创板的上市路径。从中我们可以看出北交所起到了衔接多层次市场的作用，继承了新三板承上启下的市场地位。

从退市制度来看，北交所既充分考虑了中小企业业绩波动较大的特点，部分退市指标比科创板和创业板较为宽松，尽量避免市场"大进大出"，又考虑到了中小企业经营风险较大的特点，相比于新三板精选层新增了退市风险警示制度。但是对于出现重大违法、丧失持续经营能力等极端情形的公司，北交所仍然会坚决出清。从退市路径来看，北交所充分发挥了与新三板市场发展一体化的制度优势：公司被强制退市后，符合新三板基础层或创新层挂牌条件的，可以进入相应层级挂牌交易；不符合新三板挂牌条件的，转入退市公司板块。

我国基本形成了既有分工协作又有竞争和错位发展的多层次股票市场，根据市场主体的不同条件，满足各类企业、融资者、投资者的差异化需求。资本市场的功能也由融资到投资、再到财富管理逐步升级和多样化。

（二）市场功能逐渐升级和多样化

1. 初期资本市场：融资和纾困平台

在资本市场成立初期，人们对市场经济还抱有怀疑态度，对资本市场这一新生事物缺乏清晰的目标和认识。长久以来，我们忽视了资本市场的本质意义，在20世纪90年代甚至认为资本市场就是为国有企业纾困的平台，之后很长一段时间也仅将其当作拟上市公司融资的平台，不知道为何和如何发展资本市场。在这样的背景下中国资本市场的功能发挥是残缺的，发展路径是曲折而模糊的。在这种思想的作用下，经过 10 年的积累，我国境内既有上市公司中国有控股企业占绝大多数；同时出于保持公有制在上市公司中的控制地位和害怕出现国有资产大量流失的考虑，当初的政策制定者将上市公司的股份按照所有者性质分为国家股、法人股和社会公众股，并且规定国家股、法人股不得上市流通。

在股权分置时期，政府用"有形的手"干预和破坏了市场透明度、公平原则，资源和政策向国有股倾斜导致国有企业僵化却不经市场机制淘汰，严重损害了流通股股东的利益和市场功能的发挥。而仅占 25%～30% 的流通股只能支撑微小的市场规模和微弱的流动性，让资本市场无法充分实现其价格发现功能，投资基金、公募基金和私募基金难以进入市场。

2. 股权分置改革：资产定价和资源配置整合功能初现

2005 年 4 月实施的股权分置改革开启了中国股权市场制度规范的时代，采取增量改革的思路破除"路径依赖"，通过非流通股股东向流通股股东支付"对价"获得流通权，使非流通股股东和流通股股东有了共同的利益基础，最终仅用两年时间就顺利解决了 1 333 个上市公司的股权分置问题。改革后中国资本市场市值大幅增长，市值流通比例迅速提高，为资产定价、风险管理等都提供了良好的市场环境。股权分置改革为资本市场的发展确立了一个规范化的制度基础，实现了资本市场的基础性制度变革，是一场意义深远的市场化改革，对于完善公司治理机制、纠正要素市场的扭曲、发挥资本市场功能都有重要影响，使中国资本市场真正进入规范发展的阶段。

股权分置改革所形成的全流通市场格局让资本市场制度发生了深刻变革，既为上市公司创建了具有共同利益趋向的制度平台，消除了非流通股股东侵害流通股股东利益的制度基础，降低了流通股股东面临的风险；也为资本市场吸纳了更多资金，让资产定价机制有了更广泛的基础；同时对于完善资本市场存量资源的配置功能、增强资本市场整合存量资源的能力、提高市场透明度也有重大意义。股权分置改革使得中国股票市场发生了重大转折，让资本市场制度更加规范化，与国际接轨，资本市场不再仅仅作为融资平台，而是更明显地发挥出资产定价、风险分散和存量资源配置的功能，真正具备现代资本市场的基本特征，为私募市场和私募基金、创业板和创新企业、股指期货和各类金融衍生品的创设和发展开拓了空间，构建起权利公平、机会公平、规则公平的股权文化和公司治理的股东共同利益基础。不可否认，股权分置改革是中国资本市场发展史上的划时代革命，对中国资本市场制度变革、规范化和法制化建设以及新的金融业态的形成产生了深远的历史影响，为中国经济持续增长提供了坚实的制度基础，标志着中国资本市场一个新时代的开始。

（1）从重视融资到关注资产定价。

资产定价功能是资本市场最基础的功能之一，是推动存量资源配置的基础，也是并购重组活动有效进行的前提，而中国资本市场发展进程中的很多痼疾都源于股权分置这种制度设计。在股权分置时代，非流通股股东和流通股股东分别以资产净值最大化和资产市值最大化（股价上涨）为利益目标，二者处于分割状态，目标不一致导致了公司治理上的缺陷和资本市场投机活动盛行。非流通股股东收益巨大却没有相应风险，而流通股股东承受着股价波动的巨大风险。处于控制地位的非流通股股东对公司在二级市场上的股价、市值并不关心，只注重每股净资产等账面指标，因而频繁在二级市场上向流通股股东高价再融资，侵害流通股股东利益。"同股不同权""同股不同利"导致了资本要素市场的扭曲，非流通股股东对于流通股实行高股价的定价方式，非流通股股东的取得成本远低于流通股股东，而投资者处于信息劣势一方，容易造成错觉和市场秩序混乱，阻碍了资本市场的健康发展。股权分置改革降低了流通股的定价，即降低了流通股股东的持股成本，更好地维护了中小投资者的利益，也有助于吸引更多资金流入市场参与定价，增加流通股，减少投机性。在股权分置时代，资产估值、资产转让以"净资产"财务指标为基础，定价机制重视"账面"和"过去"，股价不能充分反映公司业绩，资本市场的价格发现功能受到限制。而股权分置改革恢复和健全了中国资本市场的资产定价功能，从根本上改变了资产的估值标准，资产定价从注重账面值过渡到注重未来现金流和盈利能力，更加注重"市场"和"未来"，注重企业的未来成长能力和持续竞争力，形成了更为科学的市场化定价机制。

定价能力是衡量一个国家金融是否发达和先进的最重要指标，缺少风险定价能力的资本市场体系是落后的，也不可避免地隐藏着巨大的危机。而只有构建了透明度良好、制度完备、流动性和资产成长性良好的资本市场，才能有效实现市场化的资产定价功能，才能为风险定价和分散提供可靠的制度保障。股权分置改革恰好发挥了这样的健全中国资本市场资产定价功能的重要作用，消除了流通股和非流通股的差异，使大小股东具有相同的利益基础，非流通股的流动性溢价不复存在，降低了资本市场的扭曲定价程度，为存量资源的重组和公司的收购兼并提供了良好的定价机制支持，强化了对上市公司的市场约束，让资本市场不再只是简单作为圈钱融资的平台，对整个金融体系业态重塑和功能升级都有不可或缺的意义。

（2）从资产定价到资源配置整合。

并购重组活动是对存量资源进行整合配置的重要途径，但往往由大股东主导的并购重组活动容易沦为大股东掏空中小股东的自利工具。在股权分置时代，市场缺乏基本的定价功能，相当大一部分并购重组都成为大股东掠夺公司资源的投机性手段，控股股东一味地追求增量配置，产生了非流通股股东凭借控制权侵占流通股股东利益的问题。并且，在资产估值标准非市场化、规则和信息不透明的背景下，内幕交易、市场操纵现象丛生。在成熟市场或股权流动性一致的市场中，对并购重组的动机、并购重组的成本分析和支付方式等都有相对规范的理论解释，但在中国股权分置时期，收购公司通过并购重组获得对子公司的控制权后，投资收益难以通过股价的上涨来表现，加上中国上市公司现金派息率很低，总的资本收益很低，并购重组就表现出明显的投机性，严重损害了流通股股东的利益，损害了二级市场整合产业的功能，引发了市场信心危机，与成熟市场上市公司并购重组追求协同效应的动机有根本的差异。

而股权分置改革形成了市场化的资产定价机制，中国 A 股市场进入市值时代，并购重组成本完全市场化。当公司本身业务出现天花板的时候，股东有动力寻求新的利润增长点，甚至引入新的大股东，大股东对控制权的追求逐渐让位于让股票市值最大化的欲望，再加上以具有流通性的股票作为并购的支付工具被更多的交易方认可，在这种情况下，并购市场开始逐渐繁荣甚至火爆起来。在股权分置改革之后，净资产的大小不再是资产买卖是否进行的重要依据，交易程序也更加透明公开，极大程度地遏制了寻租和投机活动，减少了国有大股东对流通股股东的利益侵占。当然，这并不意味着股权分置改革就能完全解决公司治理中的各种利益冲突问题，股权分置改革更多的是解决资本市场基本的制度问题，让市场更好地发挥出对存量资源的配置作用以及其他功能。

股权分置改革的核心意义之一就在于实现流通股股东和非流通股股东之间的权益重新分配，在制度层面上实质性地保护了流通股股东的利益。股权分置改革方案本身在激励机制设计、分散决策以构建共同利益基础、股东协商自治等方面就具有鲜明的市场化特征，注重保护中小投资者的合法权益。而在股权分置改革之后形成的全流通市场格局更是充分激发了市场在资源配置中的决定性作用，让并购和扩张成为可能，并成为上市公司增长的重要方式。股权分置改革通过让非流通股流通起来，增强了资本市场整合存量资源的能力，构建了更为完善合理的市场化存量资源配置机制，提高了并购重组的市场效率。

3. 多层次资本市场构建：风险分散、价值投资与服务实体经济

一直以来，受历史因素的影响，我国最受欢迎的投资品是房地产，金融资产的占比相对低。但随着国家政策的管控，房价目前已达到了天花板，投资空间有限，已经基本丧失了投资价值。具有更高流动性和透明度的金融资产，才是未来更好的投资选择。

在股权分置改革后，全流通市场正式形成，让资本市场开始成为社会资

产投入和组合的平台、成为风险分散的地方,为我国进一步构建多层次资本市场奠定了基础。2009年,深交所创业板(二板)举行开板启动仪式。2013,全国中小企业股份转让系统有限责任公司(新三板)正式挂牌。资本市场分层的本质是风险的分层管理:一方面,不同的市场对应着不同的规模与主体特征,能够向处于不同发展阶段的企业提供不同的融资平台支持;另一方面,投资者也可以根据自己的风险偏好选择合适的投资标的,进行资产配置,促使投资者的投资理念从主要追求价差收益向注重收益与风险的匹配,再向价值投资倾斜。因此,多层次市场既是企业的融资平台,也是投资者分散风险、进行价值投资的平台。

多层次的资本市场区分了不同风险的投资标的,具有更高风险承担水平的投资者可以选择进入科创板或是进入专精特新板(北交所),分享科技型企业和专精特新中小企业的发展红利。这些企业具有很好的成长性,但是也具有中小企业盈利不稳定的特点,适合那些具有更高风险偏好并渴望高收益的人群。此外,在不同板块上市的企业具有不同的特点,比如在主板上市的企业通常是处于成熟期、盈利稳定的大企业,而在创业板上市的企业则是创新型新兴企业,投资者完全可以进行分散化投资来分散风险,在保障收益的同时尽可能降低非系统性风险。在多层次资本市场建立之前,上市公司企业类型较为单一,投资者难以进行小型分散化投资。随着多层次资本市场架构的逐渐完善,投资者的投资选择也逐渐多样化,满足了不同类别投资者的风险偏好和投资需求,企业也可根据自身的融资需求和主体特征选择合适的板块进行上市。多层次市场可以基于企业主体特征和投资者风险偏好高效匹配投融资需求,提高了整个资本市场的资源配置效率,增强了资本市场服务实体经济的能力。

4. 注册制改革与北交所设立:财富管理

在过去,资本市场主要还仅仅是一个融资的市场,财富管理功能很微弱。这一方面是源于我国投资者的不成熟,投资理念幼稚,不具备长期价值投资观念,另一方面是因为中国资本市场上具有投资价值的上市公司较少,资产端薄弱，很多优质企业想要上市却无法上市。沪深主板市场上大多是已经进入成熟期的大型企业，成长缓慢，投资收益较低，已不是最佳的投资对象。对于想要在股权投资中获得高收益并具有高风险承担水平的投资者来说，处于成长期或者创新型、创业型的企业才是更好的投资选择。创业板和新三板在一定程度上满足了这部分投资者的投资需求，但还远远不够。受核准制的发行制度限制，上市公司数量有限，很多企业虽然具有高增长、盈利能力强的优势，但因资产规模较小等原因，无法达到上市标准，导致不少优质新兴企业只能选择去国外资本市场上市。较高的投资者准入门槛，同样将一些想要通过股票投资积累财富的投资者拒之门外。

资本具有逐利性，如果一个资本市场上没有值得进行投资的高质量企业，短期投机盛行、股价暴涨暴跌就是一种必然现象，这样一个不成熟的市场是不可能吸引投资者进行长期价值投资的。要想充分发挥资本市场的财富管理职能，吸引投资者进入，必须首先解决我国优质企业上市难的问题。为此，我国开始有序推进股票发行制度市场化改革，先后在科创板、创业板、北交所试点注册制。注册制落地后，发行审核机构只需对注册文件进行形式审查，不再做实质性判断，只要企业满足上市要求，就可以安排上市，大大提高了上市审核效率，降低了上市门槛。至于对企业质量的判断，则完全交给市场。注册制改革为科技型、创新型、成长型企业扫清了上市障碍，有助于为中国资本市场吸纳一批优质企业。此外，新三板的精选层也筛选了一批"小而美"的企业。在北交所成立前，这些企业需要在精选层挂牌满一年，才可以申请转板到科创板或创业板上市。在北交所成立后，这些精选层的挂牌企业可以直接平移到北交所上市，相当于给这些企业开设了一辆"直通车"，向我国的交易所市场又直接输送了一批优质企业。这些举措均体现了中国对资产端发展的重视，这些优质企业具有更高的投资价值，能更好地吸引投资者进行长期价值投资。

此外，北交所将个人投资者的准入门槛下调，个人投资者的数量有望翻番，进一步增加了流动性。再者，精选层整体平移北交所之后，机构投资者可以直接进入北交所进行交易，有助于吸引更多资金流入市场，提高资本市场的定价效率，减少投机行为。高效的定价能力是发挥财富管理功能的前提，合理的资产价格是投资者进行资产组合配置的前提，只有股票的定价是合理的，风险与收益才是匹配的，投资者据此所做出的资产组合配置才是有效的。扭曲的资产定价会误导投资者的投资决策，导致投资者无法根据自己的风险偏好配置资产，资本市场的财富管理功能自然也无法有效发挥。不论是注册制改革引入市场化的股票发行制度，还是北交所降低投资者门槛，进而增加流动性，都有助于资本市场定价效率的提升，有利于资本市场优胜劣汰机制的构建。

优秀的上市公司为广大投资者提供了优质的投资标的，多层次的市场则满足了具有不同风险偏好的投资者的需求，降低了投资者信息搜寻的时间成本，我国资本市场已经具备了财富管理职能萌发壮大的土壤。投资者可以根据自己的风险承受水平来配置资产，以获取特定风险水平下的最高收益，即财富积累和增值。当然，这对投资者自身的素质要求也比较高，投资者必须具有一定的金融专业知识，或者委托专业机构进行投资操作。未来，随着资本市场定价效率的进一步提高，短期投机所能获得的收益将会被进一步压缩，长期价值投资将会成为主流趋势，资本市场作为财富管理和风险分散的资产池的功能将逐步凸显。

（三）法制法规建设逐渐强化

法制化是资本市场有序发展的基础，法治理念是灵魂，是依法治国和依法治市的基础，市场各方利益主体的责权利要实现法制化规范，资本市场的法制化要以信息披露确保市场透明度为核心和基础。从实践看，要建立完善的法律、法规、司法解释、部门规章和规范性文件以及自律性规则等资本市场法制化体系，做到有法可依，在司法和执法层面要做到有法必依，违法必究，将法的威慑力落在实处，尤其是要严格对虚假信息披露、欺诈上市、内幕交易、操纵市场的执法，保障资本市场的健康有序运行。

1. 法制法规体系初步形成

中国证监会成立后,推动了一系列资本市场法规和规章的建设:

1993年4月颁布的《股票发行与交易管理暂行条例》对股票发行、交易及上市公司收购等活动予以规范;1993年6月颁布的《公开发行股票公司信息披露实施细则(试行)》规定了上市公司信息披露的内容和标准;1993年9月发布的《禁止证券欺诈行为暂行办法》和1996年10月颁布的《关于严禁操纵证券市场行为的通知》对禁止性的交易行为做了较为详细的规定,以打击违法交易活动。

监管机构还陆续出台了一系列规范证券公司业务的管理办法,主要包括《证券经营机构股票承销业务管理办法》和《证券经营机构证券自营业务管理办法》,对证券公司业务的开展起到了重要的引导和规范作用。1997年11月,国务院证券委员会发布了《证券投资基金管理暂行办法》,旨在推动证券投资基金的规范发展。

上述法律法规和规章的颁布实施使资本市场的发展走上了规范化轨道,为相关制度的进一步完善奠定了基础。

2. 法制法规体系逐步完善

(1)《中华人民共和国公司法》的修订历程。

1993年12月,第八届全国人民代表大会常务委员会第五次会议通过了《中华人民共和国公司法》(以下简称《公司法》),并自1994年7月1日起正式施行。《公司法》对公司的设立条件、组织机构、股份的发行和转让、公司债券、破产清算程序及法律责任等做了较为具体的规定,规范了有限责任公司和股份有限公司法人治理结构,为股份制企业和资本市场的发展奠定了制度性基础。之后,随着市场经济体制的改革的不断深化,初版《公司法》内的许多条文规定已经不足以满足现实的需要,在实践过程中出现了诸多法律漏洞,需要对《公司法》进行修改和补充。总体来看,《公司法》先后一共经历了4次小的局部修正(1999年、2004年、2013年和2018年)和1次大的全面修订(2005年)。

1999年,《公司法》第一次修正。主要修正内容为:增设国有独资公司监事会;授权国务院放宽高新技术股份有限公司中发起人以工业产权和非专利技术作价出资的金额占公司注册资本的比例以及公司发行新股和申请股票上市的条件,为高新技术企业降低了上市门槛;允许在证券交易所内部为高新技术股份有限公司股票开辟第二板块市场等,为中小板的设立提供了法律依据。

2004年,《公司法》第二次修正。删去了"以超过票面金额为股票发行价格的,须经国务院证券管理部门批准"的规定,降低了对股票发行价格的规定,放松了对股票发行的管制。

2005年,《公司法》第一次修订,增加了两大章的内容,分别是第三章"有限责任公司的股权转让"和第六章"公司董事、监事、高级管理人员的资格和义务",明确了公司董事、监事、高级管理人员有接受股东监督的义务。主要修订内容为:引入了公司法人人格否认制度,取消了按照公司经营内容区分最低注册资本额的规定;增加了股东诉讼的规定;规定了有限责任公司中小股东在特定条件下的退出机制;提出了上市公司要设独立董事的要求;对关联交易行为做出了严格的规范;允许设立一人有限责任公司;规定了公司的社会责任;增加了依法与职工签订劳动合同的规定。

2013年,《公司法》第三次修正。主要修正内容为:删去了公司股东(发起人)应自公司成立之日起两年内缴足出资,投资公司可以在五年内缴足出资的规定;删去了一人有限责任公司股东应当一次足额缴纳公司章程规定的出资额的规定;公司营业执照不再载明实收资本;删除了有关公司注册资本最低限额的规定,以及有关公司减资后注册资本不得低于法定的最低限额的规定;将有限责任公司设立条件中的"股东出资达到法定资本最低限额"修改为"有符合公司章程规定的全体股东认缴的出资额";将股份有限公司设立条件中的"发起人认购和募集的股本达到法定资本最低限额"修改为"有符合公司章程规定的全体发起人认购的股本总额";删除了有关公司全体股东(发起人)的首次出资比例的规定,不再限制公司设立时全体股东

（发起人）的首次出资比例、货币出资比例和缴足出资期限；将"一次缴纳的，应即缴纳全部出资；分期缴纳的，应即缴纳首期出资"修改为"按照公司章程规定缴纳出资"；删除了"全体股东的货币出资金额不得低于有限责任公司注册资本的百分之三十"的规定。

2018年，《公司法》第四次修正。主要修正内容为：一是修正并增加了允许股份回购的情形。将"将股份奖励给本公司职工"修改为"将股份用于员工持股计划或者股权激励"；增加了"将股份用于转换上市公司发行的可转换为股票的公司债券"和"上市公司为维护公司价值及股东权益所必需"这两个允许股份回购的例外情形。二是简化了股份回购的决策程序。规定公司因将股份用于员工持股计划或者股权激励、用于转换上市公司发行的可转换为股票的公司债券，以及上市公司为维护公司价值及股东权益所必需而收购本公司股份的，可以依照公司章程的规定或者股东大会的授权，经三分之二以上董事出席的董事会会议决议，不必经股东大会决议。三是延长了公司持股期限。规定因上述情形收购本公司股份的，公司合计持有的本公司股份不得超过本公司已发行股份总额的百分之十，并应当在三年内转让或者注销。四是增加了信息披露规定。要求上市公司收购本公司股份的，应当依照《证券法》的规定履行信息披露义务。

(2)《中华人民共和国证券法》的修订历程。

1998年12月29日，《中华人民共和国证券法》（以下简称《证券法》）由中华人民共和国第九届全国人民代表大会常务委员会第六次会议通过，自1999年7月1日起施行。1999年实施的《证券法》是中国第一部规范证券发行与交易行为的法律，促进了资本市场的公平、公正、公开的运行发展，对保护市场投资者利益具有里程碑式的重大意义。之后，随着我国资本市场的逐步发展，《证券法》也经历了多次修正修订，共经历了两次大的全面修订（2005年和2020年）和三次小的局部修正（2004年、2013年和2014年）。

2004年，《证券法》第一次修正。主要修正内容为：将第二十八条修改为"股票发行采取溢价发行的，其发行价格由发行人与承销的证券公司协商确定";将第五十条修改为"公司申请其发行的公司债券上市交易,由证券交易所依照法定条件和法定程序核准"。此次修正主要是推动股票发行询价机制改革和完善公司债场内交易机制。

2005年,《证券法》第一次全面修订。主要修订内容为:明确国家设立"证券投资者保护基金";规定了对证券投资咨询机构误导投资者行为的罚则;为开展融资融券以及股指期货等金融衍生品交易打开了大门;明确客户交易资金所有权,严格禁止任何单位或者个人以任何形式挪用客户的交易结算资金和证券;解除了部分限制性规定,调整优化了有关规定。具体而言,本次修改后的《证券法》在原《证券法》中的"分业经营和管理"的基础上新增了"国家另有规定的除外"的表述;将原《证券法》中的"禁止国企炒股"的规定修改为"国有企业和国有资产控股的企业买卖上市交易的股票,必须遵守国家有关规定";将原《证券法》中的"禁止银行资金违规入市"的规定修改为"依法拓宽资金入市渠道,禁止资金违规流入股市"。

2013年,《证券法》第二次修正。将《证券法》第一百二十九条第一款修改为:"证券公司设立、收购或者撤销分支机构,变更业务范围,增加注册资本且股权结构发生重大调整,减少注册资本,变更持有百分之五以上股权的股东、实际控制人,变更公司章程中的重要条款,合并、分立、停业、解散、破产,必须经国务院证券监督管理机构批准。"对证券公司的经营做出了更为详细的规定。

2014年,《证券法》第三次修正。此次修正同样只修改了《证券法》的个别条款,主要修正内容为:将"事先向国务院证券监督管理机构报送"修改为"公告";将第九十一条修改为"在收购要约确定的承诺期限内,收购人不得撤销其收购要约。收购人需要变更收购要约的,必须及时公告,载明具体变更事项"。

随着注册制改革步伐的加速向前和国务院试点注册制的期限即将届满,资本市场对基本法律制度的需求越来越急迫。在此背景下,为加快基本法律制度的供给,2019年12月28日,第十三届全国人大常委会第十五次会议审议通过了修订后的《证券法》(以下简称"新《证券法》"),并自 2020 年 3 月 1 日起施行。这是《证券法》的第二次全面修订,相较于 2005 年的修订,本次修订周期更长,也更为复杂。自 2013 年开始将《证券法》修订工作提上日程,修订前后持续了近 6 年,经历了全国人大常委会四次会议的审议,这和我国资本市场的持续发展变化有着密切联系。从 2015 年的"股灾"金融风险防范到 2018 年的金融供给侧改革,监管基调也从收紧到宽松,这无疑影响到了本次《证券法》的修订。相较于旧《证券法》,新《证券法》增设了信息披露和投资者保护两个专章,主要在以下五个方面进行了修订:

第一,新《证券法》最大的修订亮点无疑在于股票发行制度由"核准制"转变为全面推广"注册制"。考虑到注册制改革是一个渐进的过程,新《证券法》也授权国务院对证券发行注册制的具体范围、实施步骤做出规定,为有关板块和证券品种分步实施注册制留出了必要的法律空间。

第二,新《证券法》加大了对证券违法行为的处罚力度。对于欺诈发行行为,大大提高了罚款金额;对于上市公司信息披露违法行为,从原来最高可处以六十万元罚款提高至一千万元;对于发行人的控股股东、实际控制人组织、指使从事虚假陈述行为,或者隐瞒相关事项导致虚假陈述的,规定最高可处以一千万元罚款等;对于内幕交易和市场操纵行为,均完善了对应的认定标准及责任承担,并加大了对违规主体的处罚力度。

第三,新《证券法》进一步完善了信息披露制度。透明度是资本市场的灵魂,只有信息公开和透明,市场才能进行合理定价,资源才能被合理配置。注册制是市场化的股票发行制度,投资者需依据企业披露的信息来进行投资决策,因此信息披露的准确性、真实性、及时性和完整性就显得更为重要。新《证券法》在旧《证券法》"持续信息公开"一节的基础上,设立专门的章节规定信息披露制度,要求发行人及法律、行政法规和证监会规定的其他信息披露义务人应当及时依法履行信息披露义务,对信息披露的内容进行了较大幅度的修改和完善。具体包括:扩大信息披露义务人的范围;完善信息披露的内容;强调应当充分披露投资者做出价值判断和投资决策所必需的信息；规范信息披露义务人的自愿披露行为；明确上市公司收购人应当披露增持股份的资金来源；确立发行人及其控股股东、实际控制人、董事、监事、高级管理人员公开承诺的信息披露制度；等等。

第四，新《证券法》强化了投资者保护制度。新《证券法》增设了关于投资者保护的第六章，确立了代表人诉讼制度。包括：区分了普通投资者和专业投资者，有针对性地做出了投资者权益保护安排；建立了上市公司股东权利代为行使征集制度；规定了债券持有人会议和债券受托管理人制度；建立了普通投资者与证券公司纠纷的强制调解制度；完善了上市公司现金分红制度。此外，本次修订的另一亮点就是引入了"代表人诉讼制度"。新《证券法》第九十五条第一款规定："投资者提起虚假陈述等证券民事赔偿诉讼时，诉讼标的是同一种类，且当事人一方人数众多的，可以依法推选代表人进行诉讼。"新《证券法》第九十五条第三款规定："投资者保护机构受五十名以上投资者委托，可以作为代表人参加诉讼，并为经证券登记结算机构确认的权利人依照前款规定向人民法院登记，但投资者明确表示不愿意参加该诉讼的除外。"这就是所谓的"默示加入、明示退出"的中国特色集体诉讼，只要证券代表人（投资者保护机构）胜诉，法院做出的判决裁定将覆盖所有参加登记的投资者，这大大降低了投资者的维权成本，有助于动员广大投资者对违规行为进行威慑。

第五，新《证券法》不再强调盈利能力，转而关注持续经营能力。一直以来，盈利能力和财务状况是企业上市、退市的核心条件。但随着注册制的落地，这一规定就显得有些生硬了。尤其对于在北交所和科创板上市的中小企业来说，这些企业经营风险较大，盈利不稳定，若是以盈利和亏损作为上市和退市的指标，显然不合适。亏损的企业只要有可持续的经营能力，那就可以上市，可以留在市场上。新《证券法》在公司IPO条件上删除了以上关于盈利和财务状况的表述，只是要求企业"具有持续经营能力"。

3. 股权制度改革：特殊投票权制度

特殊投票权制度，又被称为"同股不同权"或者"双层股权结构机制"，即某些股东享有与其在公司中所持的经济利益不成比例的投票权或其他相关权利。其中较为常见的形式为AB股模式，即A类普通股的投票权为一股一票，而B类普通股的投票权则为一股多票。持有这种具有较高投票权股份的股东多为公司的创始人或者核心管理团队（下称"核心人员"）。通过这种特殊投票权制度，公司核心人员可以在持有较小比例的股份的情况下获得公司的控制权，确保公司在不受投资者及市场压力的情况下，坚定地实现公司的中长期发展蓝图。

尽管B类股具有更高的投票权，但是B类股不能公开交易，若想转让需先转换成"一股一票"的A类股。而A类股虽然在投票权上吃了亏，但是在利润分配、优先受偿等方面往往会获得补偿。由于在许多公司中创始人是灵魂人物，而且许多投资者购买股票的目的只在于获得丰厚的收益，并不需要获得公司的控制权，所以AB股模式在许多高科技创新公司中都得到了应用。

香港联交所2018年4月的新政开始允许采用特殊投票权的公司上市，抢先在中国开启了"同股不同权"公司上市的新纪元。之后，一直在酝酿注册制改革的A股市场，也在2019年1月30日首次在科创板引入了特殊投票权制度。2019年1月30日，上交所发布的《上海证券交易所科创板股票发行上市审核规则（征求意见稿）》明确允许设置差异化表决权的企业在科创板上市，这是A股对特殊投票权制度的首次实践。

科创板的特殊投票权制度的核心规定如下：第一，表决权差异安排只能在上市前设置，且需要规范运行一年，若上市前不具有表决权差异安排，则上市后不得进行此类安排。第二，普通股份与特别表决权股份具有的其他股东权利应当完全相同。第三，持有特殊表决权的股东应当对公司具有显著的贡献，且上市前后持续担任董事或者为实际控制的持股主体；此外，特别表决权股东在上市公司中拥有权益的股份合计应当达到全部已发行有表决权股份的10%以上。第四，特殊表决权股份的表决权数量需要在公司章程中做出明确规定，每份特别表决权股份的表决权数量应当相同，且不得超过每份普通股份的表决权数量的 10 倍。第五，公司上市后，除同比例配股、转增股本情形外，不得在境内外发行特别表决权股份，不得提高特别表决权比例。如果因股份回购等原因被动提高了特别表决权比例，还应将相应数量特别表决权股份转换为普通股份，保障特别表决权比例不高于原有水平。第六，规定了"落日条款"，提出若出现下列情形之一，特别表决权股份应当按照 1∶1 的比例转换为普通股份：（1）持有特别表决权股份的股东不再符合《科创板股票上市规则》中的主体资格和最低持股要求，或者丧失相应履职能力、离任、死亡；（2）实际持有特别表决权股份的股东失去对相关持股主体的实际控制；（3）持有特别表决权股份的股东向他人转让所持有的特别表决权股份，或者将特别表决权股份的表决权委托他人行使；（4）公司的控制权发生变更。若出现第四种情况，上市公司发行的全部特别表决权股份均应当转换为普通股份。

在特殊投票权制度落地之前，我国实行的是一股一票的同股同权制度。在这种制度下，当企业 IPO、多轮融资后，随着外部资金的涌入，企业核心人员的持股比例也相应降低，进而导致对公司的控制权被稀释。要想防止创始人的控制权不被夺走，最好的方法就是采用多层股权结构。

事实上，由于我国只允许上市公司采用同股同权的单一股权制度，不少优质企业宁愿舍近求远到海外上市，造成了我国资本市场的资源流失。上市优质资源的流失，引发了我国对于既有股权制度的反思和讨论，也间接推动了特殊投票权制度的变革。

资本市场上的许多投资者更关注公司股票短期内价值的上涨，而忽略公司的长远发展价值，这会导致他们在对重大事件进行决策时目光狭隘，进而做出对公司不利的决策。特殊投票权架构可以确保创始人能够控制公司的运营，专注于公司的长远发展利益，执行长期商业模式和长远战略布局。此外，特殊投票权制度还可以有效对抗敌意收购。在双层股权架构下，就算敌意收购方获得了大量普通投票权股份，也无法真正掌握公司的控制权，无法替换原有的管理层。

科创板引入特殊投票权制度是对股权制度的一个重要改革，为改善上市公司治理结构提供了一个全新的思路，虽然尚需资本市场的检验，但这仍然为很多快速成长的新兴企业提供了制度层面的坚实保障，减轻了优质企业的流失问题。随后的创业板改革也引入了特殊投票权制度。

（四）目标日趋明确：构建新的国际金融中心

在20世纪90年代初外汇短缺和外汇管制的背景下，为了筹集外资，中国于1991年底推出人民币特种股票（简称"B股"）试点，又称境内上市外资股，以人民币标明面值，以美元或港元认购和交易，专供境外投资者用外币认购和交易在境内沪深交易所上市的外资股票。B股的推出在一定程度上解决了企业的生产资金短缺问题，也促进了中国资本市场在会计和法律制度以及交易结算等方面的改进和提高。但是，随着国内企业纷纷到海外上市筹资，包括H股（在内地注册的公司在香港上市的外资股）、N股（中国注册的公司在纽约上市的外资股）、红筹股（由中资企业控股、在中国境外注册、在香港上市的公司的股票）等，B股市场的功能大大减弱。

自2001年12月中国加入世界贸易组织后，中国资本市场对外开放的步伐明显加快。截至2006年底，中国已全部履行了加入世界贸易组织时有关证券市场对外开放的承诺，包括：外国证券机构可以直接从事B股交易；外国证券机构驻华代表处可以成为所有中国证券交易所的特别会员；允许外国服务提供者设立合资公司，从事国内证券投资基金管理业务，但外资比例不得超过33%，在中国加入世界贸易组织3年内外资比例不得超过49%；3年内，允许外国证券公司设立合资公司，但外资比例不得超过1/3，合资公司可以不通过中方中介从事A股的承销，从事B股、H股、政府与公司债券的承销和交易，以及基金的发起。

2002年，中国发布了《外资参股证券公司设立规则》和《外资参股基金管理公司设立规则》，对合资证券经营机构的设立做出了规定。同年，沪深交易所分别发布《境外特别会员管理暂行规定》，规定外国券商可以申请成为特别会员，但特别会员与普通会员相比权限有一定限制。

在人民币资本项下未实现完全自由兑换的情况下，中国自2002年12月起实施允许经批准的境外机构投资者投资于中国证券市场的QFII制度。在QFII制度下，合格境外机构投资者被允许将一定额度的外汇资金汇入并转换为当地货币，通过受到严格监管的专门账户投资当地证券市场，其所获得的资本所得经审核后可转换为外币汇出。因此，QFII制度实际上就是对外资有限度地开放本国的资本市场，是一种有限制的开放模式，是中国资本市场开放的过渡性选择。资本市场对外开放并与国际接轨后，国际市场的波动必定会对国内市场造成冲击。为了避免市场产生过于剧烈的震荡，资本市场的对外开放必须是一个渐进、阶段性的过程，QFII制度就是为了有限制地开放资本市场而生的产物。

之后，中国于2006年4月实施允许经批准的境内机构投资于境外证券市场的QDII制度。QDII制度是指在人民币资本项目不可兑换、资本市场未开放条件下，在中国境内设立，经中国有关部门批准，有控制地允许境内机构投资境外资本市场的股票、债券等有价证券投资业务的一项制度安排。与QFII制度一样，QDII制度是在外汇管制下中国资本市场对外开放的权宜之计，以容许在资本项目未完全开放的情况下，国内投资者往海外资本市场进行投资。资本项目的开放应该是双向的，QFII制度打开了外资流入的渠道，大量游资涌入造成了流动性膨胀，QDII制度的出台有助于有序引导资本流出，平衡外汇市场供求关系，而且为国内投资者接触更广阔的国际资本市场提供了机会。

衡量一国资本市场的开放程度和国际化水平的指标，除了金融机构的国际竞争力和法制环境外，主要有两项：一是国际（境外）投资者的投资规模及比例；二是外国（境外）上市公司的数量及市值占比。国际金融中心的形成除了必须消除外汇管制外，还必须有源源不断的、规模越来越大的国际资本的流入，这种流入不是短期的国际套利资本，而必须是趋势性的、长期流入的国际资本。我国资本市场的外资占比从0增长到了3.5%，将来应该达到 15%，国际上市公司数量占比应该达到 20%，从而与美国资本市场的结构相近。

为此，需要不断扩大国际投资者进入中国资本市场投资的规模，增加国际投资者进入中国资本市场的渠道。2014 年 4 月 10 日，香港证券及期货事务监察委员会和中国证券监督管理委员会发布联合公告，批准香港联合交易所与上海证券交易所开展两地股票市场互联互通机制试点工作（以下简称"沪港通"）。之后，两地的证监会以及上交所分别陆续出台了"沪港通"相关业务规则和操作指引，经过各方机构多月的基础设施建设和市场准备，"沪港通"于 2014 年 11 月 17 日正式开通。这一机制作为我国资本市场体系的制度创新里程碑，标志着上海和香港证券市场互联互通新模式的成功开启。"沪港通"包括"沪股通"和"港股通"两部分，指的是上海证券交易所和香港联合交易所允许两地投资者通过当地证券公司（或经纪商）买卖规定范围内的在对方交易所上市的股票。"沪港通"的交易范围包含了内地最具有市场代表性和新兴的蓝筹股以及香港的大型股和中型股，在一定程度上是相互对应的。2016 年 12 月 5 日，"深港通"正式启动。

作为推动上海和香港股市双向开放的先锋，"沪港通"为双方的资金双向流动搭建了桥梁，提升了中国资本市场的综合竞争力，巩固了上海和香港两大金融中心的地位，极大地促进了人民币国际化，增加了对外国投资者和海外基金的吸引力。"深港通"吸收了"沪港通"的实践经验，进一步完善了相关交易制度和体制，加速了我国的资本市场建设和产业结构优化。此外，"深港通"又做出了不设总额度限制的创新，加强了上海、深圳及香港三地股市的互联互通，三大资本市场的总市值将几乎可以与美国资本市场相抗衡。

2018 年 10 月 12 日，中国证监会正式发布《关于上海证券交易所与伦敦证券交易所互联互通存托凭证业务的监管规定（试行）》，自公布之日起施行。2019 年 6 月 17 日，"沪伦通"正式启动。"沪伦通"是指上海证券交易所与伦敦证券交易所互联互通的机制。符合条件的两地上市公司，可以发行存托凭证（DR）并在对方市场上市交易。依托"沪伦通"，人民币输出到伦敦离岸市场，让伦敦的人民币回流到上海，而载体则是沪股、伦股。与"沪港通""深港通"相比，"沪伦通"具有相似的建设逻辑，但机制有所区别："沪港通""深港通"是两地投资者互相到对方市场直接买卖股票，"投资者"跨境而"产品"不跨境；"沪伦通"则是将对方市场上市公司的股票转换成存托凭证到本地市场挂牌交易，"产品"跨境，但"投资者"不跨境。

2017年6月21日，美国明晟公司宣布将中国A股纳入全球新兴市场指数体系；2018年9月27日，全球第二大指数公司富时罗素正式宣布将中国A股纳入其指数体系。A股被纳入国际指数体系体现了国际投资者对我国经济发展稳中向好前景和金融市场稳健性的信心，标志着中国资本市场国际化进入新阶段。

注册制改革在科创板、创业板落地，随后，被推广至北交所试点，未来将会向沪深主板市场全面推广注册制。注册制改革放宽了公司上市条件，加强了市场对发行人的硬约束，有利于提高市场透明度。一个国际化的资本市场必定是一个发达、透明、开放、流动性好的资本市场。

人民币国际化是中国资本市场国际化继而成为国际金融中心的重要前提。人民币国际化包括人民币能够跨越国界、在境外流通，成为国际上普遍认可的计价、结算和储备货币的过程。随着一国经济在国际经济体系中比例的提高和地位的上升，该国货币在国际货币体系中的地位也会相应提升，成为国际贸易结算和支付的工具，进而成为国际投资工具，成为一种国际储备货币，最终完成货币的国际化。

为推进人民币国际化进程，中国进行了更多的尝试："沪港通""深港通"以人民币计价、交易和结算，"沪伦通"打通了人民币跨境输出和回流的渠道，均有利于推进人民币国际化进程，提升内地和香港资本市场活力和影响力；中国在欧洲、北美洲、大洋洲的多个国家建立了人民币清算机制，加速了人民币国际化进程；2016年10月，人民币被纳入国际货币基金组织特别提款权（SDR）货币篮子；央行发布的《2021年第二季度中国货币政策执行报告》指出：要稳步深化汇率市场化改革，完善以市场供求为基础、参考一篮子货币进行调节、有管理的浮动汇率制度，增强人民币汇率弹性，发挥汇率调节宏观经济和国际收支自动稳定器作用。一国要实现货币国际化，首先要有发达的国内金融市场和合理的汇率制度作为支撑。这些举措都有助于加快人民币的国际化进程，进而加深资本市场国际化。

中国构建新的国际金融中心的目标日趋明确。未来，中国资本市场将继续扩大开放，人民币可兑换程度和人民币国际化程度将进一步提高，建设新的国际金融中心的目标也正在和必将逐步实现。

三、历史轨迹中的实用主义逻辑：融资角度的变革

纵观中国资本市场三十余年的发展历史，中国资本市场顺应相应时期中国经济社会发展的要求，从无到有，从小到大，打破了全社会间接融资一统天下的局面。中国资本市场的发展过程表现出明显的实用主义逻辑。

我们对市场的认识和理解逐步深入，市场化和法制化的逻辑主线逐渐清晰，市场化和法制化的进程促进了市场功能的发展。我们对市场功能的认识正在不断深化，市场功能也呈现从融资功能到投资功能、再到财富管理以及其他功能的升级过程，从微观层面的企业融资到宏观层面的优化资源配置，推动科技创新和产业升级，服务于国家战略性需求。市场功能开始向深层次、多样化升级和发展。

（一）市场化和法制化的逻辑主线

三十多年前，中国经济体制改革已经遥望和指向社会主义市场经济彼岸，从摸着石头过河中看到了彼岸的曙光。正是在这样一个热情激荡、活力四射的年代，中国资本市场植根于中国热土生根发芽，资本市场的出现丰富了金融体系的内涵，奠定了未来金融结构变革的基础。资本市场本身也沿着市场化和法制化的逻辑主线蓬勃向前发展，并对社会经济的发展产生着巨大

的影响。

中国资本市场诞生于中国经济转轨的初期,初期的资本市场虽然较其他领域的改革已经实现了巨大突破,但是基于当时特定的历史政治社会背景和发展阶段,仍然带有浓厚的"计划"色彩和"人为"痕迹,还谈不上市场化和法制化。

在沪深交易所诞生以后的相当长时间里,资本市场运行过程中往往带着较为深刻的有形之手的"计划"以及其他人为手段的烙印。具体表现包括:早期的股票发行审批制的额度管理和指标管理,新股发行节奏、发行价格的人为控制,通过评论员文章等新闻渠道主导二级市场交易涨跌,信息披露机制、追责机制、退市机制不健全,国有股、法人股长期处于非流通状态(扭曲各类股东的利益关系,严重影响市场定价的客观性),等等。尽管彼时的中国资本市场市场化水平较低,但是沪深交易所的诞生为之后的市场化改革打下了基础,市场化改革既有渐进式推进,又有针对重大问题的攻坚克难。

2005年股权分置改革从根本上解决了长期以来困扰市场发展的国有股、法人股流通问题,理顺了两类股(流通股和非流通股)股东的利益关系,实现了上市公司股份全流通,市场机制得以优化和重构,市场定价的客观性显著增强,股票市场价格的信号作用强化,有利于企业价值的衡量,企业并购重组更加便利。股票市场的市场化改革的核心内容是股票发行的市场化,从初期的审批制到2000年的核准制,再到2019年6月科创板推出并实施注册制,以及接下来2020年的创业板改革,股票发行市场化程度渐次提升,计划色彩渐退,人为干预行为逐渐被市场机制取代。

诞生于转轨时期的中国资本市场,伊始,转轨特征明显,往往是针对实践中出现的问题研究解决方法,走了一条"在发展中规范,在规范中发展"的实用主义道路,之后的资本市场法制化建设逐渐改变了"亡羊补牢"模式,开始走向"市场发展制度先行"。1999年7月首部《证券法》正式施行,又经过三次修正和两次修订;1994年7月首部《公司法》实施后,又经历四次修正和一次修订;刑法修正案逐步完善了涉及证券犯罪的有关条款。与此相适应，有关法规、规章和规则也随着有关法律逐步建立和完善，包括发行上市制度、定价机制、信息披露机制、公司治理机制、特殊投票权制度、退市制度、惩戒机制、诉讼代理人制度等，形成了较为完备的资本市场法律法规、规章和规则体系，资本市场法制化水平显著提升。

从三十余年前沪深交易所开创时先天具有的转轨特征，到在较长时期内带有的"计划"和"人为"色彩，到2018年末中央提出"打造一个规范、透明、开放、有活力、有韧性的资本市场"，再到2020年的"建制度、不干预、零容忍"九字方针，中国资本市场艰难探索，曲折前行，留下了一条蜿蜒向前的、清晰的市场化和法制化逻辑主线。这条逻辑主线还将伴随中国资本市场的发展继续向前延伸。

（二）市场功能突破：从融资端到投资端

市场化和法制化的推进，促进了市场功能的拓展、升级。融资功能得以发挥和持续，资产定价功能、资源配置功能不断增强，风险管理功能正在显现，投资功能、财富管理功能正在受到重视。资本市场功能正在向深层次、多样化发展。

融资功能曾经是A股市场诞生和存续的重要基础。长期以来我们对股票市场功能的理解出现了偏差，导致实践层面走入误区，过分强调融资功能，忽视投资功能。融资功能是股票市场的基本功能，通过融资为企业尤其是国有企业脱困，曾是我国股市当年诞生和存续的重要基础，然而，与融资密切相关的投资功能却长期被忽视。尽管在中国股市三十多年的发展历程中，经常强调要保护投资者利益，但是，从实践看，无论是信息造假、欺诈上市，还是人为因素造成的市场危机，以及市场改革需要付出的成本，等等，除股权分置改革以外，基本都是以伤害投资者利益为结果的。对投资者利益的伤害最终也削弱了融资功能的发挥。

失去投资功能的市场，其融资功能将不复存在。市场融资功能的发挥和实现的基础和必要条件是资金供给，资金之于市场犹如血液之于人体，人体贫血就会缺乏活力，血液枯竭意味着生命的终结，资金供给不足市场就难有活力，没有了资金也就没有了市场。因为有了投资者才有了投资资金，当投资者利益得到切实保护时，投资者才会对市场有信心，才会有投资者给市场提供源源不断的投资资金。市场投资功能如何，直接关系到融资功能的实现，市场有了财富效应才会更好地发挥其融资功能。换言之，没有投资者就没有投资资金，没有资金供应的市场就失去了投资功能，犹如无水之源，市场的融资功能自然也就不存在了。从这个意义上讲，投资者利益是否得到有效保护，是资本市场能否健康发展的试金石。

前三十年的资本市场是融资主导的市场，各项改革以融资为主导展开，甚至将资本市场视为企业纾困解难的平台，忽视了投资功能以及其他功能的发挥，从而出现了长期困扰人们的现象：中国经济快速健康发展，股票市场规模也较快扩张，但是作为经济晴雨表的A股市场表现不尽如人意，跌多涨少，牛短熊长，与实体经济走势相背离。从市场实践中，全社会逐渐形成共识，中央提出打造一个规范、透明、开放、有活力、有韧性的资本市场。资本市场改革中需要正确认识和处理好融资与投资的关系，更加注重投资端建设。投资有了财富效应，就有资金源源不断地进入市场，也才有发挥融资功能的良好基础。

注册制的实施提升了市场化水平，强化了信息披露制度和退市机制，追责和惩戒机制更加完善，有利于培育具有成长性的财富市场，改善金融的功能。2020年底，证监会首次提出"着力加强资本市场投资端建设"，提出资本市场要增强财富管理功能，促进居民储蓄向投资转化，助力扩大内需。推动加强多层次、多支柱养老保险体系与资本市场的衔接，继续大力发展权益类公募基金，推动健全各类专业机构投资者长周期考核机制。进一步加强投资者保护，增强投资者信心。加强投资端建设就是要以资本市场的财富效应和财富管理功能吸引投资者和投资资金持续不断地进入市场，使得资本市场更好地发挥投资功能的同时增强融资功能。我们认为，资本市场继续重视融资端改革的同时，改革重心应适当转向投资端。市场功能正在从注重融资功能转到融资功能和投资功能并重，再转到注重财富管理功能，向深层次、多样化升级和发展，促进了中国金融的现代化进程。

参考文献

［1］吴晓求．大国金融中的中国资本市场．金融论坛，2015，20（5）：28-35.

［2］吴晓求．改革开放四十年：中国金融的变革与发展．经济理论与经济管理，2018（11）：5-30.

［3］吴晓求，等．变革与崛起：探寻中国金融崛起之路．北京：中国金融出版社，2011.

［4］吴晓求，等．中国资本市场三十年：探索与变革．北京：中国人民大学出版社，2021.

［5］吴晓求，许荣，孙思栋．现代金融体系：基本特征与功能结构．中国人民大学学报，2020，34（1）：60-73.

［6］吴晓求，赵锡军，瞿强，等．市场主导与银行主导：金融体系在中国的一种比较研究．北京：中国人民大学出版社，2006.

第二章

中国资本市场：经济的战略转型与未来发展模式

摘　要：中国经济已经进入关键的转型时期，国内经济发展中的遗留问题亟须解决，外部高新技术封锁和竞争对抗加剧。为了实现建成社会主义现代化强国的目标，在新发展阶段，要秉持新发展理念，落实"以国内大循环为主体，国内国际双循环相互促进"的战略布局。金融是现代经济体系的核心，国家经济发展战略转型和经济结构调整对资本市场发展提出了更高的目标和要求。本章首先梳理了中国经济战略转型的必要性、内涵和目标，并论证资本市场在我国经济战略转型中的角色定位。在此基础上，本章抓住我国经济战略的侧重点，分别从创新发展战略、数字经济转型、绿色经济发展和高水平开放四个角度切入，具体阐释各个战略要点的实质内涵，以及资本市场在推进实现各战略要点过程中的功能定位，着眼于未来，探索与经济战略转型匹配的新金融业态和资本业态。

一、中国经济的战略转型

中国经济战略转型是解决国内经济金融领域遗留问题，寻找经济发展新动能，应对外部挑战的必然选择。在新发展格局下，中国资本市场要充分发挥优化资源配置和价值发现功能，实施创新驱动发展战略，支持高新技术产业孵化，引领市场数字化转型，大力发展绿色金融，加快资本市场国际化和国际金融中心建设，配合"双循环"战略的总体布局，为经济的战略转型提供发展动力和资金支持。

（一）中国经济进行战略转型的必要性

1978—2012 年，伴随社会主义市场经济体制改革和对外开放的有序进行，人口红利优势、出口加工贸易快速增长和房地产市场繁荣推动中国经济快速发展，国内生产总值（GDP）年均增长率为 9.94%。从 2013 年开始，内需不足、产能过剩、人口老龄化和环境污染等问题日益凸显，中美贸易摩擦、科技竞争和国际政治经济形势的不确定性对中国的开放型经济体制构成严峻挑战，中国经济增长速度由高速增长转为中高速增长（见图 2-1），经济结构转型迫在眉睫。2020 年，受全球性疫情影响，国内生产总值为 1 015 986.2 亿元，经济增长率仅有 2.3%。

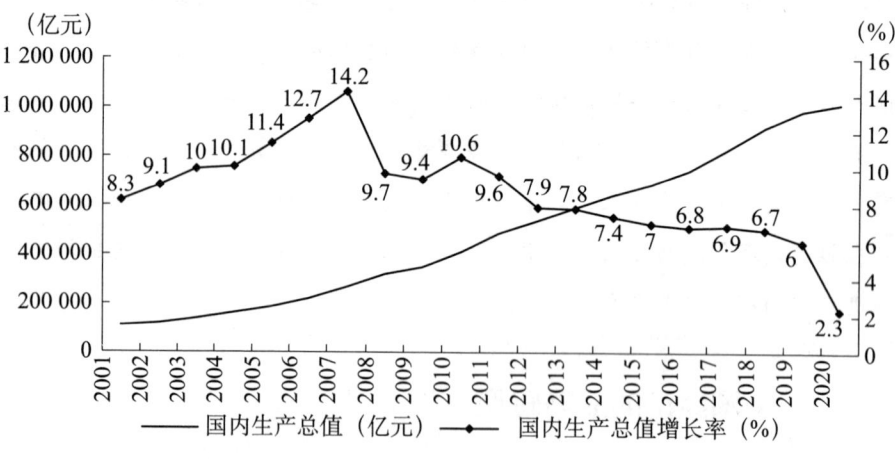

图 2-1　2001—2020 年国内生产总值及其增长速度

资料来源：国家统计局。

1. 内需不足

消费是拉动我国经济增长的主要力量。2001—2019 年间，最终消费支出对我国经济增长的贡献率呈波动上升趋势。截至 2021 年第二季度，最终消费支出的贡献率回升到 61.7%（见图 2-2）。相对于发达经济体 80% 左右的消费贡献率，我国国内的消费需求还有待提升。

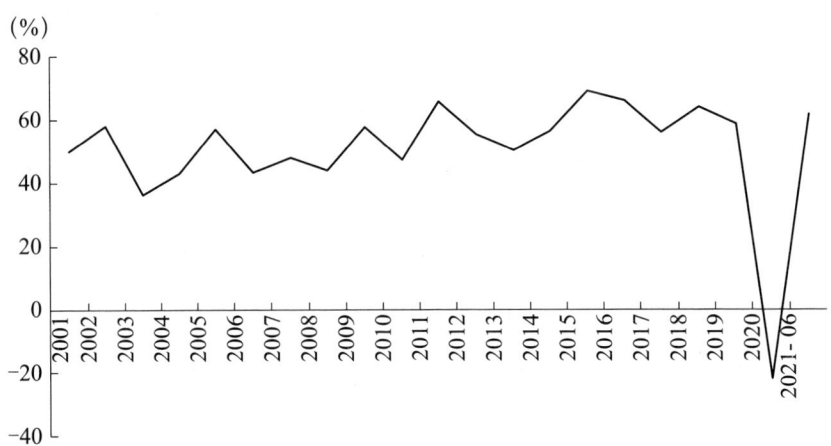

图 2-2 最终消费支出对国内生产总值增长的贡献率（2001 年至 2021 年 6 月）

资料来源：国家统计局。

人均可支配收入占人均 GDP 的比重较低，贫富差距较大和高储蓄等都是导致我国国内消费需求不足的重要原因。2020 年我国人均可支配收入为 32 189 元，占人均 GDP 的 44.71%，远低于美国同期的 70.98%，阻碍了居民消费水平的提高。近年来，我国基尼系数均超过 0.4，收入分配差距悬殊，限制了消费的边际改善。高收入人群财富的快速增加对整体消费需求的带动有限，只有提高中低收入人群的可支配收入，形成合理的财富分配格局，才能对拉动内需有更多帮助。高储蓄的谨慎性动机对消费水平的制约也值得关注，有待完善的社会保障体系、单一的投资渠道以及对未来预期的不确定性在一定程度上降低了当前的消费水平。

2. 产能过剩

中国经济新常态下的产能过剩问题要追溯到国际金融危机和经济刺激计划。从 2009 年开始的经济刺激计划，尽管在缓解金融危机冲击、保持经济强劲动能方面做出了重要贡献，但也留下了隐患。2009 年上半年，超额信贷总量占 GDP 的 14%，接近 10 万亿元，流通中货币量剧增，通货膨胀产生。2015—2016 年，国际市场上大宗商品价格下跌，国内普遍产能过剩。

工业产能利用率是衡量经济体产能过剩程度的指标，数值在0和1之间，严重产能过剩的临界值是75%。2013—2016年初（见图2-3），中国的工业产能利用率指标值呈向下趋势，最低值为72.9%。2015年末，供给侧结构性改革推出，对"去产能"、提高工业产能利用率产生了积极作用。从2016年初至2019年末，中国的工业产能利用率逐渐爬升，并稳定在临界值以上。截至2021年第一季度，中国的工业产能利用率指标值为77.2%，供给侧结构性改革效果显著，但任重而道远。

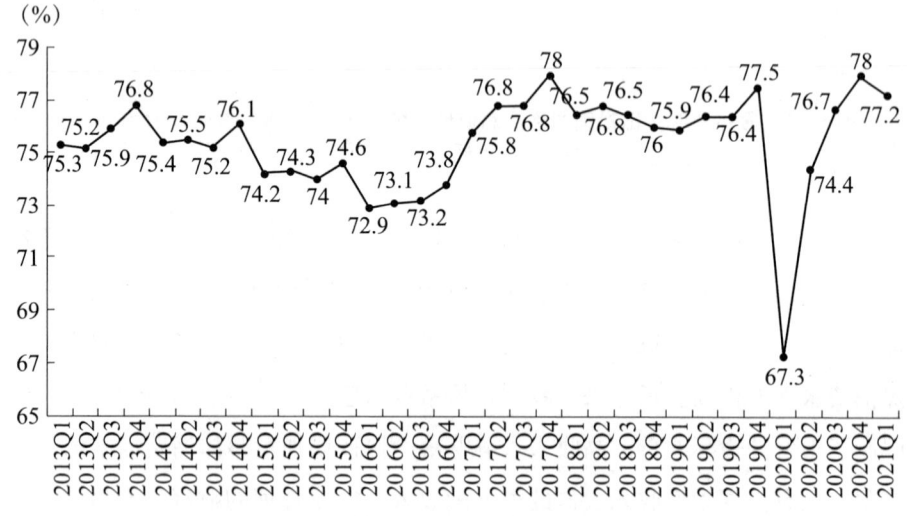

图2-3 分季度工业产能利用率

资料来源：根据国家统计局公布的季度数据整理。

3. 人口老龄化和环境污染问题

随着经济增速的放缓和劳动力成本的上升，人口老龄化和家庭抚养压力等问题浮现。如图2-4所示，从2014年开始，65岁及以上老年人口在我国总人口中的占比超过10%，这意味着人口老龄化程度加深，通过人口红利优势发展劳动密集型产业来推动经济增长的模式已经不可持续。

中国的环境污染问题伴随着对外开放和快速工业化而来，频繁的雾霾天气、工业废气废水污染和土壤重金属超标等问题，都是经济高速增长所付出

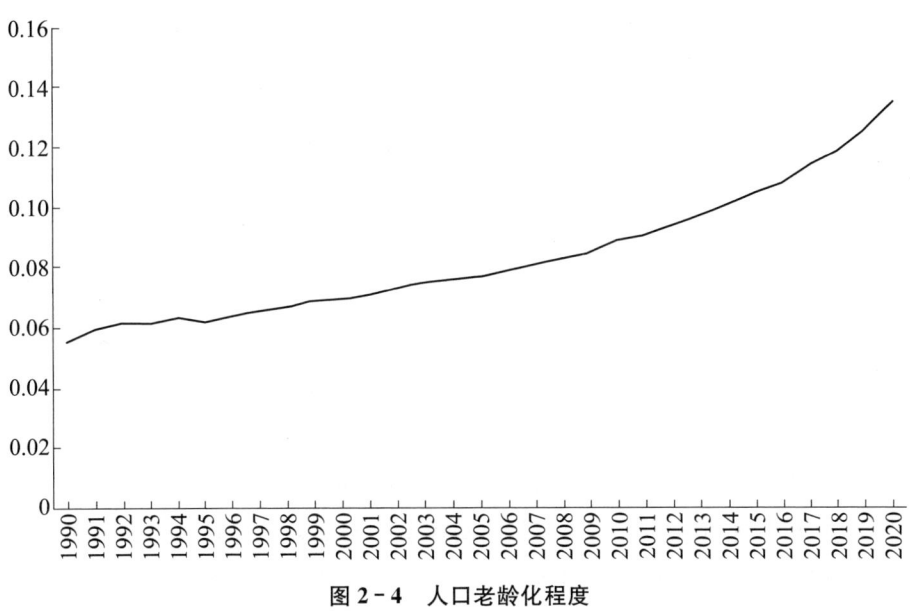

图 2-4 人口老龄化程度

资料来源：国家统计局。

的代价。生态环境的恢复意味着高昂的成本。发展绿色经济是新时代经济结构转型的必然选择。

4. 外部挑战

2018—2019 年，中美贸易摩擦升级，极高的关税壁垒严重阻碍了中国出口导向型经济的发展。紧随而至的是科技战，2019 年 5 月，中国高新技术企业华为被美国商务部列入实体清单。次年，美国政府对华为公司的芯片供应限制继续升级，使用美国芯片技术和设备的外国企业如果没有美国的许可，将无法向华为公司及其关联企业供应芯片。2020 年末，美国商务部又将中国芯片制造商中芯国际（SMIC）等 59 个中国企业及实体列入实体清单。同时，全球性疫情此起彼伏，不确定性增大。至今，疫情的阴霾尚未消退。

面对西方发达国家的技术封锁和竞争对抗，以及中国国内经济发展中亟须解决的问题，实施创新驱动发展战略、强化前沿技术和国防科技创新、提升高端制造业和现代服务业的竞争力、增强综合国力、推动经济战略转型、统筹发展与安全显得尤为重要。

（二）经济战略转型的内涵和目标

1. 经济的高质量可持续发展

习近平总书记在党的十九大报告中明确指出："我国经济已由高速增长阶段转向高质量发展阶段，正处在转变发展方式、优化经济结构、转换增长动力的攻关期，建设现代化经济体系是跨越关口的迫切要求和我国发展的战略目标。"党的十九届五中全会进一步提出要"形成强大国内市场，构建新发展格局"。

构建新发展格局，统筹发展与安全，核心内容包括畅通国内大循环、促进国内国际双循环和加快培育完整内需体系三个部分。畅通国内大循环是基础和关键，实施创新驱动发展战略，优化市场资源配置，推进供给侧结构性改革，以高质量供给引领和创造新需求；培育完整的内需体系是畅通国内大循环的重要组成部分，改革重点在于全面促进消费和拓展投资空间，发挥消费在拉动经济增长方面的主导作用；以内循环为主与高水平对外开放并存，意味着我们要协调国内国际的资源要素，引进优质技术和高端人才，以我为主，为我所用，加快建立参与国际竞争新优势。

2. 经济战略转型的侧重点

实施创新驱动发展战略，发展高端制造业和现代服务业是中国经济战略转型的重要内容。创新是引领发展的第一动力，是建设现代化经济体系的战略支撑。从2018年开始，以贸易战、高关税壁垒和科技封锁为代表的逆全球化浪潮使得通过国际贸易分工实现资源优势互补的途径受到极大阻碍，"缺芯""少核"等问题制约着中国高新技术产业的发展。高端制造产业是战略性新兴产业的关键组成部分，体现着国家的核心竞争力；实施创新驱动发展战略，建立完整的高端制造业体系，是实现科技强国的必由之路。交互性、创新性和高附加值是现代服务业的基本特征；现代服务业的创新发展要满足产业转型和消费需求升级的需要，关注人口老龄化程度加深对生产性和生活性服务业的需求。

经济数字化转型对于规范经济运行、提高经济效率甚至是进行企业估值技术变革都有重要的意义。绿色经济发展也值得关注，人与自然和谐共生的社会生态环境是中国经济可持续高质量发展的重要基础。发展高水平开放型经济是促进国内国际双循环必不可少的环节。优化区域开放布局，推进贸易和投资自由化、便利化，共建"一带一路"合作平台，参与全球治理体系改革和建设等都是实行高水平对外开放的重要举措。

（三）资本市场在经济战略转型中的角色定位

1. 经济战略转型对资本市场功能发挥的影响

现代金融体系的主要功能有资源的跨时空配置（投融资）、风险定价和财富管理、支付清算、股权分割、激励机制以及提供信息。资本市场是现代金融体系的基石，其核心功能是资源配置和价值发现（风险定价）。

目前中国拥有完善的大型内部金融市场和银行主导型金融体系，国有银行体系的信贷型金融支持为国有企业提供了充足资金，在经济高增长时期发挥着主导作用。改革开放以来，商业银行体系提供的间接融资一直是社会经济运行中流动资金的主要来源。但是，商业银行体系的间接融资存在局限性，遵循盈利性、流动性和安全性的经营管理基本原则，倾向于向成熟期的企业提供贷款。创新创业期的企业和处在风险期的高新技术企业，其未来的成长具有高度不确定性，不符合商业银行体系的风险管理要求，很难从商业银行体系获得资金支持。在商业银行体系内部，财富管理功能也不能很好地实现。现阶段，商业银行提供的储蓄类产品和理财产品不能满足投资者对金融产品多样化和分散金融风险的诉求。这就要求丰富与发展资本市场，通过直接融资来弥补银行体系的不足。

中国的资本市场（外部金融市场）具有特殊性，属于证券型金融支持，既要服务改革与增长，又要兼顾回报与效率，服从于经济改革与发展进程对整体金融支持的内在需求（国家金融控制下的资本市场）。中国资本市场的核心功能除了资源配置和价值发现之外，还理应具备调控宏观经济、满足经济改革与高质量发展要求的特殊功能。经过30多年的发展，中国资本市场的资源配置功能日趋市场化、注重财富管理，法制不断完善，监管模式从实质性监管向透明度监管转变。然而，站在服务于中国经济战略转型的高度，当前资本市场的资源配置效率、对高新技术企业的支持、对创新风险的包容还不能完全适应经济战略转型的现实需要。

图2-5和图2-6参考MS&CS① 口径的评估方法（吴晓求，2018；吴晓求和方明浩，2021），分别从资产属性角度和融资机制角度展示中国金融资产的结构变动。根据图2-5，1990年至2021年6月，中国的货币供应量

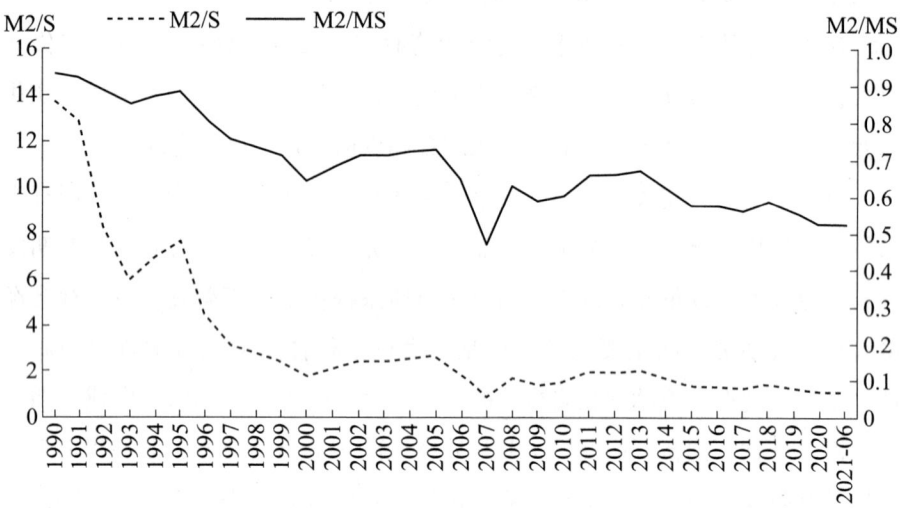

图2-5　1990年至2021年6月中国金融资产结构变动：资产属性角度

资料来源：国家统计局、中国人民银行和Wind数据库。

---

① M2代表货币和准货币供应量，C表示银行体系的信贷资产规模；S是股票类金融资产和债券类金融资产的总和，即证券类金融资产；MS＝M2＋S，代表基于资产属性角度的金融资产规模；CS＝C＋S，代表基于融资机制角度的金融资产规模。

M2占MS口径下金融资产总规模的比重从0.93减小到0.52，总体上呈下降趋势；而证券型金融资产的比重增大意味着中国金融体系市场化趋势明显，资本市场的影响力不断增强，从以融资为主向投融资并重转型。图2-6显示，银行体系信贷资产占CS口径下金融资产总规模的比重呈先下降后平稳的趋势，证券类金融资产占金融资产总规模的比重呈先上升后平滑调整的趋势。从2015年开始，C/CS指标值和S/CS指标值相对接近。例如，2021年6月，C/CS指标值为0.478，S/CS指标值为0.522。基于融资机制角度，资本市场的直接融资在资金供给方面发挥着越来越大的作用，但商业银行间接融资主导的融资格局并未发生本质上的改变。

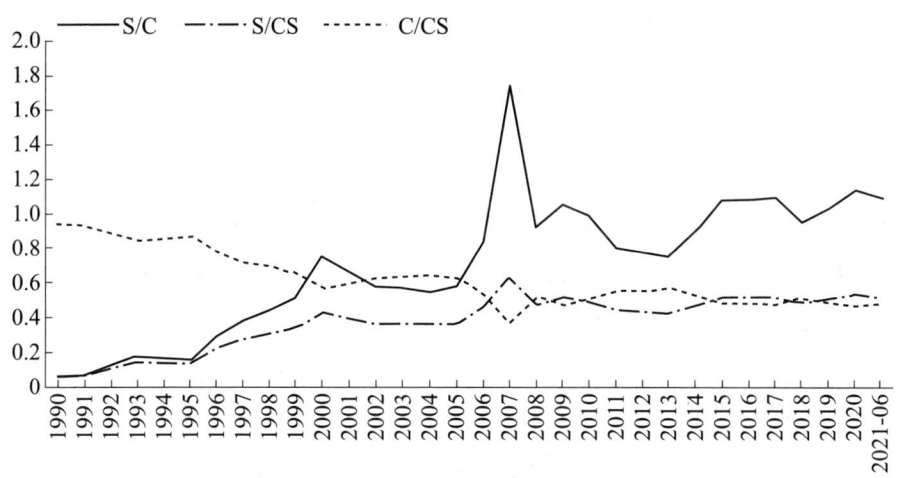

图2-6　1990年至2021年6月中国金融资产结构变动：融资机制角度

资料来源：国家统计局、中国人民银行和Wind数据库。

经济战略转型同资本市场现有功能发挥的不匹配，对资本市场未来的改革与发展提出了更多的新要求。中国资本市场注册制改革才刚刚开始，范围局限于沪深两市的科创板（自2019年开始）和创业板（2020年8月末）上市公司，主板市场的企业上市规则依旧使用核准制，加上退市机制改革的滞后，市场化资源配置的功能在很大程度上受到限制。资本市场传统的估值技术、定价模式和风险包容程度也不能完全匹配对科技创新的支持，高新技术企业估值理应考虑创新、数字化和更大程度的风险包容等因素。关注企业成长性，推动新兴产业孵化，有利于资本市场强化服务改革与经济增长的特殊功能。

2. 经济战略转型对资本市场的新要求

优化资源配置，支持创新发展。全面推行注册制改革，将金融资源跨时空配置的主动权交给市场，推动科技创新，为高科技成长型企业提供资金支持，是新时代的呼唤。同时，积极发展天使基金、私募股权（PE）基金、风险投资（VC）基金等多元化资本业态（吴晓求等，2020），满足不同层次的融资需求。

完善价值发现功能，节约信息成本。资本市场是投融资市场，充分发挥价值发现功能，增强金融资产定价的有效性，能够吸引各类投资主体平等参与其中。估值技术的变革是重要内容，有利于对高新技术产业的价值进行合理估计。

推进数字化转型，加强透明度监管。金融科技的快速发展为资本市场向数字化转型、规范运行机制和提高经济效率提供了必要的技术保障。例如，大数据、云计算等技术被应用于信息甄别，能够有效地推动金融监管部门从实质性监管向透明度监管转变。

鼓励绿色金融，关注环境保护。经济的高质量可持续发展要求绿色转型，除了商业银行体系的绿色信贷支持，可以在资本市场推广绿色金融产品和衍生工具，鼓励ESG（环境、社会、政府）投资，提升企业的可持续成长能力，促进人与自然和谐共生，实现"碳中和"目标。

助力高水平对外开放，统筹发展与安全。资本市场对外开放是协调国内国际双循环的重要举措。中国要适时加快推进人民币国际化、金融机构国际化、金融监管国际化，促进金融市场互联互通和资本自由流动，服务于国际金融中心建设和国际金融合作。

3. 资本市场功能与经济战略转型的耦合关系

资本市场功能与经济战略转型的耦合关系主要表现为中国资本市场开始

关注科技创新和产业升级,并试图成为科技创新的主要推动力量。高效的资源配置、优化的融资结构、及时有效的风险定价、合理公允的价值评估将推动高新技术企业快速成长,服务于创新驱动发展战略,为经济战略转型提供不竭动力和充足稳定的证券型金融支持。

数字化转型和绿色金融的推广侧重于规范经济运行、提高经济效率、便利金融监管、改善生态环境,对经济的可持续高质量发展有着重要意义。

资本市场扩大对外开放,协调国内国际双循环,最终目的是构建国际金融中心。在通往国际金融中心彼岸的过程中,资本市场的高水平对外开放可以充分利用国内国际的市场,参与全球金融资源的配置,吸收先进技术,增强创新实力,循着国际化的路径选择形成开放型经济国际竞争新优势。

二、资本市场与创新发展战略

党的十八大报告提出要"实施创新驱动发展战略",党的十九届五中全会进一步明确要"坚持创新驱动发展,全面塑造发展新优势"。资本市场因其所特有的价值发现、激励约束等机制而可以为创新驱动发展提供内生动能和条件。目前,中国资本市场初步建立起对科创企业的融资体系,可以为不同类型、处于不同生命周期的企业提供多元化和差异化的金融支持。

(一)创新驱动发展的目标及路径

1. 产业基础升级

我国制造业规模位居世界前列,但由于产业基础薄弱、附加值低,在全球价值链中仍处于中低端位置。在新一轮科技和产业革命中,以第五代移动通信(5G)、大数据、人工智能(AI)等为代表的信息技术迅速发展,提高了社会生产和运行的效率,而高端芯片、先进传感器等基础产品和技术是信息技术发展应用的载体。所以,基础产品和技术的发展决定着未来国际产业竞争的格局(朱明皓等,2021)。推进产业基础升级,要尊重客观科技规律、经济规律和企业运行规律，坚持实事求是的科学精神。市场化的资源配置方式可以激发科技创新主体的创新活力（朱明皓，2020）。

2. 产业链现代化

改革开放以来，我国虽然凭借较低的劳动力成本和资源禀赋等比较优势融入了全球产业链，建立起体系完整、种类齐全的工业体系，但依然存在产品附加值低、资源环境承载力大、关键技术和产业链的控制力不佳等问题。发达国家已经将提升产业链水平上升到国家战略和全球治理层面。美国最早提出并系统实施供应链的国家战略。德国高度重视经济可持续发展，产业链优化政策的重点是构建以环境保护和资源节约为导向的绿色供应链。英国也将供应链竞争力视为本国制造业发展不可或缺的关键要素，要推进我国产业链现代化，应准确把握产业基础高级化和产业链现代化的关系，产业链现代化提供应用需求，产业基础高级化提供技术保障；要明确坚持以企业和企业家为主体，政府聚焦有限领域和目标（盛朝迅，2019）。

3. 发展现代服务业

自 20 世纪 90 年代起，服务业在全球范围内迅速增长，已经成为发达国家经济结构中增长最快的部门。从发达国家的经验来看，服务业不断渗入生产过程，一开始时提供存量管理、证券交易、财务等辅助功能，后来开始展现其自身的驱动力，担当起物流服务、管理咨询、金融服务等管理支撑角色。

随着互联网的发展及全球化进程的推进，现代服务业更多出现在高附加值环节，成为信息技术研发、创新设计、供应链管理的战略导向型主体（孔群喜等，2018）。现代服务业的发展，不仅需要具备广阔视野的创新人才，而且需要与创新发展相适应的包容性资本市场的支持。

4. 发展高科技产业

我国高科技产业的发展已经达到一定规模，然而相较于发达国家依然较低。从美国、日本等发达国家看，政府推动高科技产业发展，主要通过完善财税政策和知识产权保护等法律制度体系，为高科技人才成长创造良好的环境，鼓励创新投资的金融体制，形成资本由注入到退出的良性循环，解决高科技创新资金匮乏的问题（蒋瑛，2003）。

高科技产业研发投入大和调整成本高的特点，需要与此相匹配的资源配置与风险分担机制，激活创新发展的社会内生动力。未来应继续坚持市场化、法制化改革方向，健全完善符合创新驱动要求和资本市场规律的基础制度体系。除了需要健全完善发行制度之外，还需要健全完善信息披露、并购重组、退市、违法违规等方面的制度，确保从科创板到创业板、再到全市场的"三步走"注册制改革，更好地适应中国经济战略转型需求。

（二）资本市场对创新发展和技术进步的推动作用

1. 通过价值发现功能识别创新过程中的不确定性

科技创新是对未知领域的探索，企业技术创新具有失败率高、回报不确定、收益有正外部性等特点。在资金能否被有效配置给生产效率更高、发展前景更好的企业或项目，形成具备择优机制的创新资本配置能力方面，资本市场以其分散决策模式和风险共担、利益共享机制而具有天然优势（肖钢，2020）。

高科技企业的估值方法，不同于传统企业，更注重成长性。市盈率法、市净率法等传统估值方法，主要基于现金流折现思想，难以估计出无形资产和未来成长预期，导致评估值与实际价值有较大偏离。自从剩余收益这一概念出现以来，陆续发展出新的评估方法，例如EVA估值模型，用于测度增长期权价值。有研究证明，资本市场在上市初期即对获得认定的公司做出了正面定价（李强等，2016；郑琦和孙刚，2020），进而支持我国高新技术企业发展。

图2-7展示了2010—2021年沪深两市科技创新类上市公司总市值的变化。

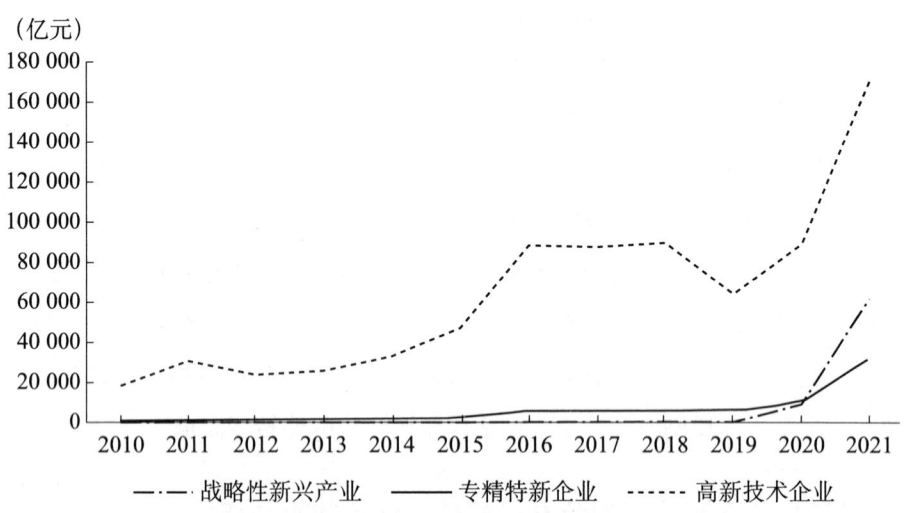

图 2-7 沪深两市科技创新类上市公司总市值变化（2010—2021年）

注：（1）战略性新兴产业和专精特新企业选取范围为 Wind 数据库相应类别统计数据。
（2）高新技术企业选取范围为公司简介包括"高新技术"关键词的沪深上市公司。
资料来源：Wind 数据库。

2. 通过资本市场的资源配置功能满足创新过程中的资金和人才需求

科技创新除了需要资本支持之外，更重要的是，要充分激发人的积极性和创造性。资本市场以风险共担、利益共享的激励机制，吸引资金和人才要素向创新经济配置（肖钢，2020）。资本市场通过股权债权投资融资、并购重组等各种市场化机制安排，充分发挥市场在资源配置中的决定性作用，把各类资金精准高效地转化为资本，促进要素向最有潜力的领域协同集聚，提高要素质量和配置效率（易会满，2021）。

在上市过程中，企业通过股份制改造建立现代企业制度，形成股东会、董事会、监事会和经营管理层的内部制衡机制，受到信息披露等外部约束机制的制约，推动企业经营规范透明，为转换经营机制、集约利用资源提供了契机和示范。资本市场的资源配置机制能够推动企业技术变革（Tadesse，2004）。

资本市场所蕴含的激励机制吸引风险投资产业培育高成长、高风险的新兴高科技产业。随着风险投资活动在一个产业中的活跃程度上升，该产业的专利获取数量显著提高（Korturand and Lerner，2000）。依赖于外部融资的技术密集型行业，在具有更发达的股权市场的国家展现出更高的创新水平（Hsuet et al.，2014）。同时，成熟的资本市场还具有内生的逆周期调节机制，可通过广泛的信息交互、重复博弈、价格出清和风险吸收，快速调节市场供需关系，进而有效引导金融资源配置。图2-8展示了2010—2020年沪深上市公司的融资金额。

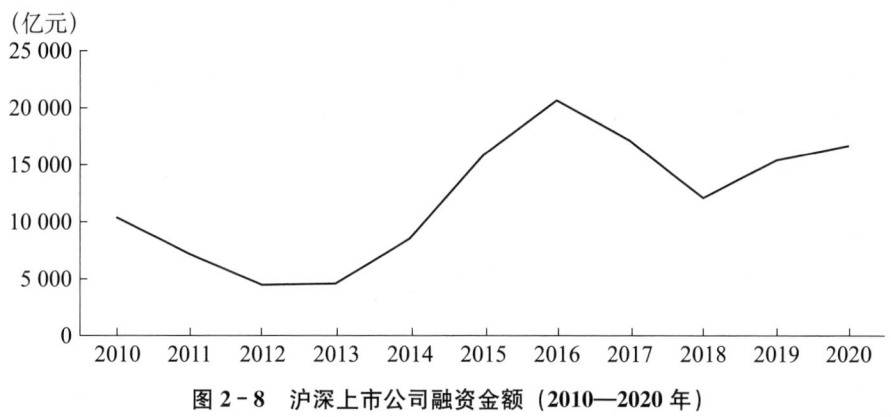

图2-8 沪深上市公司融资金额（2010—2020年）

资料来源：Wind数据库。

（三）资本市场服务创新战略的使命担当

1. 深化注册制改革

2013年，党的十八届三中全会审议通过的《中共中央关于全面深化改革若干重大问题的决定》明确提出"推进股票发行注册制改革"。2015年12月，第十二届全国人大常委会第十八次会议授权国务院在实施股票发行注册制改革中调整适用《中华人民共和国证券法》的有关规定。2018年2月，第十二届全国人大常委会第三十三次会议延长授权期限，为《证券法》修订完成之前推进注册制改革提供了法律依据。2019年7月22日，适用试点注册制的首批企业在科创板上市交易。2020年3月1日，修订完成后的《证券法》施行，为注册制改革提供了法律保障。2020年8月24日，创业板改革并试点注册制首批企业上市交易。

截至2020年末，已有17个未盈利企业、2个特殊股权结构企业、3个红筹企业在科创板上市。要素资源进一步向科技创新领域集聚，科技、资本和实体经济的高水平循环更加畅通。注册制改革对解决"卡脖子"技术起到了很重要的作用，中国上市公司结构的变化，包括投资理念的变化、估值的变化，都说明注册制改革是正确的（吴晓求，2021）。

2. 完善并购重组制度

并购重组是优化资源配置、实现价值发现的重要渠道，是提升上市公司质量的重要途径，是产业转型升级、经济结构调整的重要推动力量。美国五次大规模并购浪潮相继推动其从农业经济向工业经济、数字经济的转型跨越（肖钢，2020）。2010—2016年，我国上市公司并购重组数量与规模不断上升，助推形成了一批在战略性重要行业中具有国际竞争力的优秀企业（见图2-9）。

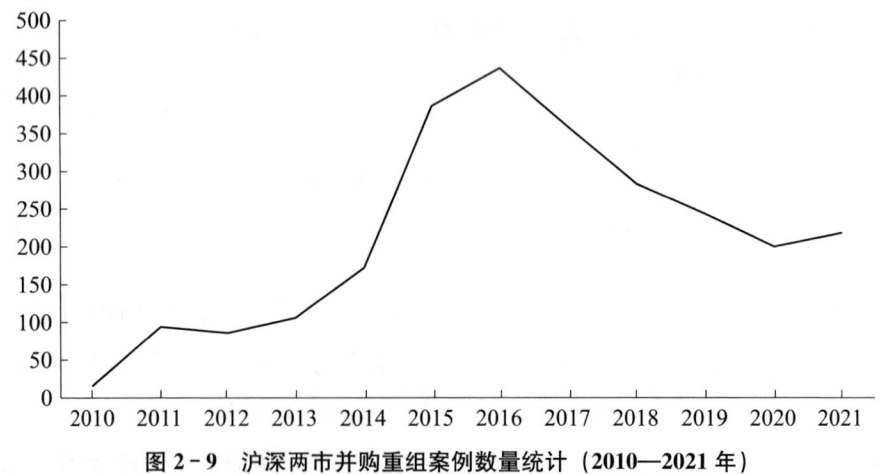

图2-9　沪深两市并购重组案例数量统计（2010—2021年）

资料来源：Wind数据库。

赵立彬等（2021）的研究发现，并购重组内幕交易加剧了股价大幅波动，不利于资本市场功能的发挥，损害了中小投资者的利益，因此，对于上市公司并购重组，鼓励发展和加强监管要并重。对于符合国家战略方向和产业政策、有利于助推上市公司创新发展的重组项目，应加大政策支持力度。对于违法违规行为，应进一步提高违法行为成本，营造资本市场并购重组的良好环境。

3. 完善激励制度

资本市场的激励机制体现为股权激励机制。创新驱动发展的核心是人才驱动。企业进行创新发展将伴随着高风险，而未来的高收益是促使企业承担高风险的重要激励。基于未来收益的股票期权激励计划是吸引人才的有效手段。参与股票期权激励计划的创业者或员工可以通过持有待上市公司股票期权在公司未来上市或被并购时实现高回报。目前在互联网、医药生物等创新产业中，绝大部分都有员工持股计划，以此稳定和激励公司核心员工（李明，2019）。未来我国要进一步建立完善具有适应性的股权激励法律制度，充分激发高质量发展阶段各方面人才的创造力。

4. 资本介入产学研体系

产学研合作是指企业与高校、科研院所之间，按照"利益共享、风险共担、优势互补、共同发展"的原则，共同开展创新活动（刘炜等，2012）。随着技术复杂性程度的提高和变革速度的加快，企业通过寻求外部技术资源合作突破自身资源和能力限制，获得竞争优势，具有重要作用（蒋伏心和季柳，2017）。

资本市场不仅可以为产学研合作过程提供资金配置和价值发现服务，也可以引导风险投资为产学研合作的科技成果转化提供早期资金。政府投入资金进行基础研究，大学和研究机构的科研工作者参与基础研究，然后引入企业进行市场的应用研究，最后以企业为主体对应用研究结果进行商业化生产和推广。创新企业可以通过资本市场补足国家基础研究投入后的资金缺口（李明，2019）。

5. 提高对创新风险的包容度

企业创新带来正外部性,但是在此过程中面临高风险。如果没有对创新风险的包容机制,人们就不会选择创新。原因在于,创新投入更多是资金和人力资本等"软件"投入,而不是厂房设备等硬件设施投入。一旦失败,前期投入都将成为沉没成本。在容错机制缺失、政府部门主导创新决策体制情形下,国企经营者担心因创新失败而被追究决策失误和国有资产流失等责任,造成没人敢决策、没人敢创新的困境,创新活动从决策层面就受到了约束(辜胜阻和庄芹芹,2016)。

在新发展格局下,资本市场充分发挥对创新风险的包容作用至关重要。在我国资本市场建立之初,出于投资者利益保护和市场秩序维护的需要,建立了较高的发行上市门槛,这对于资本市场的稳妥起步和平稳发展意义重大,但是包容性不足,大批处于初创期的创新企业只能选择海外上市(王娴,2019)。差异化的上市标准、常态化的退市机制、尊重经济规律的再融资和并购重组政策,都是资本市场对创新风险包容性的体现。资本市场特有的风险自愿分担机制也需要与合格投资者、投资者教育等制度相互匹配,协同发挥作用。

6. 建立多层次的资本市场

多层次资本市场可以为不同类型、不同成长阶段的企业提供多元化、差异化的融资服务。股权市场是资本市场的典型形态,自我国资本市场设立以来,多层次股权市场不断壮大,已经形成包括主板(中小板)市场、创业板市场、科创板市场、新三板市场以及区域性股权交易市场等在内的市场体系。截至2021年9月30日,沪深两市上市公司合计4 501个,其中沪市主板1 643个,科创板341个,深市主板1 481个,创业板1 036个(见图2-10),总市值达86.69万亿元。

进一步健全完善符合高质量发展和资本市场本质规律的法律制度体系,以"建制度、不干预、零容忍"为指导方针,通过设计科学的基础制度体系让资本市场更好地发挥其本质功能,对于提高社会创新能力、培育一流的科

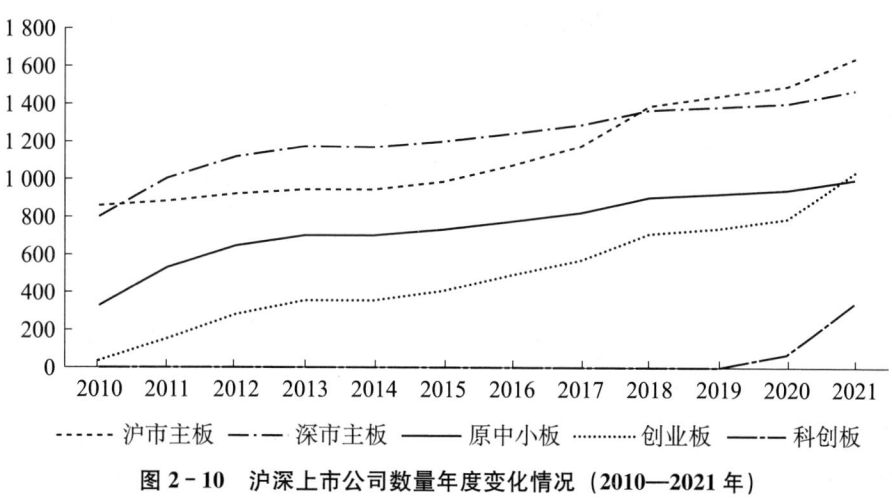

图 2-10 沪深上市公司数量年度变化情况（2010—2021 年）

资料来源：Wind 数据库。

技领军企业、拓宽居民财产性收入来源、实现共同富裕具有重大意义。

三、资本市场与数字经济转型

后疫情时代的数字经济无疑受到世界各国的重视和关注，并迅速成为全球经济增长的重要动力。数字经济从宏观视角来看几乎可覆盖各行各业，天然的关联性和相互作用促使资本市场与数字经济转型对整个经济社会乃至国家发展将产生深远影响。当下，数字化发展为资本市场重构不断创造外部环境和技术支持等必要条件。

（一）数字化发展的战略机遇

截至 2019 年，全球共有 30 多个国家制定了数字经济发展战略，美、英、德、俄、澳、韩、日均出台了系统和详细的战略规划与探索路径相关文件。在《中共中央关于制定第十四个五年规划和二〇三五年远景目标的建议》中，"科技""高质量""数字化""数字经济"作为高频词汇，分别出现了 36 次、16 次、6 次、3 次，同时"十四五"规划还强调"加快数字化发展"和"建设数字中国"应成为未来发展要点,数字化发展将成为我国整个经济社会发展的战略机遇。

1. 提供经济增长动能

随着经济高速增长向经济高质量增长转型,我国经济增长动能也在进行结构性转换,新动能和旧动能均是不同阶段经济发展的客观要求,资源消耗型旧动能发展模式已经失去活力,创新引领、数据驱动的新模式将引领经济增长,而数字化转型恰恰可以从系统层面令新旧动能进行很好的融合和转换。从全球范围看,大数据、云计算、人工智能、区块链、物联网等具有引领性、颠覆性的新技术的快速发展和深度应用正在以海量数据应用为核心的数字化浪潮中加速推动数字经济进入更高阶段。

从生产力层面看,原有的劳动工具、劳动对象、劳动机会等已无法适应全球经济环境变化的节奏,数字经济推动了传统劳动要素的数字化、服务化、大众化。从生产关系层面看,数字化极大地促进了资源共享、组织平台化。马克思主义关于生产力和生产关系的思想明确指出"生产力决定生产关系,生产关系可以反作用于生产力",因此,生产力和生产关系的升级都会促进彼此正向循环,而数字化既可以影响第一、二、三产业的发展进程,又可以在促进社会发展方式转变、生产关系迭代、经济增长方式重构等方面起到巨大的推动作用。党的十九大报告强调要发展数字经济、共享经济,培育新增长点、形成新动能,数字经济通过提高资源利用效率和劳动生产率达到保持竞争优势的目的,既是经济新增长点也是经济增长新动能的重要抓手。

2. 重塑金融业竞争格局

金融是基于经济而产生的,是经济发展到更高阶段的体现,经济结构发生转变、经济增长方式重塑势必会对原有金融业结构和生态产生深远影响。从互联网时代开始,金融业格局就发生了明显的转变,尤其是在金融科技的风靡以及数字经济的大势完全打破了原有的金融业格局之后,特别是在后疫情时代全球"宽货币、低利率"的背景下,新的金融业态呼之欲出,潜在的替代效应正在影响着以传统银行为主的金融业态。

从产业数据视角观察，数字经济的增长速度超过普通经济3.5倍，投资回报率超过普通经济6.7倍。稳步快速的增长速度、高投资回报率以及数字化手段能为投资过程降低金融风险等因素，促使传统金融业格局拥抱数字化。传统金融业从基础设施层到业务入口层以及产品应用层，正在大面积地通过大数据、5G、AI等技术构建的算力和连接平台尝试对人群进行风险画像、财务能力评估、风险甄别等更精准的分析和风险管理。金融业原有的竞争格局从数字化角度降维重塑，不是局限于依托传统的人海战术、中介渠道、计量方法、风险视角等策略，而是更多地运用大数据、人工智能、区块链等数字技术进行更深入的拓展和融合。

3. 对资本市场的技术性变革

从最早炒股需要到交易所内观看大盘走势到现在一部智能手机就可以实时进行买卖，从中我们可以发现，技术进步推动了资本市场效率的提升，同时资本市场又对更先进的技术产生需求，这是一个相互作用、迭代上升的过程。

当前，数字经济的蓬勃发展不仅促使实体产业进行变革，资本市场同样也面临着前所未有的挑战和机遇。金融是服务实体经济的，产业的业态升级必然催生金融业态的变化，而不同的产业业态需要有不同的金融业态相匹配，金融业态的变化与产业业态的变化具有相辅相成的关系。因此，数字化在实体经济与资本市场之间起到了技术性变革的关键推动作用，而这种作用在未来很长一个时期是持续的、深远的。

从世界范围的交易所层面看，纽约证券交易所、新加坡证券交易所等各主要交易所都聚焦于区块链平台的研发，以期实现基于区块链底层技术的交易所业务拓展，创新和促进金融交易。我国资本市场的很多领域也在运用大数据、云计算、区块链等多种金融科技工具，在在线数字支付、交易结算、供应链金融、智能投融等领域提供全方位服务。

4. 数字普惠金融促进共同富裕

党的十九大报告明确提出的 2035 年目标和 2050 年目标，均鲜明地体现了改善人民生活、缩小差距、实现共同富裕的要求。2021 年 8 月，习近平总书记在主持召开中央财经委员会第十次会议时强调，共同富裕不是少数人的富裕，也不是整齐划一的平均主义，始终要坚持以人民为中心的发展思想，分阶段促进共同富裕。

普惠金融的核心内容并不是如何抑制先行者的财富，更多的是通过技术和资金的优势为需要关注的区域、领域和人群提供共同创造财富的条件与渠道。数字赋能普惠金融恰恰以其可以更高效地对信用信息进行技术处理和创新的低成本金融服务拓展方式，为解决传统的金融难题提供了全新的科学方案。数字化将促进高质量普惠金融产品的产生和科技创新能力的提升，不仅可以被应用在乡村振兴、医疗和教育体系等不同场景，而且可以覆盖不同情况和不同地区的低收入人群。

（二）资本市场数字化建设与转型

1. 支持数字经济主体规范、高效融资

资本市场的首要任务是要支持数字经济主体规范且高效融资，从数字经济参与者数量、类型、结构、行业、质量等多维度进行规范化引导，数字经济发展初期的野蛮生长和融资方式将升级为大法律架构下更加规范、更加精准的发展模式，并有机融入较成熟的多层次资本市场结构以提高融资效率。

首先，坚持常态化的新股票发行机制，通过 IPO 和融资审核效率的不断提升推动具有"四新"特点的企业上市、融资。科创板在市场化和法制化改革理念的基础上成立，不仅是注册制先行区，而且从系统架构方面引领资本市场深化转型朝向高质量发展，尤其在企业上市全生命周期的各环节（发行、上市、交易、治理、退市）上进行规范和结构性设计。新一代信息技术以及和数字创意相关的上市公司数量不断增加，市值不断攀升，资本市场用高质量的方式支持数字经济主体融资效率和融资规模的提升（见表 2-1、图

2-11)。从更广的范围看，资本市场数字化转型参与者应该包括初创科技企业、市场监管机构、银行、互联网头部企业、信息技术服务机构、证券期货机构等。

表2-1 科创板六大行业分布情况（截至2021年6月30日）

所属行业	数量	所属行业	数量
新一代信息技术	108	新材料	33
生物医药	71	节能环保	26
高端装备	61	新能源	12

资料来源：上海证券交易所。

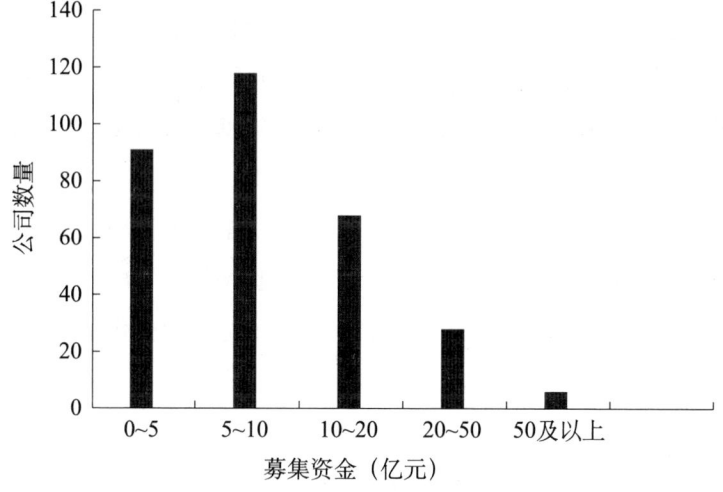

图2-11 公司募集资金分布图

资料来源：上海证券交易所。

其次，通过制度改革降低并购成本。证监会鼓励产业链上下游和行业内企业根据实力和发展进行有效并购，对借机炒作、夸张虚假的并购事件采取"零容忍"的态度，对资本市场不规范、扰乱市场正常秩序行为进行纠偏，促使市场预期更加合理。2017年至2018年8月，共有424个并购重组案例发生在信息传输、软件和信息技术服务业上市公司，涉及交易金额4 859.09亿元，其中被并购企业均与大数据、物联网、人工智能、区块链等数字经济领域相关。资本市场为数字经济企业拓展了融资并购渠道，既助推了高新技术上市公司数字化水平的提升，又促进了直接融资并降低了融资成本。

最后，债券市场在融资手段和融资成本方面发力，通过扩大发行创新创业债券规模、优化转股条款帮助关键科技领域进行自主创新。资本市场鼓励越来越多具有潜力的新兴企业发行公司债券，而此类企业又可以引领数字经济向纵深发展。事实证明，规范的市场极大地提升了数字经济主体的融资效率。

2. 完善数字化基础设施建设

资本市场数字化转型的关键在于要素是否完备，数字化基础设施的建设成为实现目标的基础。资本市场的数字化基础设施建设主要聚焦于网络安全、支付体系、监管体系、法律制度等的数字化程度。资本市场可以通过自身的数字化基础设施的建设推动市场融资效率从而带动产业数字化基础设施建设。数字化思维构建应成为资本市场的基础数据架构秉承的逻辑，以提升数据质量为目的的标准化大数据体系在证券交易领域应用更加广泛。公正、公平和透明的资本市场环境源于采用大数据手法整合多源数据和信息，良好的基础条件也会孕育科学的数字化监管，大数据检测、实时监管、高频交易数据处理、违法违规操作的人工智能自动化识别等将促使数字化基础设施建设更加完善。

3. 加快行业数字化创新应用

创新是高风险尝试，失败的概率极高，而资本市场中多元主体参与者在推进行业数字化创新应用方面具有天然优势。套期保值者、投机者、套利者会根据自身风险偏好特点选择合适的投资标的进行交易，市场流动性和活力被激发，创新在资本的推动下成为可能，成功的概率大幅提升，风险也在一定程度上得到了分散、转移或对冲。中小企业融资问题伴随着产业数字化程度不断提高，供应链依托区块链技术将实现对应收账款有效性和真实性的保证，质押贷款面临的风险也会大大降低。资本市场自身也不断尝试数字化创新应用技术和场景，比如，在定价、风控、评级、监管等领域金融大数据的应用价值作用明显，全方位的实时监控和历史数据分析可以通过智能监控平台实现。智能投顾、智能风控、智能客服等现实应用已逐渐成熟，人工智能促使决策智能化程度越来越高。证券期货业在监管、交易、自治、报价方面也积极尝试与应用区块链技术和人工智能。

目前，金融数据存储、分析、确权、溯源、认证等应用场景均与人工智能、大数据、区块链等数字技术进行深度融合，未来数字经济产生的数字资产也将演变为新经济要素资源，数字资产的稳定性和流动性有可能决定了整个资本市场新业态的发展方式。更多的中小微企业将创造和分享新经济要素资源，传统的资源和虚拟资产都将获得更广阔的发展空间。

4. 加强监管科技

由于金融科技发展迅速，资本市场相应的法律制度和监管手段尚需更新与完善，加强监管科技是资本市场健康发展的基础，也是数字经济可持续发力的保障。由于数字化后的海量大数据和高效的分析手段很容易催生"赢者通吃"的情况，在依法依规对资本无序扩张的约束下，数字经济发展过程中更应平衡好垄断与竞争的关系。第一，构建数字化风控体系，利用数字化的风险管理信息系统打通数据孤岛并将全面风险管理、舆情分析预警等纳入其中，依托大数据分析更加精准直观地度量和锁定风险状态。第二，完善数字监管框架与政策。随着数字经济规模和范围的扩大，网络安全、数据隐私等方面的问题会演变为新型风险。因此，数字资本市场的监管指标体系是技术性安排，既可以作为制定数字资本市场的监管原则的要素，又可以从量化的角度构建理论框架和政策工具（吴晓求，2013）。第三，提升监管科技能力，既掌握智能化分析实时风险的人工智能技术，又培养具备数据治理和分析能力的更专业的技术人才梯队。第四，强化数据治理模式。对于新领域的风险监测，不仅要履行数字化、程序化的监管规则，而且要优化全链条的监管模式，通过科技手段体现监管的专业性和穿透性。

四、资本市场与绿色经济发展

发展绿色经济是中国经济战略转型时期推动经济高质量可持续发展的重

要举措。资本市场具有资源优化配置的功能，要贯彻落实新发展理念，加快推进绿色企业的融资市场化，完善绿色产业上市公司的环保信息披露，引导社会资本向绿色产业倾斜，推动绿色产业的发展，这是新时代的诉求。

（一）资本市场与绿色经济接轨的内涵与实质

绿色经济的发展离不开资本市场的支持。正确引导资金流向绿色企业和绿色项目是绿色发展的基础。在政策端，要求监管机构对资本市场的不同金融产品进行有效合理的引导与监督，在市场端，要求每个企业、金融机构以及第三方中介的积极配合与参与。近年来，不论是政策端还是市场端，都在向绿色金融方向倾斜。

绿色信贷可以使金融机构在企业融资的源头对企业进行筛选，高效控制资金流向合规的企业及项目。绿色债券可以在符合规定的情况下解决绿色中小企业融资难的问题，满足其发展所需。各类创新型绿色金融产品的推出可以吸引绿色投资者，引导资本流向支持绿色发展的经济领域、产业、技术和项目，从而产生正向的环境效益，进而推动企业转型和经济绿色发展。同时，及时形成一套稳定、合理的绿色金融标准化体系尤为重要。绿色金融标准化可使金融机构在认定企业及项目时统一认定标准，减少认定工作。此外，还可以对绿色金融产品进行有效的风险管控。

（二）资本市场与绿色金融

1. *形成绿色金融标准*

明确绿色金融的标准是有序发展绿色金融的基础。绿色金融作为推动绿色经济发展的重要辅助工具之一，其标准的形成有助于绿色经济的规范高效运行。针对建立全球绿色经济规则的竞争已愈演愈烈的现状，我国需在制定绿色金融标准方面抢占先机。

截至目前，我国已经制定了三套绿色标准，分别为《绿色信贷统计制度》《绿色债券支持项目目录（2021年版）》《绿色产业指导目录（2019年版)》，涵盖了绿色信贷、绿色债券和绿色产业等内容。其中，《绿色债券支持项目目录（2021年版）》最大限度地统一了绿色金融项目的认定口径。2021年4月，《绿色金融术语》的征求意见稿发布，绿色金融的发展日趋规范化。

2. 完善上市公司强制性环境信息披露制度

环境信息披露的重要性已经被越来越多的监管机构、交易所和投资者所认可。世界范围内至少有7家交易所已经强制要求上市公司披露环境信息。2021年6月28日，中国证监会发布了修订后的上市公司年度报告和半年度报告格式准则，上市公司定期报告内容新增环境和社会责任章节。同时，为协同做好"碳达峰""碳中和"工作，中国证监会鼓励公司自愿披露其为减少碳排放所采取的措施及效果。

沪深交易所也以环保信息披露为抓手，推动社会责任信息披露常态化、规范化，同时引导公司切实承担环境治理主体责任，鼓励上市公司自愿披露为减少碳排放所采取的措施及效果。2020年年报显示，深市超过2 200个公司披露了社会责任履行情况，近800个公司披露了污染防治、资源节约、生态保护等信息，450余个公司发布了社会责任报告或环境、社会及管治（ESG）报告。

3. 加快环保公司上市进程

环保公司进入资本市场是对环境污染治理和实现"碳中和"目标的回应。要推动产业清洁转型，加快发展循环高效型、生态利用型、环境治理型和低碳清洁型产业，坚持走现代绿色产业发展之路。资本市场要结合经济发展和经济转型的需求，进一步支持清洁转型，加快发展循环高效型、生态利用型、环境治理型和低碳清洁型产业，鼓励这些产业进入资本市场IPO。

加速绿色企业高效上市，应以注册制改革为基础，实现资本市场绿色发展和融资，为绿色企业在资本市场上投融资提供服务，进一步强化资本市场对绿色企业的支持，健全资本市场对绿色企业法制和配套体系的完善，加强推进节能、生态、清洁企业进入资本市场融资。

最近3年，资本市场在支持绿色融资方面成效初显，累计有38个新能源、节能环保企业在上海证券交易所上市，融资金额合计374亿元（蔡建春，2021）；深圳证券交易所内从事绿色产业的上市公司数量已接近260个，涵盖节能环保、新能源、生态修复等领域，涌现出一批龙头企业，形成行业聚集示范效应（深交所，2021）。

4. 推动绿色发展国际合作

"自然灾害不需要护照即可跨过国境线"。保护地球、改善生存环境需要每个国家、每个人的共同努力。中国坚持绿色可持续发展的承诺，积极利用多边和双边框架推进绿色金融合作，在绿色金融领域的国际地位不断提升。加强绿色基建、绿色能源、绿色金融等领域的合作，完善"一带一路"绿色发展国际联盟、"一带一路"绿色投资原则等多边合作平台，让绿色切实成为共建"一带一路"的底色（人民日报评论员，2021）。

目前，国家开发银行在"一带一路"沿线及共建国家的国际业务余额超过1 600亿美元，亚洲是国家开发银行开展国际合作的重点区域，贷款余额超过700亿美元，支持了一批重大的重点项目。例如，巴基斯坦卡洛特水电站建成后平均年发电量可达32亿度，每年减少碳排放350万吨（肖欢欢等，2021）。

（三）资本市场的绿色金融产品与衍生品

1. 绿色债券

绿色债券可以为绿色企业解决期限错配问题。一般而言，银行的平均贷款期限不超过6个月，企业难以获得中长期的绿色贷款。由于债券的特性，金融机构可以发行不超过10年的长期债券，以解决长期项目的融资问题。绿色债券可以为企业降低融资成本，拓宽绿色融资渠道。

2016年3月，上海和深圳证券交易所发布《关于开展绿色公司债券试点的通知》；2017年3月，证监会发布《关于支持绿色债券发展的指导意见》，明确了绿色债券的发展规范要求，鼓励符合条件的非金融企业和机构发行绿色债券。2021年9月24日，绿色债券标准委员会发布了《绿色债券评估认证机构市场化评议操作细则（试行）》，这是国内首份针对绿色债券评估认证机构的自律规范文件，将有效推动绿色债券标准"国内统一、国际接轨"，促进评估认证市场规范发展，提升我国在全球绿色债券市场中的话语权以及打造中国绿色债券在国际市场上的品牌和影响力。

根据海南省绿色金融研究院的统计数据，上海和深圳证券交易所2020年发行的绿色债券就有99只，募集资金规模合计780亿元，同比增长24.5%。招商银行研究院发布的数据显示，截至2020年末，我国贴标绿色债券（不含资产支持证券）余额为8 775亿元，同比增长8%。随着绿色经济的高速发展，绿色企业及绿色项目的资金需求量将不断扩大，绿色债券作为解决环保类中小企业融资难问题的有效途径备受青睐。

2. 绿色股票指数

绿色股票指数反映证券市场上环保上市公司的整体表现，是绿色金融的"风向标"。截至2019年第三季度，国内以绿色股票指数为跟踪标的的指数投资基金规模约为155.5亿元，而我国市场上指数基金总规模已经超过1万亿元，绿色股票指数基金规模占比只有1.555%，绿色股票指数市场还有待完善（关成华，2020）。

2021年，中共中央办公厅、国务院办公厅印发《关于深化生态保护补偿制度改革的意见》，研究发展基于水权、排污权、碳排放权等各类资源环境权益的融资工具，建立绿色股票指数，发展碳排放权期货交易。上述政策的出台能够更好地引导资金进入相关产业，降低绿色企业的融资成本。随着我国绿色金融产品种类越来越丰富，绿色投资的理念也会越来越流行。

以绿色产业上市公司为标的构建的相关指数也受到了投资者的青睐。目前资本市场上已经有多个碳中和以及绿色金融相关指数，包括"中证环保产业指数"以及"中证内地低碳经济主题指数"等。上海证券交易所正在联合上海环境能源交易所和中证指数有限公司，以国内A股上市公司为样本，共同编制碳中和投资指数,并基于该指数开发 ETF 产品(蔡建春,2021)。

3. ESG 投资

在全球范围内,无论是政策指引还是投资规模,金融机构和监管部门都在向绿色金融以及强调经济、社会、环境综合价值的 ESG 理念倾斜。截至 2020 年,全球五个主要市场(欧洲、美国、加拿大、澳大利亚、日本)ESG 投资规模达 35.3 万亿美元,较 2016 年增长超 50%;监管部门积极出台 2 000 多个 ESG 相关政策指引,规范发展;600 余家 ESG 评级机构开展第三方评价;跨国公司主动实践 ESG 投资,加强 ESG 信息披露;中介机构为 ESG 生态建设提供技术支撑,共同推动全球资本市场 ESG 体系日趋成熟。

在中国,新发展理念深入贯彻,"双碳"战略稳步推进,金融市场的开放程度和资管行业的国际化水平不断提升,推动了 ESG 投资快速发展。根据《中央企业上市公司环境、社会及管治(ESG)蓝皮书(2021)》,截至 2021 年 7 月 16 日,国内拥有 164 只 ESG 投资基金,资产规模超 1 600 亿元。截至 2021 年 8 月 13 日,中国签署联合国负责任投资原则的机构达 69 个,包括 51 个资产管理者、3 个资产所有者和 15 个服务商(陈国峰,2021)。

自 2006 年以来,证监会、证券交易所、行业协会等监管机构纷纷出台 ESG 指引政策,指导金融机构开展 ESG 投资,推动上市公司开启 ESG 治理、做好 ESG 信息披露(陈国峰,2021)。由此可见,不管是监管部门对有关 ESG 方面的引导文件、金融机构与第三方中介对 ESG 投资的持续投入还是企业对自身 ESG 的治理,这种自上而下的对环境保护理念的觉醒,都使得越来越多的金融机构在进行投资决策时要衡量企业在环境治理方面的能力与付出。ESG 体系成为评价企业发展时不可忽视的一项重要指标。

五、资本市场与高水平开放

当前,落实"以国内大循环为主体,国内国际双循环相互促进"的战略布局,推动国内经济高质量可持续发展,需要建设更高水平的开放型经济新体制。资本市场国际化和国际金融中心建设是高水平对外开放的重要组成部分，对加速中国经济战略转型有着重要的意义。

(一) 更高水平开放的实质内涵

1. 建立开放型经济新体制

建设更高水平开放型经济新体制是中国抓住重要机遇期，推动经济高质量发展和全面深化改革的需要。

第一，应完善自由贸易试验区建设布局。目前我国境内共有21个自由贸易试验区，这些自由贸易试验区在战略定位上存在一定的差异，分别服务于"丝绸之路经济带"建设、长三角一体化建设、粤港澳大湾区建设等战略，最终融入"陆海内外联动、东西双向互济"的对外开放格局。

根据商务部的数据，2019年自由贸易试验区的经济贸易活动覆盖全国进出口总额的14.6%和外商投资额的15.2%。负面清单管理模式的推行，在利用外资发展国内经济方面的示范效应显著。依据《中国自由贸易试验区发展报告（2020）》，投资、贸易、金融开放创新、事中事后监管、税收征管、人员便利流动等领域可复制推广的制度创新成果，对国内经济战略转型的实践有着建设性的指导作用。

第二，应加快人民币国际化进程。人民币国际化是指人民币作为世界主导货币在境外流通领域执行贸易计价结算和价值贮藏职能的过程。根据中国人民银行发布的《2021年人民币国际化报告》：人民币跨境收付金额创历史新高，跨境收支总体平衡；境外投资者密切关注中国市场，积极配置人民币资产。

如表2-2的数据所示，自2009年第四季度以来，人民币国际化程度得到显著提升，至2020年，伴随着中国金融业的全面开放，人民币被境外投资者更加广泛地使用，国际化指数值在年末高达5.02%。同期指数值对比，人民币超越英镑和日元，成为第三大国际货币，但较美元在全球支付结算体系中的占比还有很大的差距。

表 2-2 人民币国际化指数（%）

时间	指数值	时间	指数值
2009Q4	0.02	2015Q2	2.73
2012Q1	0.56	2015Q3	3.91
2012Q2	0.70	2015Q4	3.21
2012Q3	0.79	2016Q1	2.65
2012Q4	0.92	2016Q2	3.03
2013Q1	0.95	2016Q3	2.78
2013Q2	1.11	2016Q4	2.26
2013Q3	1.14	2017Q4	3.13
2013Q4	1.64	2018Q4	2.95
2014Q1	2.31	2019Q4	3.03
2014Q2	2.36	2020Q1	4.10
2014Q3	2.16	2020Q2	5.19
2014Q4	2.47	2020Q3	5.14
2015Q1	2.39	2020Q4	5.02

注：人民币国际化指数（RII）介于 0 和 100% 之间，数值越高代表货币的国际化程度越高。
资料来源：根据中国人民大学国际货币研究所（IMI）历年发布的《人民币国际化报告》整理。

一国货币的国际化在理论上要经历三个阶段：其一，在国际贸易中大力推广使用本国货币进行计价结算；其二，鼓励本国货币在国际金融交易领域的大范围使用；其三，让本国货币成为境外中央银行和政府部门以储备形式持有的资产（Eichengreen，2010）。在国际贸易和经济金融领域，货币的计价结算（价值尺度）职能与价值贮藏职能之间还具有策略互补性（Gopinath and Stein，2021），在充分利用上述国际货币职能的双向反馈机制的基础上，随着中国的国家力量和国际影响力不断提升，人民币国际化的进程将不断加速。

第三，优化外商准入规则。加强对外商投资合法权益的保护，优化外商投资准入条件，是建设开放型经济新体制的重要举措。2020 年，《外商投资法》正式施行，以负面清单管理制度为核心，明确外商投资者平等适用国家支持企业发展的各类政策，可以依法通过股权融资或债权融资的方式在中国境内募集资金来满足自身的流动性需要。

2021 年 6 月，国家发展和改革委员会正在研究制定新的外商投资准入负面清单,将引进外资项目的着力点放在先进制造业、高新技术等领域,鼓励境外投资者参与中国制造业"高质量发展、新型基础设施建设和创新驱动发展",更好地服务于中国经济的战略转型。

第四,推动跨境贸易和投资便利自由化。国家外汇管理局2019年10月25日发布的《关于进一步促进跨境贸易投资便利化的通知》,为跨境贸易交易商提供了更加便利的贸易和资本项目外汇收支条件,取消了外汇账户开户限制,简化了外汇业务报告方式等,进而优化了外汇管理政策,便利了市场主体,实现了跨境贸易投资的高效顺畅。

针对自由贸易试验区,2021年9月国务院发布了19条措施,把对港澳投资开放的相关政策放在首位,强调要开展进口贸易创新、离岸贸易税制改革和金融服务升级。与时俱进的贸易和投资政策不断出台,能够在最大限度上利用境外优质资源要素,满足中国经济战略转型时期促进"国内国际双循环"的总体要求。

2. 形成"双循环"新发展格局:充分利用国内国际两个市场两种资源

在"双循环"战略布局的框架下,高水平对外开放和"以国内大循环为主体"主次分明、相辅相成、协调促进,优化资源配置,是加快中国经济战略转型的重要支撑。

推动进出口协同发展,最重要的是完善内外贸一体化调控体系,鼓励自由贸易,降低贸易成本,加快核心原材料和设备的进口渠道多样化,积极拓展海外市场,优化出口产品质量,提高出口产品的附加值。

提高国际双向投资水平,需要坚持"引进来"和"走出去"并重的方略。一方面,相关管理部门要全面优化外商投资服务,有效保障境外投资者的合法权益,落实激励机制,鼓励境外投资者在中国境内设立科研机构或研究中心,积极参与到国家重要科技项目中,为内循环"补短板";另一方面,中国企业要走向世界,创新境外投资方式、投资结构和区域布局,融入全球产业链,增强抗系统性风险的能力,注重商誉积累,提高国际化经营管理水平。

（二）资本市场服务于高水平对外开放的功能定位

资本市场国际化是中国资本市场服务于高水平对外开放的重要举措，包括短期内的推广自由贸易（FT）账户、扩大金融业开放、实现金融市场互联互通和资本自由流动、建成新的国际金融中心等。

1. 推广 FT 账户

FT 账户属于中央银行账户体系中的专用账户，该账户的设置和逐步推广，是探索投融资汇兑便利、扩大金融市场开放和防范金融风险的一项重要制度安排。个人投资者只要在自由贸易试验区开立 FT 账户，就能从事境外资本市场的各类股票和理财产品投资，利用全球资本市场的财富管理功能实现风险分散和资产保值增值。

2. 统筹推进市场、行业和产品高水平开放

统筹推进金融市场、行业和产品高水平开放，是参与全球资源要素配置、优化市场结构的必然要求。金融市场的开放包括沪港通、深港通和债券通的有序进行，沪伦通的开启，QFII/RQFII 投资限额的取消，等等。其中，沪伦通机制允许符合条件的中国企业在伦敦证券交易市场直接发行全球存托凭证（GDR）和伦敦证券交易所上市公司在上海证券交易所发行中国存托凭证（CDR），在投资者、金融产品、对外开放制度和国际化监管等多个层面，加速推进中国资本市场的高水平对外开放和国际化进程。2020 年，中国金融服务业全面对外开放，外部竞争加剧，客观上推动了中国金融业运营模式和效率的提升，有利于金融更好地服务于实体经济。金融产品的对外开放也取得了极大进展：上海期货交易所推出的"中质含硫原油"期货合约以人民币报价，本着国际平台、净价交易和保税交割的核心原则，注重原油基准价格的形成，鼓励境外投资者通过代理或直接入会的方式广泛参与。

在新的阶段，中国金融市场可以发展同日本以及新加坡等亚洲发达国家金融市场的互联互通；同时，鼓励优质境外企业在中国证券市场募集资金，

优化上市公司的整体结构。

3. 提高金融机构的国际服务能力

金融机构的区域分布、业务种类和服务质量的国际化程度是评价境内金融机构国际服务能力的重要维度。提高金融机构的国际服务能力，能够有效地拓展国际市场，加快跨境资本流动，利用高效的国际信息网络引导资源的合理配置，是"走出去"战略的重要环节。

提升金融机构的国际服务能力，需要优化分支机构的区域布局，扩大金融服务覆盖区域；加强金融机构间的合作，构建有效的业务协同机制。逐步形成广覆盖、多业务的市场格局，培育金融新业态。

4. 培育国际化监管环境

金融监管国际化是金融服务业对外开放的关键配套基础设施。在金融服务业全面对外开放的条件下，多样化的金融市场结构、层出不穷的金融创新、复杂的金融工程和跨国金融交易都会增加市场投融资风险，加剧金融体系的不稳定性。因此，营造国际化监管环境、完善金融监管体系尤为重要。

金融监管的重点在于两个方面：一方面，要提高监管透明度，将监管的重心后移，关注信息披露的真实有效性；另一方面，要厘清系统性金融风险的各类传递渠道，参与国际金融监管合作，信息共享，同时做好风险预警工作，抑制和防止金融风险传染。

5. 构建包容性的制度开放格局

包容性制度是相对汲取性制度而言的。在经济金融领域，汲取性制度意味着经济管制，对资源进行统制分配，而包容性的资本市场开放格局采用多方面的制度创新，发挥市场在资源配置中的决定性作用。

包容性经济制度的建设要正确处理好政府和市场的关系，充分发挥市场主体的创造活力，通过生产性激励推动经营管理制度创新；摒弃意识形态上的偏见，以包容开放的态度接纳境外投资者平等参与中国资本市场，并通过完善相关法律制度和配套金融基础设施保障投资者的合法权利，在资本流动和货币兑换方面提供便利化程序。

6. 建设国际金融中心

资本市场扩大对外开放，协调国内国际双循环，最终目标是建成国际金融中心。"经济的可持续增长、走开放的道路、持续的科技创新能力、强大的国防实力是国际金融中心建设的四个硬条件；坚实的法律基础和深入人心的法治理念、契约精神、透明度是亟须提升的三种软实力"（吴晓求，2020）。

在新的阶段，中国的金融中心建设除了提供更加完善的金融基础设施和大力推进人民币国际化进程之外，争取国际金融资产定价权尤为重要。国际金融中心有着发达的资本市场和品种丰富的金融资产交易，如何对这些金融资产进行合理的风险定价，关乎人民币资产的区域影响力和国际上的价格认同。

7. 实现资本项下自由流动

中国的资本项目对外开放政策调整主要倾向于金融机构方面。对比 IMF 划分的 7 个资本项目大类和 40 个子项目可发现：金融机构从事信贷业务（商业信贷、金融信贷；担保、保证和备用融资便利）、直接投资、直接投资清盘和不动产交易项目的开放程度最高；而个人资本交易的开放相对较少，贷款子项目的可兑换性没有明确的法律允许（目前境内金融机构可以办理对外放款业务）；除了自由贸易试验区的 FT 账户之外，国内个人投资者在境外投资还受到严格限制。本国居民在境外兑换外币数额每卡每日至多可达等值 1 万元人民币，在境内兑换外币每人每年不能超过等值 5 万美元。礼品、捐赠、遗赠、遗产、外国移民在境外的债务结算和资产转移子项目，要么有额度限制，要么在法律上没有明确的允许或禁止。

在新的阶段，允许资本自由流动的最大挑战就是个人资本交易和转移部分。在国际政治经济环境恶化、国内居民对人民币信心不足、金融监管有待提高、金融基础设施不完善以及非法资本外逃现象较为严重的情况下，贸然取消人民币可兑换的限制将会引发人民币汇率的剧烈波动，承受人民币可能出现的挤兑风险。因此，资本自由流动的基础是本国大部分居民存在持有人民币的强烈意愿和人民币在国际支付结算体系中已经拥有举足轻重的影响力。

8. 加强国际金融合作

中国资本市场对外开放和国际金融中心建设正处于加速阶段，积极参与国际金融合作，逐步调整不合理的国际金融秩序，是中国完成经济战略转型、走向世界舞台中央、履行大国责任、构建人类命运共同体的光明正道。

中国秉持共商、共建、共享的原则，建设"一带一路"经贸合作高质量发展平台。在经济金融领域，强化"一带一路"沿线国家融资、贸易、能源和数字信息等对接合作，通过"一带一路"专项贷款、丝路基金等创新型投融资合作框架健全金融合作网络，推动金融基础设施互联互通，支持沿线国家的经济发展。[1] 中国领衔推动亚洲基础设施投资银行（简称"亚投行"，AIIB）的建立，重点支持亚洲地区的基础设施建设，在区域经济一体化进程和基础设施互通方面发挥着重要的积极作用。

随着中国国家力量的不断增强，在原有的国际金融合作框架内，中国致力于提高自身的话语权和投票权，通过多边的大国博弈优化国际金融体系，推动国际金融合作朝着透明、平等、包容、开放、共赢的方向前行。

参考文献

[1] Döhring B, Hristov A, Maier C, et al., COVID-19 acceleration in digitalisation, aggregate productivity growth and the functional income distribution. International Economics and Economic Policy, 2021, https://doi.org/10.1007/s10368-021-00511-8.

[2] Eichengreen B. The Renminbi as an International Currency, UC Berkeley Working Paper, 2010.

[3] Gopinath G, Stein J C. Banking, Trade, and Making of a Dominant Currency,

---

① 中华人民共和国国民经济和社会发展第十四个五年规划和2035年远景目标纲要. 新华网，2021-03-13.

2021 (2): 1-47.

[4] Hsu P-H, Tian X, Xu Y. Financial development and innovation: Cross-country evidende. Journal of Financial Economics, 2014 (112): 116-135.

[5] Kortur S, Lerner J. Assessing the contribution of venture capital to innovation. The Rand Journal of Economics, 2000, 31 (4): 674-692.

[6] Mueller S, Bakhirev A, Böhm M, et al. Measuring and mapping the emergence of the digital economy: A comparison of the market capitalization in selected countries. Duke Law Journal, 2017, 19 (5): 367-382.

[7] Qian W, Jinbao Y, Yung-ho C, et al. The impact of digital finance on financial efficiency. Managerial and Decision Economics, 2020, 41 (7): 1225-1236.

[8] Tadesse S. The allocation and monitoring role of capital markets: Theory and international evidence. Journal of Financial and Quantitative Analysis, 2004, 39 (4): 701-730.

[9] ŠKARE M, Porada-Rochoń M. Forecasting financial cycles: Can big data help?. Technological and Economic Development of Economy, 2020, 26 (5): 974-988.

[10] 蔡建春. 大力支持"双碳"融资 研究建立碳排放信披制度. 证券日报, 2021-08-26.

[11] 陈国峰. 我国ESG进入高速发展期 体系建设仍待完善. 经济参考报, 2021-09-27.

[12] 杜传忠, 张远. "新基建"背景下数字金融的区域创新效应. 财经科学, 2020 (5): 30-42.

[13] 冯冠华, 司翼, 高飞. 信息不对称条件下金融科技监管动态博弈模型研究. 财经科学, 2020 (4): 14-24。

[14] 辜胜阻. 实施创新驱动战略需完善多层次资本市场体系. 社会科学战线, 2015 (5): 1-9.

[15] 辜胜阻, 庄芹芹. 资本市场功能视角下的企业创新发展研究. 中国软科学, 2016 (11): 4-13.

[16] 关成华. 后疫情时代, 于变局中开新局, 绿色金融大有可为. 新浪财经, 2020-09-19.

[17] 蒋伏心, 季柳. 产学研合作对企业技术创新的影响: 基于门槛回归的实证研

究.华东经济管理,2017,31(7):132-138.

[18] 蒋瑛.构建我国高科技产业发展的政策环境.经济体制改革,2003(2):27-29.

[19] 孔群喜,王紫绮,蔡梦.新时代我国现代服务业提质增效的优势塑造.改革,2018(10):82-89.

[20] 李明.论创新驱动发展战略下的资本市场.理论视野,2019(2):46-54.

[21] 李强,谢媛,曾勇.增长期权、价值揭示与创业板公司估值.证券市场导报,2016(4):49-55.

[22] 刘炜,马文聪,樊霞.产学研合作与企业内部研发的互动关系研究:基于企业技术能力演化的视角.科学学研究,2012,30(12):1853-1861.

[23] 人民日报评论员.继续高质量共建"一带一路".人民日报,2021-04-22.

[24] 深交所.深交所发布国证香蜜湖绿色金融指数.深圳证券交易所,2021-08-02.

[25] 盛朝迅.推进我国产业链现代化的思路与方略.改革,2019(10):45-56.

[26] 王梦菲,张昕蔚.数字经济时代技术变革对生产过程的影响机制研究.经济学家,2020(1):52-58.

[27] 王娴.科创板的包容性.中国金融,2019(9):59-60.

[28] 吴晓求.中国资本市场制度变革研究.北京:中国人民大学出版社,2013.

[29] 吴晓求.改革开放四十年:中国金融的变革与发展.经济理论与经济管理,2018(11):5-30.

[30] 吴晓求.注册制对解决"卡脖子"技术起了重要作用.人民资讯,2021-07-25.

[31] 吴晓求,等.中国金融开放:目标与路径.北京:中国人民大学出版社,2020.

[32] 吴晓求,等.中国资本市场三十年:探索与变革.北京:中国人民大学出版社,2021.

[33] 吴雨,李成顺,李晓,等.数字金融发展对传统私人借贷市场的影响及机制研究.管理世界,2020(10):53-64.

[34] 肖钢.中国资本市场变革.北京:中信出版集团,2020.

[35] 肖欢欢,蔡凌跃,吴迪诗.欧阳卫民:中国已建立一系列绿色金融基础制度.广州日报,2021-04-25.

[36] 许恒,张一林,曹雨佳.数字经济、技术溢出与动态竞合政策.管理世界,2020(11):63-79.

[37] 易会满. 中国需要怎样的资本市场. 上海企业, 2021 (8): 46-50.

[38] 战明华, 汤颜菲, 李帅. 数字金融发展、渠道效应差异和货币政策传导效果. 经济研究, 2020 (6): 22-38.

[39] 张森, 温军, 刘红. 数字经济创新探究: 一个综合视角. 经济学, 2020 (2): 80-87.

[40] 张勋, 杨桐, 汪晨, 等. 数字金融发展与居民消费增长: 理论与中国实践. 经济学, 2020 (11): 48-62.

[41] 赵立彬, 赵妍, 周芳芳, 等. 并购重组内幕交易与股价崩盘风险. 证券市场导报, 2021 (5): 2-12.

[42] 赵涛, 张智, 梁上坤. 数字经济、创业活跃度与高质量发展: 来自中国城市的经验证据. 管理世界, 2020 (10): 65-75.

[43] 郑磊. 通证数字经济实现路径: 产业数字化与数据资产化. 财经问题研究, 2020 (5): 48-55.

[44] 郑琦, 孙刚. 高科技产业政策选择性实施与资本市场估值: 基于高新技术企业IPO的微观证据. 证券市场导报, 2020 (6): 12-21.

[45] 中国证券监督管理委员会. 中国资本市场三十年. 北京: 中国金融出版社, 2021.

[46] 周利, 冯大威, 易行健. 数字普惠金融与城乡收入差距: "数字红利"还是"数字鸿沟". 经济学家, 2020 (5): 99-108.

[47] 朱明皓. 关于新型举国体制下的科技创新. 经济导刊, 2020 (4): 44-45.

[48] 朱明皓, 张志博, 杨晓迎, 等. 推进产业基础高级化的战略与对策研究. 中国工程科学, 2021, 23 (2): 122-128.

第三章

资本市场与实体经济：美国模式分析

摘　要：通过对美国资本市场的归纳分析，我们总结出美国资本市场呈现出独有的特征。在资本市场成立之初，美国即采取抑制银行规模的立法和制度，因而美国的银行体系在融资中占据的份额有限，资本市场占据主导地位，经济以直接融资为主。美国资本市场在世界上规模最大、运行效率最高，其广度、深度和有效性均是世界一流的。美国之所以能够拥有世界顶级的资本市场，主要归功于其拥有一个完整、有效而又合理的相关法律和监管体系。这个体系重视风险的揭示和控制，对于违反信息真实有效披露规定的处罚相当严厉。资本市场在促进美国实体经济发展的过程中作用重大，其为企业融资提供了十分便利的渠道。但是，近年来美国资本市场出现了企业的财富创造逐渐集中的态势，并且在新冠肺炎疫情的冲击下出现了资本市场与实体经济相背离的现象。

中国资本市场虽然在经历了几十年的快速发展之后已经取得举世瞩目的成就，但是从全球角度来看，尤其是从竞争不断提升和大国博弈加剧的视角来看，其发展完善程度仍有进一步的提升必要和进步空间（吴晓求，2012）。历史经验不断证明，资本市场的发达程度在很大程度上会影响一个国家的经济发展和社会进步，在大国博弈的过程中亦占据着举足轻重的地位。随着我国资本市场对外开放政策的不断落地，中国资本市场将逐渐走向国际化以和世界资本市场接轨。在此过程中如何把握机遇和应对挑战，促进中国资本市场做大做强则是一个迫在眉睫的现实问题。美国资本市场作为当今世界上规模最大、发展最为成熟的资本市场，虽然与中国资本市场身处不同的政治经济环境，但是其严谨完备的法律制度、合理高效的市场结构、全面细致的监管体系等优良特性均值得我们借鉴和学习。通过研究美国资本市场的发展脉络，拆解资本市场发展的逻辑特征，我们对美国资本市场的发展模式进行总结，分析美国资本市场的运行效率，厘清美国资本市场的发展对实体经济的影响，旨在探求有意义的总结与发现，进而为中国资本市场的发展提供一定的借鉴。

一、美国资本市场发展历程

（一）美国资本市场的缘起

15世纪末期欧洲各国都在寻找殖民地以开采金银矿藏及获得原材料，而后再将其加工成商品在商场上售卖，从而不断提高母国的经济水平，在此背景下哥伦布首次登上美洲大陆。此后美洲大陆一直仅被视为金银矿藏开采地和原材料获取地，直到17世纪初英国开始成系统、有组织地进行移民（Gibson，1979）。但是此后有关财务方面的考虑一直左右着殖民地的发展，北美大陆资本市场应运而生。1775年美国独立战争爆发，筹措大陆军经费和商品流通对金融市场的发展完善起到了促进作用，而为战争借款提供偿付手段的需要又带动了证券市场的创立。

南北战争的爆发是美国资本市场发展史上具有标志性的大事件。首先，其最初是由资本市场上的关税问题引发的；其次，随着战争的推进，其促进了美国资本市场的统一。在南北战争爆发之前，美国资本市场上的主体依然是外国资本，但是战争爆发后庞大的战场需求与消耗使得美国工业体系即使在极端条件下也要全速运转，而资本市场也需要同样如此。1862年为促进政府战时债券的销售以及为满足购买战时物资的需要，美国通过了《法定货币法案》并开始发行"绿背钞票"，正是全国性货币的出现奠定了银行体系的基石（Mitchell，1903）。在战争进行到白热化阶段后，为了应付不断变化的局势，股票市场和期货市场开始变得活跃，人寿保险也成为流行的重要投资品，而铁路和电报网络的铺设让整个国家的实体经济和资本市场得以整合和延展。迫切的融资需要又进一步催生金融创新，美国资本市场在此后逐渐转变为一个国家范围内的资本主义大机器。此后，统一的美国资本市场催生出众多的"财富神话"和见证了大量富豪大亨的诞生，这些人一方面投身到当时的资本市场活动中，另一方面也在促进资本市场发育和繁荣的过程中间接推动了美国工业的发展。美国资本家们在一片质疑声中在巨型托拉斯们的引领下深入美国的工业体系。在美国资本市场突飞猛进的发展过程中，周期性恐慌、崩盘及萧条等各种危机的不断出现揭示出资本市场扩张的阴暗面和系统的不稳定性，美国资本市场的信用程度也因为以上多重不利因素而受到公众的严重质疑。金融资本与产业资本的融合催生出"工业托拉斯"，进一步催生人们对于"货币托拉斯"的怀疑与不信任（Markham，2011）。

（二）美国资本市场的正规化与现代化

美国资本市场的发展并非总是一帆风顺，相关指标也并非总是无限上扬，美国资本市场的调整必然会发生，并且这种调整往往来得猛烈而又突然，其典型外在表现即是在股票市场上的剧烈动荡，而1929—1933年的"大萧条"最具代表性。[①]

20世纪初美国资本市场发展成熟到一定阶段，其动荡曲折的发展历程逐步步入向机构化、正规化和现代化转变的轨道，而资本市场上的投资银行家也开始取代原先的"强盗大亨"。但是公众对资本市场上的从业者仍旧抱有较低的信任度，与此同时，美国政府也开始加强对资本市场的规制建设，这其中具有代表性意义的事件就是1907年美国联邦储备委员会（简称"美联储"）的成立，美联储的成立预示着美国政府正式将处理资本市场产生恐慌

[①] 美国资本市场在19世纪末已经经历过多次调整，其外在表现主要体现为1837年、1857年、1873年和1893年的股票市场动荡，但是此后美国股市又经历了一个时期的繁荣，到1929年美国股市遭遇重挫而酿成时长近4年的股市"大萧条"。

情绪后的问题的主导权从投资银行家手里转到自己手中。虽然针对美国资本市场上的"货币托拉斯"的指控和围猎一直持续至今，但是美国金融业的不断发展已经势不可挡。一战之后美国资本市场迅猛发展的繁荣在"大萧条"的冲击下彻底崩溃，这种形势直到二战爆发后才得以扭转和恢复。在二战及之后的时间中，美国资本市场发挥着举足轻重的作用，其不仅为美国及其盟友在战时提供了至关重要的金融支持，而且为战后日本和德国的经济重建提供了基础。虽然战后美元与黄金挂钩的布雷顿森林体系得以建立，但是其仅维持了25年即告崩溃，而与此同时美国经济则持续繁荣了超过50年，这其中美国资本市场的平稳发展作为其背后的重要支撑力量功不可没。在此期间，美国资本市场最大的问题就是投机的盛行、投资信托的滥用、股市的操控和有组织的金融犯罪等，为此美国政府加强了一系列有针对性的法律的制定，而美联储也于1913年正式从财政部中分离出来。

（三）美国资本市场的持续繁荣与隐患的出现

20世纪60年代，深陷越南战争泥淖、庞大的社保支出等不利因素触发了美国的通货膨胀周期，从而给经济发展带来了巨大的不确定性。持续的通货膨胀和经济发展的不确定性影响到资本市场，造成了资本市场监管有效性的削弱，致使市场利率紊乱而让存贷款业务变得无常，证券市场也因投资业务较少而出现业务大量过剩。虽然美国资本市场不时受到危机的冲击，但是再一次危机也为资本市场的发展积聚新的力量，并为下一次创新奠定基础。随着1792年《梧桐树协议》的签署以及被业界普遍长期接受的固定佣金结构变得无法再维持下去，资本市场上开始出现"打折"的经纪服务平价策略，这从侧面反映出资本市场上证券服务的竞争程度，此举大大节省了投资者在资本市场上的融资支出。

二战之后美国资本市场的繁荣主要是由投资供求两旺合力造成的。首先，在投资供给端，客户佣金实际支出大大减少，这种局面在后期互联网技术引入和信息技术发展等科技因素的加持下更是如此。此外，美国资本市场

第三章 资本市场与实体经济：美国模式分析

上衍生品开始不断涌现，1973年芝加哥期权交易所的诞生和期货行业层出不穷的金融创新预示着美国资本市场正式步入金融工程时代。其次，在投资需求端，美国资本市场上包括保险公司、养老基金和共同基金在内的机构投资者的大量兴起，又在资本市场上催生出旺盛的投资需求。这一切构造出1970—2000年近30年的美国实体经济繁荣和资本市场旺盛。在这个时期的金融市场上，无论是金融体系创新还是金融产品创新均处于异常活跃的状态，这一方面主要源于实体经济发展派生出的巨大资本市场融资需求，另一方面源于资本市场上的从业者为了规避当时相关法律的规制而谋求巨大收益的需求。

在20世纪末期，美国的资本市场呈现出两个发展特征：一个是金融衍生品的发明和创新金融工具的诞生及其市场的成长，这使得美国资本市场得以在经济繁荣和科技浪潮的背景下持续保持世界领先地位；另一个是美国资本市场上持续而又狂热的银行业合并，这种整合演变的倾向随着全球化的推进而影响着全世界。就在这个时期，美国资本市场开始出现一个不易觉察但又影响深远的发展趋势——银行、证券、保险及金融衍生品的发行及售卖等业务集合在一起的混业经营模式。这种模式虽然能够繁荣资本市场，但也有着巨大的风险隐患，在日常过程中也给监管带来了极大的挑战。1929年美国股市大崩溃之后，罗斯福新政试图挽救美国经济，为规制美国资本市场而拆分商业银行业和投资银行业以使其分业经营。[①] 这个规定在此后的美国资本市场发展过程中不断被侵蚀，分业监管体系也在不断被肢解，具有美国特色的资本市场的混业经营模式已经不可避免。到20世纪末，以《格拉斯-斯蒂格尔法案》再次被撤销为标志，混业经营模式再次回归美国资本市场。在美国资本市场，投资者自此可以从单一金融机构获得不同品种和类型的金融产品和服务，这给投资机构带来了更快的发展和资本市场的繁荣，为资本市场

---

① 在经历了"大萧条"之后，为防止股票市场因不稳定性而再次出现类似的震荡，1933年国会正式通过了《格拉斯-斯蒂格尔法案》，在该法案中将商业银行业务与投资银行业务严格区分隔离并规定银行进行分业经营，以保证商业银行能够规避证券业带来的风险对资本市场正常运转的冲击。

监管带来了更大的挑战，同样也给资本市场上的同业竞争和投资者权益保护带来了相当多的问题。

20世纪的互联网革命影响着全球经济社会生活的方方面面，这其中也必然包括美国的资本市场，消费者开始习惯在网上购买商品和服务，于是利用互联网进行投融资也就成为顺理成章的事情。基于电子交易网络（ECN）的证券交易大大提升了资本市场的运行效率，但也因为新的技术隐患和运行风险而向监管机构提出了新的难题和挑战。20世纪最后10年美国资本市场的大牛市反映了其在全球经济体系中的持续主导地位，但是这个阶段的资本市场非法交易、互联网金融中的欺诈及监管难题等都持续困扰着监管当局，也为资本市场的稳健发展埋下了隐患。1990—1991年美国经济和资本市场经历了短暂的衰退之后，又迎来了美国历史上最长的经济增长期和最持久的股票市场牛市。

（四）美国金融危机的爆发

21世纪初美国经济整体上呈现疲态，"9·11"事件的突发中断了其经济复苏的进程，而以安然公司为代表的诸多上市公司爆发出来的财务舞弊丑闻更是让持续低迷的股市雪上加霜，这种情况致使美国的实体经济也受到严重波及。安然财务舞弊丑闻的曝光使上市公司的财务丑闻达到了历史最高水平，就在资本市场上投资者损失惨重时，公司高层却通过行使股票期权而获得了巨额收益。财务丑闻的爆发、投资者权益的严重受损、华尔街从业者的贪婪及类似舞弊的股价操控手段的曝光，使得美国证券交易委员会的监管权威受到了极大损害，相关的公司也受到了来自监管当局和公众的不断检举与调查。这一系列事件的发生充分暴露了美国资本市场监管体系和公司治理架构的深层次缺陷。

20世纪90年代的美国股市泡沫因为21世纪的信息技术发展的推动而甚嚣尘上，道琼斯工业指数不断突破历史高点纪录，但是这一切在美联储的一系列惩罚性加息之后瞬间破灭，美国的经济同时也被推到崩溃的边缘。①而此时上市公司的财务造假丑闻则对股市遭受重挫起到了推波助澜的作用。为遏制美国资本市场上的各种乱象，2002年美国国会正式通过了《萨班斯-奥克斯利法案》。就在美国政府准备起诉一系列公司财务丑闻的涉案人员时，美国资本市场上另一项风险又在以房地产泡沫的形式酝酿和悄然逼近。

21世纪的头几年美国房价开始不断上涨，炒房成为整个美国风靡一时的投资活动。"房地产泡沫"从严格意义上来说是在一种特殊的信贷扩展支撑背景下形成的，这种信贷扩展始于金融机构以"诱导性"的低利率向借款者发放贷款。信贷扩展使得大量信用条件并不能满足普通抵押贷款资格要求的借款者在无法获得普通贷款的情况下获得了贷款，最终必然导致信贷违约。虽然存在缺陷和隐患，美国资本市场上的抵押贷款经纪机构并不注重贷款的质量，因为它们可以将这些贷款转卖到证券化的池子中去，然后再以担保债务凭证（CDO）的形式转卖给投资者。CDO具有复杂的支付流，一般会由资本较少的保险公司进行担保或者通过新型金融工具信用违约互换进行风险对冲。但是在相关的金融产品信用评级过程中却忽视了一个重要的缺陷——没有充分考虑房地产市场逆转下行的可能性。随着自2004年6月30日起美联储逐步连续17次上调利率，房地产市场开始变得冷清起来，这一现象一直持续到2007年并逐渐演变成一场金融危机。

（五）美国资本市场次贷危机的爆发与善后

美国次贷危机的爆发影响深远。为了平息危机带来的冲击，美联储又开始降低利率，但这又在资本市场上催生出新的问题，此后美国原油价格开始不断飙涨，但是房地产市场上止赎房产数量攀升的势头并没有被扭转。贷款违约数量在不断增加，而不断抛售的CDO又大大降低了其市场价格，这引

---

① 道琼斯工业指数在20世纪90年代因为互联网泡沫的不断推高而在2000年1月14日达到创纪录的11 722点，但是这一纪录在此后被打破，目前该指数的历史最高点是在2007年10月11日创下的盘中14 198.09点。

发了资本市场上严重的融资问题。众多金融机构在此次危机中损失惨重,而信贷缩减又导致挤兑现象的发生从而进一步引发资本市场的恐慌情绪。为了阻止危机进一步扩大带来的损害与冲击,美联储与英格兰银行和众多欧洲其他央行联合行动,向银行体系提供了无上限的融资,以便缓解因为信贷紧缩而引起的挤兑问题。此外,已经退休的格林斯潘建议将公共资金投入到对房屋所有者的救助中,而当时的美国政府也希望银行体系将抵押贷款利率冻结在原先的水平,但这些措施又引发了一场该由政府救助那些做出错误信贷决策的个人或机构,还是交由市场来规范的大讨论。

在本次危机中美国资本市场中的一些大型金融公司不得不合并,而其中一些大公司要么接受大额资金援助,要么接受国有化以渡过难关。金融危机一直到 2009 年 3 月才开始见底,但是美国经济发展的不确定性却一直持续到 2010 年。为杜绝此类危机的再次爆发,美国国会和新一届政府下定决心对现有的金融监管结构进行彻底的变革。美国国会在 2010 年正式通过了《多德-弗兰克华尔街改革和消费者保护法案》(Dodd-Frank Wall Street Reform and Consumer Protection Act),根据该法案,政府监管将深度介入美国资本市场及金融体系的几乎所有方面。此外,美国政府也针对资本市场推行了一系列相应改革。

二、美国资本市场的特征

(一)美国资本市场的法律特征

一个国家或者地区的资本市场的形成受到当地政治、经济、文化和发展历史等多方面因素的综合影响,这其中法律制度发挥的作用尤为明显。法律作为一种社会行为规则的集合,在现代化法治国家,所有的经济社会活动基本上都受法律条文规制,超过法律框架的活动将会受到禁止或得不到其提供的保护,这其中也包括资本市场中的所有方面和活动。美国资本市场作为当前世界规模最大和发展最为完善的资本市场,其相关的法律制度也非常完备,其直接规制或间接影响着资本市场中的几乎所有行为。

美国在建国之初,由于民众对权力集中的根深蒂固的恐惧和反感,因此政府在立法上始终采取抵制大银行的歧视性政策,这造成了美国资本市场中银行体系分散和力量相对薄弱的现象,同时也让实体经济的间接融资效率受到制约和影响(Markham,2011)。[①] 在20世纪30年代大萧条后,《格拉斯-斯蒂格尔法案》明确禁止商业银行涉足投资证券业务,这使得美国商业银行的业务范围只能局限于传统业务。在美国资本市场上与间接融资形成直接对比的则是资本市场中直接融资的高效,这在很大程度上得益于其拥有发达完善的证券发行交易法规,以及有效全面的执法监督体制,这些法律特征造就了美国世界领先的资本市场。美国资本市场多层次的合理架构让其成为世界顶尖企业理想的融资场所,也导致了美国企业对于直接融资的强烈偏好。20世纪30年代之后相继颁布的有关证券市场的法律也在无形中促进了美国资本市场的快速健康发展,这些因素最终综合导致美国形成了以资本市场为基础的金融体系。虽然直接融资在美国极为发达,但是相关法律对于金融机构活动有着严格的限制,尤其是持股比例限制,这样的法律规制促使资本市场上分散的个人投资者占据了优势地位,也使得美国企业的股权得以高度分散。美国资本市场在发展过程中立法先行,通过影响资本市场的融资与资本结构来降低整个金融系统的风险,进而提高了资本市场的稳定性。

美国资本市场的另一个重要特征即是重信息披露和强监管,这在法律制度的建设上也有深刻体现。在大萧条之后,美国资本市场上最为重要的《证券法》和《证券交易法》在国会获得通过。《证券法》的立法初衷在于采取

[①] 美国在构建资本市场之初采取的是抵制大银行、防止金融权力过度集中和规模过大的原则,除了建立一个全国性的大型联邦银行——第一美洲银行外,立法限制了其他大型银行的出现与发展,此举旨在建立一个分散的银行金融体系。此后,在相关的立法过程中不断贯彻对银行采取歧视性压制政策的原则,在包括但不限于《国民银行法》《麦克法登法案》《格拉斯-斯蒂格尔法案》《投资公司法》《银行控股公司法》《反托拉斯法案》《证券法》等法律中,对银行的经营活动做出了严格细致的规定,还对其资源积聚壮大的过程进行了一再的限制。

事先预防的手段，即建立公开完善的上市公司信息披露制度，从而在源头上杜绝或降低证券市场中进行投机的可能性，此外，证券市场的股票交易流程也受其严格管制；《证券交易法》旨在通过建立完备的市场机制规范证券市场的不公平竞争行为，以及杜绝因为内部消息而非法获利等，从而维护整个资本市场的健康发展。

在资本市场上，金融创新与金融法规一直是一对相互矛盾和相互促进的统一体，永远体现着适应和不适应变化过程的事物，金融创新要突破原有的法律和规则，而法规也需要及时修改完善以适应金融创新的发展。由于全球化的发展和金融全球化的竞争加剧，历史因素对两大法系金融体系的影响正在减弱，为了确保本国金融业在竞争中处于优势地位，各国都在积极探索法律变革来促进金融发展与创新。在这种大背景下，美国监管当局也在逐渐放松原先的混业经营管制。1999年美国政府正式以《金融服务现代化法案》替代和废除原先的《格拉斯-斯蒂格尔法案》，这意味着原先的分业经营规定正式被终结。此外，美国政府还修改了《银行控股公司法》以限制欧洲大陆的全能型银行带来的竞争。

比较法学者在经过研究后发现不同的法律传统对于环境变化的适应能力和创新的态度存在不同（孙涛，2001）。以美国资本市场为例，随着20世纪80年代以来资本市场直接融资体系的发展、金融工程时代的到来和金融创新产品的不断涌现，在无先例可依的实际判例中，美国法院明显表现出其对金融机构并购和业务交叉所持的支持态度，这一举措提高了金融机构的运行效率，活跃了金融市场的交易气氛，增强了美国金融机构的竞争力，产生了积极正面的影响。从美国资本市场上金融法制的发展来看，其属于内生型的，即法律制度随着经济生活的发展而不断发展演化，这种内生型特征在20世纪末也在逐渐变化。为了确保美国资本市场在金融竞争中所处的优势地位，美国越来越多地开始通过积极主动的立法和法律修订来促进金融的发展。美国在资本市场上通过立法来完成对金融中介的确认、调控资本市场进入者，从而达到维护资本市场正常发展的目的。

可见，美国证券法律制度是一个与自身证券市场相对应、相配套的体系。从其发展过程来看，美国证券法律制度也是紧紧伴随市场的发展而发展的。从发行到交易，从一级市场到二级市场，从事前管理到事后制裁，美国证券立法将证券市场置于法制化的前提下，使得证券市场的运作更加规范，证券市场的发展更加平稳。在某种程度上，美国的证券立法是对证券市场变化发展的一种法律上的回应，因为正是20世纪30年代证券市场的崩溃促进了证券领域的造法运动。随后一系列立法乃至最近的《萨班斯-奥克斯利法案》的通过，都在昭示法律制度在很大程度上是对现实变化的回应，或者说是对新问题的解决。但是，正如证券立法的宗旨所示，每一部法律的制定都试图解决出现的问题或者适应情况的变化并且将一种相对成功的模式稳定下来，从而使之成为今后证券市场发展的方向和渠道。尽管法律制度的初衷往往会与现实有所偏离，但是美国的实践证明了一个完善的法律制度体系可以使市场向着更完善的方向发展。

（二）美国资本市场中的交易结构

美国拥有一个完备高效、多层次、多元化、多重覆盖和风险分散的资本市场体系，主要包括多层次的股票市场、活跃的债券市场和发达的期货市场等。

1. 多层次的股票市场

美国资本市场在长期的发展过程中发展出规模庞大、结构合理和功能完善的股票市场，总的来说，可以细分为五个层次：主板（纽约证券交易所）、创业板（纳斯达克）、第三层次（美国场外柜台交易系统，OTCBB）、第四层次（粉单市场）和第五层次（如券商之间约定的不定期的交易市场）。这五个市场功能定位各有不同，从而形成一个无缝隙的市场体系。这五个市场上股票发行上市的条件是逐渐降低的，这五个不同的市场也是针对不同类型企业的融资需要而设立的。对于投资者而言，从第一层次市场到第五层次市场投资风险逐级增加、股票的市场流动性逐级减弱、做市商等中介机构的作用逐级变大、上市公司的信息披露责任逐级增加、做市商保荐人与上市公司的连带责任也逐级加重,与此同时,监管部门的监管焦点也从上市公司转移到中间商和保荐人上。美国股票市场在发展过程中建立起完善的流动机制,绩优的企业可以从下一级市场升级到更高阶的市场上市交易,反之亦然。这种机制既有利于股票市场融资效率的发挥,又进一步降低了资本市场的系统性风险(邢天才,2003)。

2. 活跃的债券市场

美国的债券市场同样也很兴盛,特别是联邦政府债券(国债)市场尤为活跃。[①]在 20 世纪 80 年代中期,美国的一些政府证券供应商因为不需接受监督和管制,利用证券重复与不同顾客签订回购协议,结果造成俄亥俄州存款保险公司突然倒闭。此后,为防止此类事件再次发生,1986 年美国国会正式制定和通过了《政府证券法》,规定政府证券交易商接受美国财政部的管制和证券交易委员会的监督。美国通过证券法完善债券市场,主要是加强监督,使得监管行为有法可依。

3. 发达的期货市场

期货市场是金融衍生工具市场,期货属于金融创新的产物,对其进行交易的根本目的还是基于对未来市场价格的预测,进行套期保值或投机以谋求获利。期货交易一般不涉及商品所有权的转移,而只是一种标准化的商品合同买卖。世界上第一宗期货交易在 1972 年美国金融市场上首次诞生,如今其已经发展成为世界上规模最大的金融期货市场。[②]

多层次的资本结构必然要求多层次的交易制度与之相适应,资本市场中完善的市场化交易制度应当有效地满足不同投资者的投资需求和企业的融资

[①] 美国债券市场主要分为以下四个细分市场,即一级市场、二级市场、回购协议市场及期货市场,这其中回购协议市场在四个细分市场中规模最大。回购协议市场利用回购协议和债券两种工具保持了债券市场很高的流动性,也使得交易者可以灵活地保持多头和空头的地位并按照顾客的需求进行小规模买卖。

[②] 1972 年 5 月 16 日,美国芝加哥商品交易所开展了世界上第一笔金融期货交易,此后美国期货市场不断扩大并成长为世界最大规模的金融期货市场,在美国具有代表性的金融期货市场有 CME、CBOT、中美洲商品交易所、纽约期货交易所、费城证券交易所等。

需求，即能够全面高效地满足市场参与者的多样化交易需求。①美国资本市场经过长期的发展，已经发展进化出比较完备有效的市场交易制度，具有代表性的制度有做市商制度和大宗交易制度。

（1）做市商制度。

美国资本市场上主要有两种主要类型的做市商制度：一种是以纳斯达克市场为代表的多元做市商制度；另一种则是特许交易商制度，这种制度主要被纽交所采用。纳斯达克市场融资环境宽松，市场做空机制灵活自由，法律法规和市场监管体系健全，做市商一般都自律且守法，因而做市商制度成功促进了纳斯达克市场的繁荣发展，成为现代证券做市商制度的典范。根据此种制度规定，在实际交易过程中不需要买卖双方同时出现，只要有一家做市商出现并有交易意愿和愿意承担另一方的相应责任即可完成交易。这样的做市商制度对于那些市值较低、交易次数较少的证券来说尤为有利。1997年1月，纳斯达克发布并实施新的《交易指令处理规则》，新规则允许客户越过做市商直接通过电子交易系统发布指令从而进行交易，以节省交易成本，从而进一步提升了其做市商制度的优势。

（2）大宗交易制度。

大宗交易是在资本市场上，单笔交易的规模远远超出一次平均正常普通交易的规模的所有交易的统称。大宗交易制度是资本市场上一项重要的交易制度（Easley et al.，1987）。由于该制度能够有效避免大宗交易活动对市场的冲击，在有效降低交易成本的同时能够有效兼顾市场稳定和流动性，因而为企业之间的并购活动提供了一定的便利。此外，该制度还有效地提高了证券市场的资源配置效率，大宗交易制度从某种意义上说弥补了集中竞价的不足，能有效地实现机构投资者的利益，促使并购的达成，同时保持资本市场稳定，减少市场操纵行为。

---

① 经过不断的市场化发展和经验总结，目前获得业界和学界认同的市场化交易制度应该能够基本同时满足以下三种交易需求：投机性短线交易需求、机构投资者的大宗交易需求和控制权转让交易需求。

(三) 资本市场与并购

并购是企业的重要投资决策。通过并购，企业能够实现扩大市场、减少竞争对手、引进技术、实现多元化经营等众多目的。企业的并购活动离不开金融机构和金融市场的支持。并购往往是企业的重大战略决策，需要巨额资本投入。资本市场为企业并购提供流动性支持。一方面，企业的市场定价与并购活动相关，具有高度的不确定性，资本市场则发挥着信息发现的功能。另一方面，并购市场是个信息不对称的市场，金融中介能够整合双方信息，减少信息不对称。企业的并购活动与资本市场息息相关。股票经常在企业的并购活动中发挥着支付手段的功能。

企业的并购活动总是在特定时间段集中产生，形成并购浪潮。到目前为止，美国市场出现了六次并购浪潮。[①]虽然技术进步和法规变革都深刻影响着并购浪潮，但资本市场一直是并购浪潮的助推器。并购活动通常发生在企业具有高估值的阶段。在这种情况下，股票也往往是重要的支付手段。20世纪90年代的并购浪潮主要发生在信息技术行业，这一时期的并购浪潮与股票市场的繁荣息息相关。支付手段包括股票的并购占这一阶段并购总数的70.9%，支付手段全是股票的并购占这一阶段并购总数的57.8%。虽然20世纪80年代的并购浪潮处于资本市场的低估阶段，但是这一浪潮与美国金融工具的创新息息相关。垃圾债券成为重要的融资工具，金融中介在这个并购浪潮中起着主导作用。

资本市场会激发企业的并购活动。从行为金融学的角度来研究资本市场上的企业定价，发现其往往会在短期内偏离实际价值，但是在长期内回归 (Shleifer and Vishny，2003)。企业价值被高估的管理者希望通过价值被高估的股票来以"便宜"的方式收购价值相对被低估的企业，在这个领域长期

[①] 美国实体经济中企业的六次并购浪潮分别发生在19世纪末到20世纪初、20世纪20年代、20世纪60年代、20世纪80年代、20世纪90年代和2007年以后。

发展，从而实现盈利。企业价值被低估的管理者则能够作为被收购方，在短期内获得巨额收益而退出市场。因此，资本市场在估值水平较高和估值波动较大的时刻都能够促进企业开展并购活动。

（四）美国资本市场中的监管制度

美国资本市场的市场主导型架构体系之所以能够得以建立和稳健发展，在很大程度上得益于独立、专业和拥有充分授权的监管机构，而监管机构秉持的强调市场规律、维护公平竞争、鼓励金融创新和完善市场监管等理念又使得美国资本市场得以蓬勃发展。美国资本市场的法制化程度很高，并有着目前世界上最为完善有效的监管法律体系，其中有关资本市场监管的法律体系建设一直伴随着资本市场的发展而不断改进完善，具有代表性意义的《证券法》和《证券交易法》均对资本市场上的信息披露违法行为及违法人员做出了广泛而明确的界定，也对违法事实的界定结果和惩罚措施做出了说明与定义。此后，有关资本市场的法律不断完善，并呈现出越来越明显的美国资本市场特征，归纳起来就是"重视披露，关注过程，处罚严厉"。

（1）监管重点放在信息披露方面，从而较为有效地控制住了资本市场上的主要风险源。这主要是通过强化以会计信息披露为主的信息披露，建立公开信息披露体系来达到保护投资者利益，从而维护资本市场有效且可持续的运转的目的。在确保资本市场信息真实有效性方面，美国各类资本市场监管法律对上市公司及其董事所应当承担的法律责任做出了清晰明确的界定，其对信息披露的真实有效性负有三重责任。①美国的证券法律体系针对欺诈和虚

---

① 根据美国证券市场上监管和信息披露的相关法律规定，上市公司及其董事对上市公司按规定公开披露信息的真实有效性负有以下三重责任：一是行政责任。SEC 在这个过程中拥有广泛和有效的行政权力，并且在资本市场发展过程中被赋予越来越多的监管职责。对于上市公司及其董事违反证券法的行为，SEC 有权依法做出行政处罚。二是民事责任。在相关的法律体系中会根据起诉主体的不同，区分为 SEC 提起诉讼的民事责任和私人提起诉讼的民事责任。三是刑事责任。根据美国联邦证券法律的规定，上市公司只要蓄意违反相关法律体系中的注册或反欺诈条款即构成犯罪行为，即需承担相应的刑事责任。

假陈述也做出了严厉惩罚的规定,并且随着资本市场的发展,其相关处罚规定越来越严厉,行政处罚、刑事附带民事处罚的力度也越来越大。

(2) 在美国资本市场监管方面,美国证券交易委员会(SEC)统筹监管着资本市场的运行,并且 SEC 根据资本市场的发展与演化而不断发展,不断覆盖资本市场的几乎所有方面与流程,从而尽最大可能消除监管盲区。为了切实有效地实施对资本市场的全面有效监管,SEC 在联邦法律的框架下针对不同的监督对象和不同的监管事项均做出了严格细致的信息披露规定和解释。此外,不同层级的资本市场和不同的州政府也均对资本市场的信息披露做出了严格规定,有关资本市场信息披露的法规体系完整详尽,法规的制定综合考虑了强制性与指导性。[①]

(3) 处罚力度逐渐加强。以信息披露为例,注册会计师作为相关人群,担负着越来越重要的法律责任,此后承担法律责任的对象规模进一步扩大。[②] 在 2001 年爆出的众多大公司的会计信息欺诈案后,注册会计师的法律责任得到进一步强化。2002 年国会通过的《萨班斯-奥克斯利法案》在确保注册会计师的独立性之外强化了信息披露和财务会计处理的准确性,并改善了公司治理等多方面的相关法律,主要包括:审计独立性强化、处罚措施细化、刑事责任加重和诉讼时效延长等(李国运,2007)。与此同时,对在资本市场上犯罪的处罚力度也在不断加大。以处罚上限为例,在 2002 年《萨班斯-奥克斯利法案》颁布之后,对资本市场违法人员的监禁上限从原先的最高 10 年有期徒刑提高到 25 年;对自然人的最高罚款从原先的 100 万美元增加到 500 万美元;对非自然人的最高处罚也从 250 万美元增加到 2 500 万美元。

近年来随着通信技术的发展,美国资本市场上的金融创新不断,这对相

[①] SEC 在联邦法律框架下,针对证券市场中不同的监管对象、不同的监管事项均做出了严格细致且具有针对性的信息披露规定和解释,其中具有代表性的就是《财务信息披露内容与格式条例》《非财务信息披露内容与格式条例》、C 条例等。

[②] 1933 年《证券法》首次将在上市公司信息披露过程中对于虚假陈述承担刑事责任的主体范围扩大到注册会计师,1965 年《民事侵权法新解》(Restatement of Torts)将这一承担相应责任的对象范围从原先的必然预见人扩展到可以合理预见人,1995 年《私人证券诉讼改革法案》将注册会计师在信息披露过程中原先承担的无限连带责任修改为有条件的"公允份额"比例责任。

关的监管制度提出了新的挑战。因为审慎合宜的金融监管并非通过抑制金融创新来实现的，而是通过提高监管者的监管能力、促进机构监管向功能监管转变来推进金融体系的发展的，因此，美国资本市场监管制度的设计与执行也遵循以下原则：一是确立金融监管的市场化原则，发挥市场规律的基础性作用；二是维护市场竞争的监管原则，为金融主体创造公平的市场环境；三是透明的市场监管原则，提高市场的稳定性和确定性。

三、对美国资本市场发展模式的综合评析

对于资本市场的发展和运行情况，众多国际经济组织或者大型金融机构对其运行指标体系和评估手段方法做过大量相关研究，这其中以世界银行的国际资本市场评估体系最具有代表性，其评估体系主要由考察金融市场的广度、深度、效率等方面构成（Svirydzenka and Katsiaryna，2016）。

（一）美国资本市场的广度分析

资本市场的广度指的是资本市场的结构与层次化程度，以及不同类型的融资主体及不同风险偏好的投资者参与资本市场的可达性程度。在有广度的资本市场中，参与主体的数量多、市场交易者类型多样，参与者的入市目标和对风险的偏好各不相同，这就使得资本因为具有较好的广度而不会出现市场交易"一边倒"等反常现象，也使得资本市场交易被少数人或利益集团操控的可能性降低。美国资本市场经过数百年的不断发展，已经建立起非常完善的多层级市场结构，因而具有世界顶级的市场广度。美国资本市场的多层结构因为是长期自然发展的结果，因此具有很高的合理性和成熟度，资本市场很少会出现因为资本市场的单一事件冲击而造成市场震荡的现象。

股票市场的体量首先取决于上市公司的数量。美国的资本市场十分开放，因此吸引了来自世界各地的企业前往上市。图3-1是美国和中国平均

每万人的上市公司数量。该图强烈地反映出中国和美国上市公司数量之间的巨大差异。

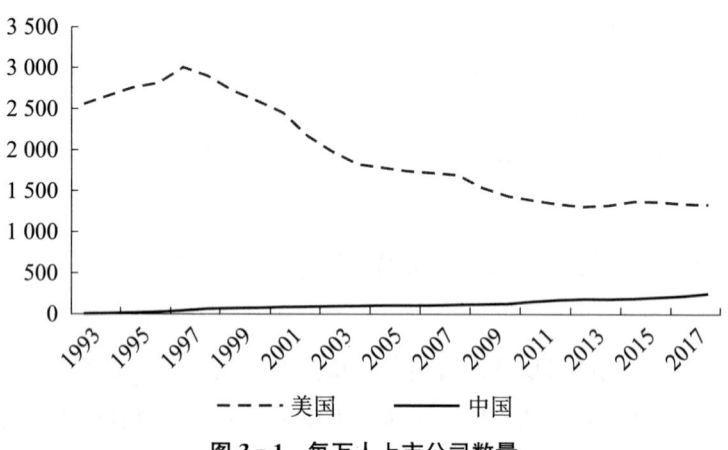

图 3-1 每万人上市公司数量

资料来源：世界银行金融发展和结构数据库。

（二）美国资本市场的深度分析

深度主要指资本市场的流动性程度。2020 年，美国股票市场市值为 40 万亿美元，中国股票市场市值为 12 万亿美元。2020 年，美国股票市场市值占 GDP 的比例为 194%，中国股票市场市值占 GDP 的比例为 83%。图 3-2 描述了美国和中国股票市场市值占本国 GDP 的比例在 1992—2017 年间的变化。美国股票市场市值占 GDP 的比例最高时超过 140%。我国的股票市场则处在快速发展阶段，还有很大的上升空间。

国际货币基金组织（IMF）的研究人员也构建了刻画不同国家和地区间金融发展程度的指数。这个指数利用多个测量金融发展程度的数据，并做了归一化处理。指数范围在 0 和 1 之间，数值越大说明金融发展程度越高。金融市场深度的测算指标既包括股票市场规模，也包括债券市场规模。图 3-3 是中美两国 1980—2019 年金融市场发展深度指数。中国和美国金融机构的发展程度也存在较大的差距。图 3-4 是中美两国 1980—2019 年金融机构发

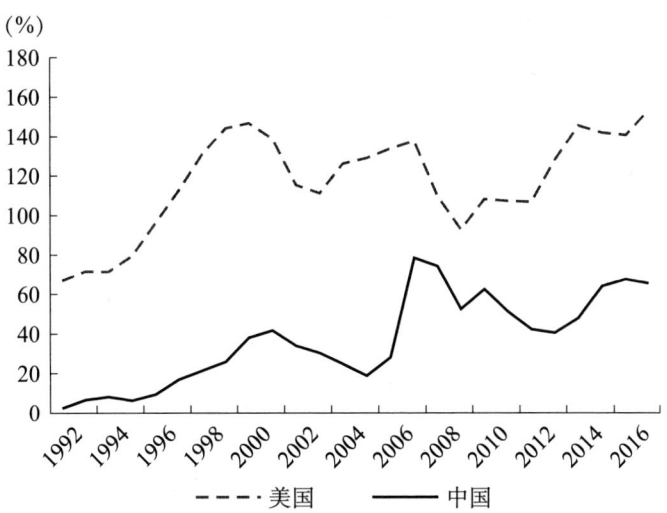

图3-2 股票市场市值占GDP的比例

资料来源：世界银行金融发展和结构数据库。

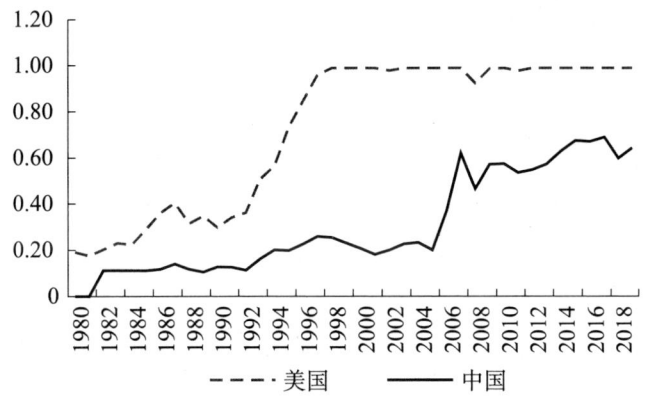

图3-3 金融市场发展深度指数

资料来源：IMF data，Financial Development Index Database.

展深度指数。金融机构的深度是指金融机构在经济活动中的相对规模。金融机构发展深度指数包括私人信贷占GDP的比例、养老基金和公募基金资产占GDP的比例和保险费用占GDP的比例等众多指标。从图3-3和图3-4可知，无论是金融市场的深度，还是金融机构的深度，中国和美国都存在较大差距。美国金融活动在经济活动中发挥着更为重要的作用。中国的金融活动则还有巨大的上升空间。

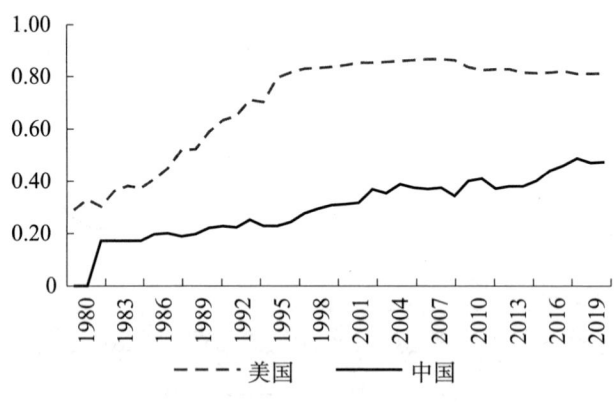

图 3-4 金融机构发展深度指数

资料来源：IMF data，Financial Development Index Database.

（三）美国资本市场的效率分析

资本市场的重要功能之一是生产信息。供给、需求、技术进步等各类生产活动的变化都会反映在股票市场价格上。对于公司管理者来说，股票市场价格反映了公众在知晓公司的部分内部和外部环境的情况下对公司的估值。因此，公司管理者能够从股票市场的变化中更清楚自己企业的价值，从而更好地开展投资活动。对于公众来说，股票市场反映了不同行业的发展前景，指导着投资者把资金投到投资需求最旺盛的方向。因此，资本市场能够生产信息，促进资源的有效利用。

Bai 等（2016）构建了一个衡量股票价格信息效率的指标，并测算了美国股票市场价格在近 30 年里预测公司未来现金流的能力。研究发现，美国资本市场的信息效率自 1960 年以来呈现上升趋势。这主要得益于信息技术的进步和公司监管制度的完善等诸多因素。Carpenter 等（2021）采用 Bai 等（2016）的方法探究中国股票市场的信息效率。值得注意的是，研究者发现中国的股票市场信息效率也在不断提升，尤其是经历过股权分置改革之后。现在中美两国的股票市场价格对公司未来盈利能力的预测没有显著差别。图3-5和图3-6分别测算了中美两国股票市场价格对公司未来3年和5年的盈利能力的预测能力。指数越高说明预测能力越强,股票市场的信息效率越高。美国股票市场在2000年互联网泡沫危机时的信息效率较低。中国股票市场的信息效率在最近几年已经与美国股票市场相差无几。

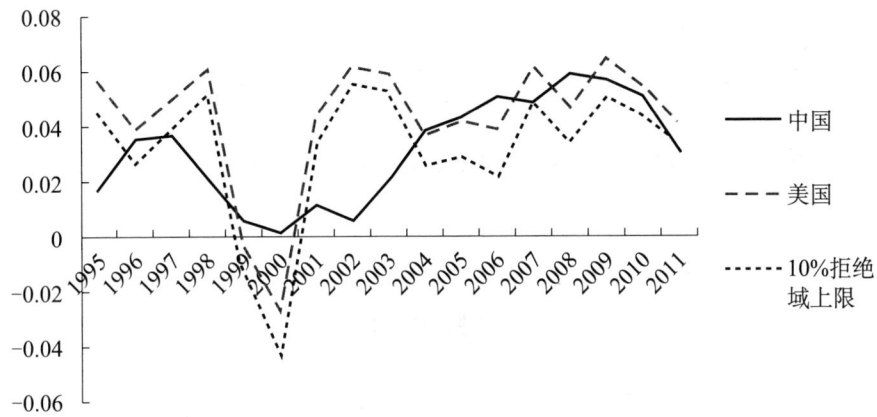

图3-5 中美两国股票市场价格对公司未来3年的盈利能力的预测能力

注:10%拒绝域上限线为美国股价信息效率参照线,若中国股票价格信息效率低于此线,可以认为中国股票价格信息效率低于美国,且犯错概率不超过10%。简单来说,如果中国的信息指数高于此线,就不能拒绝美国和中国股票信息效率一样的假设;如果低于此线,则可以认为中国低于美国,犯错概率是10%。

资料来源:Carpenter等(2021)。

总之,美国资本市场是目前世界上市场规模最大、成熟度最高、正规化程度最好、运行效率最高的资本市场。其结构合理、高效且成熟度高,能够充分满足不同融资主体和投资者的交易需求,信息的生产、披露和流通的真实有效性和及时性均能获得保证。这得益于信息技术的发展和美国监管制度的完善。

中国资本市场：第三种模式

图3-6　中美两国股票市场价格对公司未来5年的盈利能力的预测能力

资料来源：Carpenter等（2021）。

四、美国资本市场与实体经济的关系

美国实体经济的发展水平和结构对资本市场的功能提出了要求，而资本市场则为实体经济的发展提供了相应的融资功能。但在美国金融危机之后以及新冠肺炎疫情期间，美国资本市场和实体经济的部分脱节也显露出来。

（一）美国资本市场的资源配置能力

1. 产业对资本的需求

Schumpeter（1934）在"非常信用理论"中强调了在资本市场上金融部门能够将资本配置到具有更高价值的地方，从而在一定程度上促进了经济增长。此后众多经济学家论证了这一理论，认为资本市场上的金融发展与经济增长之间存在着高度的相关性。Rajan和Zingales（1998）从产业层面出发较好地论证了资本市场的发展是如何促进经济增长的，实证研究表明在资本市场完善高效的经济体中，因为资本市场能够降低外部融资成本，因此需要依赖外部融资的产业能够有效利用资本市场的优势来加快发展。在第二次产业革命期间,诸如电力、内燃机和汽车制造等当时的新兴产业,在具有市场主导型金融体系的美国的发展异常迅猛。除了钢铁产业外,美国在几乎所有新兴产业中都首先崛起:内燃机在欧洲发明,但在美国得到最快、最为普遍的应用;电力方面的技术发明大多诞生于欧洲,但是世界上第一座发电并供应市场出售的电厂诞生在美国;汽车的发明同德国人有关,但是美国首先实现了汽车的大规模生产。信息技术革命是人类经历的第三次产业革命,其中一些关键性技术如微型处理器、计算机、互联网等在20世纪70年代已经开始出现,但是直到80年代末90年代初才真正掀起此次产业革命的浪潮。信息技术革命开始形成于美国也绝非偶然,因为以纳斯达克为代表的新兴股市和蓬勃发展的风险投资在其发展壮大的过程中提供了必要的支撑和必不可少的催化作用。英特尔和微软等新型计算机上市公司和美国在线、思科、雅虎、亚马逊和eBay等大量新兴网络及电子商务公司通过美国金融市场筹集大量资本,并由此进一步推动美国信息技术发展。这些行业往往是技术创新含量很高、企业风险较高、研发费用很高、投资者缺乏共识的产业。对于具备上述技术特征的产业而言,发达的金融市场能够有效地促进其尽快成长并转化形成大规模生产。换言之,它们在市场主导型金融体系中发展得更好。

Rajan(1992)认为强大的银行通常不利于鼓励创新和竞争,因为银行从企业当中收取信息租(information rents),并且会降低企业承担盈利项目的激励,在这方面市场主导型金融体系能更有效地配置社会的储蓄。Allen和Gale(2000)通过研究发现:当金融市场上存在多样化观点并且信息成本低时,市场主导型金融体系的融资效率较高;而当信息成本高并且观点不太多时,中介融资是最好的;当既存在多样化观点,信息成本又很高时,项目没有资金支持。这一结论较好地解释了为什么近代的新兴产业总是在美国首先取得成功,获得巨大成功和认可之后再转移到日本、德国,银行主导型金融体系的产业创新不足,但是表现出强大的学习能力。总的来说,市场主导型金融体系在技术创新和改进的投融资方面具有显著的比较优势,能够激励更高的研发投入,从而间接带动产业增长。所以,市场主导型金融体系有利于促进创新产业、高研发产业的成长。而银行主导型金融体系在成熟技术的学习和传播上具有比较优势,但是有实力的银行家可以和企业经理串谋以反对其他外部投资者,并反对竞争、创新。Stulz 和 Williamson(2003)的实证研究结论支持这些观点。Allen 和 Gale(2000)认为新兴国家应当发展出诸如英美那样的金融体系,从金融体系与实体经济关系的角度来看,引导储蓄向投资转化一直是金融体系的最重要的基本功能,而市场和中介在这一功能的作用效果上存在显著差别。Allen 和 Gale(2000)比较了金融市场与中介在处理信息方面的比较优势。他们的研究证明金融中介的优势在于通过授权获得信息取得的规模经济,从而在存在广泛一致意见的时候带来节约。而在存在多样化观点和高风险的时候投资者不愿意提供资金,使得创新性项目出现资金短缺。而金融市场在为那些几乎没有相关资料的产业,即缺乏信息和投资者持不同意见的新兴产业融资时特别有效。由以上研究可知,总的来说,在产业生命周期的不同阶段,不同的资本市场类别所发挥的作用和效果大致呈现以下规律:(1)高风险、高研发费用、高技术的创新行业有较高的外部金融依存度和较高的权益融资比重。这些行业在市场主导型金融体系中能够更好地得到金融支持,从而发展得更好。(2)在产业发展的初期往往需要较高比例的外部融资和权益融资,但随着产业的成熟,营运现金流逐渐丰富,对外部金融的依存度会逐步下降并趋近于零。(3)具有不同特性的产业在成长过程中需要外部融资和权益融资支持的时间和程度不同。高风险行业需要长时间的外部金融培育,但是一旦产业成熟且能产生非常优秀的营运现金流,就几乎不再需要外部金融支持。而传统产业需要外部融资和权益融资支持的时间较短,能很快创造出较好的营运现金流。但是这种产业成熟后的利润空间和营运现金流量有限,仍需要外部金融支持以扩大生产规模。这可以解释为什么此类产业成熟后在银行主导型金融体系中能发展得更好(吴晓求等,2006)。

2. 资本的供给

在传统意义上,实体经济的发展产生的融资需求主要靠两个方面来满足：一是靠创业者的储蓄；二是靠少数富有家庭投资者的资本。这种有限的融资来源已经难以满足美国实体经济发展的庞大需求，因此自20世纪70年代中期以来，美国资本市场出现了不同于以往传统模式的典型变化：一是垃圾债券市场的兴起；二是风险资本的诞生；三是交易成本的降低。首先，原先诸如退休基金、寿险公司之类的机构投资者偏好于绩优成熟企业发行的债券，对于垃圾债券一般不感兴趣，但这种情况在20世纪70年代之后出现了转变，垃圾债券在资本市场上开始获得投资者或机构的关注和认同。另外，投资管制放松促使机构投资者能够以有限合伙制的形式组建基金并投资到处于初创期或发展期的企业中去，风险投资行业应运而生。与原先的有限责任制、无限责任制等形式相比，有限合伙制能够最大可能地规避基金管理者的道德风险与逆向选择行为，进而能更加有效地实现对风险企业的监控。在有限合伙风险资本终止时，风险企业的相应股权通常要被赎回，但是一旦成功IPO，风险资本就会因为股权价值的流动性增强导致的升值而促进进一步的投资。这一系列发展促使纳斯达克发展迅猛，也大大提高了初创和风险企业的IPO成功率。美国资本市场的这种发展，极大地提升了初创和风险企业的市场融资效率。20世纪末随着信息技术的发展与互联网的普及，一方面，它们在资本市场上的运用促进了金融创新；另一方面，市场上大量新兴企业的诞生也提高了对风险资本的需求；再一方面，互联网和信息技术便利了对资本市场上需要融资的企业的考察，从而增加了风险资本的供给。

同时，对于投资者而言，资本市场能使广大投资者共同承担风险和分享收益。从目前的趋势来看，美国居民的金融资产中股票已经占据非常大的比重，这种趋势有进一步发展的可能。在股票市场上，居民直接持有股票，抑或是通过互助基金和养老基金持有。技术的进步也导致了交易成本的下降，首先是共同基金的投资成本的下降，这促使众多家庭具有更强的增加自己的股票投资的动机（Heaton and Lucas，2000）。此外，在资本市场上股票的交易成本也在下降，例如，近些年资本市场上的经纪费用出现了明显下降，这也更有利于投资者持有金融资产。

（二）美国资本市场的发展趋势展望

最近十几年来，美国资本市场出现了一些新的发展动向和特性。首先，信息技术的发展引发资本市场中的新技术革命和制度环境的变化演进，进而促使美国资本市场出现显著的变化。在制度设计方面最具代表性的莫过于2012年正式通过的《创业企业扶助法》（简称《JOBS法案》），该法案放松了私募发行限制，从而成为美国多层次资本发行市场的制度推手。该法案获得通过后，诸如私募、众筹和小额发行等创新金融产品和服务受到法律的认可和保护，从而打开了相应的制度空间。在信息技术的助力下，再加入不断采纳引进的人工智能技术、机器学习技术和客户画像技术，早已步入金融工程时代的美国资本市场上金融科技（FinTech）呈现出更高效、更多样化、更快速发展和更满足个性化需求的特征。其次，因为技术革命的影响和交易机构间的竞争，当前美国不同交易所之间出现市场规模、上市条件审核、企业特征和行业分布及提供的交易服务逐渐趋同的现象。最后，在资本市场上不同的经纪商/交易商间的竞争也在逐渐加剧，这一方面降低了企业的融资支出，另一方面又在大数据、机器学习和客户画像等技术的帮助下提高了配对效率，进一步促进了美国不同层次资本市场的发展。

此外，在新时期，尤其是在新冠肺炎疫情影响下的美国资本市场存在着两个明显的变化趋势：一个趋势是股票市场上财富创造越来越集中于少数公司，与此同时财富收益也越来越集中于少数群体。如 Bessembinder（2021）通过对1926年以来的所有26 168个上市公司的分析认为，股东财富的创造只集中在少数几只表现良好的股票上，而这种趋势在不断增强，尤其是近3年来表现得尤为强烈。另一个趋势是股票市场和实体经济的脱节。虽然疫情之后美国实体经济发展出现萎靡现象，但是其资本市场，尤其是股票市场却存在着繁荣的景象。例如，新冠肺炎疫情的暴发和流行虽然严重影响了美国的实体经济，但是美国的股票市场在前期的短暂下挫后开始逆势上扬，并一直保持着较为旺盛的态势。对于这种现象不同的专家学者给出了自己的看法和见解。部分专家和从业者认为股票市场其实是上市公司的集合，不一定反映实体经济的发展，特别是美国股市的财富不断向互联网公司聚集，而这些公司的股票市值更多地反映了线上经济和科技的进步，和线下经济的相关性不大。[①]另外，美联储持续保持低利率和继续推进"量化宽松"政策，从而推高了资产价格。

五、结　论

本章以美国资本市场为研究对象，旨在通过回顾美国资本市场的发展历程、归纳总结美国资本市场的发展特征、分析美国资本市场的运行效率和探究美国资本市场的发展对实体经济的促进作用，对美国资本市场的模式进行总结，以期为中国资本市场的发展进化提供一定的参考和借鉴。美国资本市场以直接融资为主，经过几百年的不断发展和累积，已经成为世界顶级的法制化、正规化、高效化和现代化的资本市场，这其中有效合理的相关法律体系建设功不可没。此外，美国资本市场也具有一定的个性特征，比如，注重事先信息披露，严格监控相关流程，对于违规行为进行严厉处罚，等等。大量的实证研究证明：美国资本市场对于实体经济发展的促进作用巨大而有力，是美国企业融资的有效且便利的渠道。但是近年来的研究表明，美国资本市场出现了一些值得关注的新动向：一是企业的财富创造呈现不断集中的趋势；二是在近期的新冠肺炎疫情的冲击下，美国资本市场出现了与实体经济背离的现象。以上新现象是否会影响到美国资本市场的发展和促进实体经济增长还有待未来进一步研究。

参考文献

[1] Allen F, Gale D. Corporate governance: Corporate governance and competi-

---

① 资料来源：https://knowledge.wharton.upenn.edu/article/why-is-the-stock-market-so-strong-when-the-economy-is-weak/.

tion. Research Papers in Economics, 2000: 23-94.

[2] Bai J, et al. Have financial markets become more informative. Journal of Financial Economics, 2016, 122 (3): 625-654.

[3] Bessembinder H. Wealth creation in the US public stock markets 1926-2019. The Journal of Investing, 2021, 30 (3): 47-61.

[4] Carpenter J N., Lu F, Whitelaw R. The real value of China's stock market. Journal of Financial Economics, 2021, 139 (3): 679-696.

[5] Easley D, O'Hara M. Price, trade size, and information in securities markets. Journal of Financial Economics, 1987, 19 (1): 69-90.

[6] Gibson A M. The American Indian: Prehistory to the Present. New York: Cengage Learning, 1979.

[7] Heaton J, Lucas D. Portfolio choice and asset prices: The importance of entrepreneurial risk. Journal of Finance, 2000, 55 (3): 1163-1198.

[8] Markham J W. A Financial History of the United States. New York: Routledge, 2011.

[9] Mitchell W C. A history of the greenbacks: With special reference to the economic consequences of their issue: 1862-65. Chicago: The University of Chicago Press, 1903.

[10] Rajan R G. Insiders and outsiders: The choice between informed and arm's-length debt. Journal of Finance, 1992, 47 (4): 1367-1400.

[11] Rajan R G, Zingales L. Financial dependence and growth. The American Economic Review, 1998, 88 (3): 559-586.

[12] Schumpeter J A. The Theory of Economic Development. Cambridge: Harvard University Press, 1934.

[13] Shleifer A, Vishny R W. Stock market driven acquisitions. Journal of Financial Economics, 2003, 70 (3): 295-311.

[14] Stulz R M, Williamson R. Culture, openness, and finance. Journal of Financial Economics, 2003, 70 (3): 313-349.

[15] Svirydzenka K. Introducing a new broad-based index of financial development. IMF Working Paper 16/5.

[16] 李国运. 美国资本市场信息披露制度监管体系研究. 财会通讯（学术版），2007

(6): 5.

[17] 孙涛. 美国《金融服务现代化法》述评. 科学决策, 2001 (4): 34-39.

[18] 吴晓求, 赵锡军, 瞿强, 等. 市场主导与银行主导: 金融体系在中国的一种比较研究. 北京: 中国人民大学出版社, 2006.

[19] 吴晓求. 中国资本市场未来10年发展的战略目标与政策重心. 中国人民大学学报, 2012, 26 (2): 32-40.

[20] 邢天才. 我国多层次资本市场体系的构建与发展思路. 财经问题研究, 2003 (3): 26-30.

第四章

资本市场与实体经济：德国模式分析

摘　要： 德国经济总量长期保持在世界第四、欧洲第一，其制造业水平及创新能力一直居于世界领先地位。不论是全球知名的大型厂商，还是细分领域的"隐形冠军"，都在全球市场上拥有极强的竞争力。与强调直接融资的美国模式不同，德国更多的是以银行间接融资为主，不可否认，德国金融高效的融资体系对此功不可没。本章以德国"小金融、大实体"模式是否适合中国金融发展以及如何借鉴德国经验和弥补其不足这两个问题为研究主线，首先概述德国的经济结构与金融体系，其次分析德国金融模式的特点，最后总结其不足和对我国金融发展的建议。中国作为制造业大国，与德国经济发展存在诸多相似之处，要有效借鉴德国金融模式，更好地发挥银行对实体经济的支持作用，同时不断完善多层次资本市场的建设。不同于银行主导型德国模式，一个市场和银行合理结合的"双峰"主导型金融体系可能更适合中国高质量的经济发展。

　　有数据表明，欧洲大陆国家的实体企业主要通过银行融资，而美国企业则主要通过市场融资。比如，在美国超过七成的企业信用融资方式是资本市场直接融资，而在欧洲大陆该比例小于五成。同时，上市公司市值占GDP的比例在欧洲大陆国家和美国也截然不同，这反映出银行在这2个地区的不同定位。为此，欧盟委员会资本市场联盟在2015年推出相关政策措施，目的是提高中小实体企业通过市场进行融资的比例。然而，银行在信用筛选、债务人监控和债务重新谈判等放贷关键过程中相对于市场投资机构具有优势，市场机构在风险投资、创新推动和新经济增长驱动等方面更为擅长。因此，两个关键的问题是：以美国为代表的市场主导型金融体系或者以德国为代表的银行主导型金融体系，是否足够满足实体企业提高融资效率的需求？中小企业的有效融资是否需要相互交织、相互依赖的银行和市场机构紧密融合，从而发挥各自不同的特点？为此，我们梳理了德国宏观经济的特色，分析了德国银行和资本市场的现状，概括了德国金融模式和实体企业融资的特点与不足。

我们认为，以美国为代表的市场主导型金融体系和以德国为代表的银行主导型金融体系都是不同国家经济发展、历史文化、法律制度等综合背景下的衍生结果。中国金融服务高质量实体经济发展的未来演变，更可能是一种市场和银行"双峰"主导型现代金融体系模式。其中，资本市场侧重于推动新兴、高科技成长型企业创新和财富管理，银行侧重于传统和成熟型企业经济稳定和资源配置。一方面，中国经济的高质量发展离不开传统优势企业的持续发力；另一方面，随着科技创新和产业升级的国家战略的不断推动，中国需要资本市场与银行机构的共生共存和功能互补。为此，我们需要着力构建差异化银行体系，完善多层次资本市场体系，区别对待不同类型企业融资需求，增强实体企业融资服务硬实力建设，发展出有中国特色的市场和银行合理结合的第三种模式，即"双峰"主导型金融体系。

一、德国经济与金融现状概述

（一）德国宏观经济概述

德国是全球经济强国之一，也是欧洲第一大经济体。如图 4-1 所示，2019 年德国 GDP 达到了 3.5 亿欧元（约 3.8 亿美元）。二战结束后，德国经济快速增长。20 世纪 50 年代，德国 GDP 增长率在 8% 左右。此后，德国的经济增速有所下滑，但 GDP 总量仍呈持续上涨趋势。进入 21 世纪，德国 GDP 增速维持在 2% 左右。2009 年受次贷危机影响，德国 GDP 增速降至

—5.7%；2019年德国GDP增速仅有0.6%。德国是工业强国，其主要工业部门有电子、航天、汽车、精密机械、装备制造、军工等。德国也是西欧最大的汽车生产国，慕尼黑、汉堡、斯图加特、沃尔夫斯堡形成了强大的制造业集群。柏林、莱比锡、德累斯顿则是德国东部的工业重镇，新兴工业集中在慕尼黑一带。

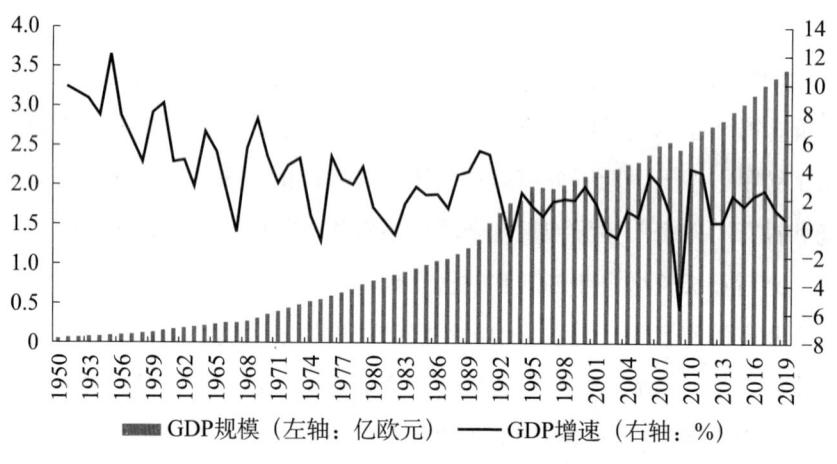

图4-1 德国经济概览

资料来源：Wind数据库。

长期以来，德国一直维持着"小金融、大实体"的格局，始终维持着较小的金融部门和庞大的制造业部门，德国制造业增加值占GDP的比例长期高于20%，在主要发达经济体中居首，同时金融业增加值占GDP的比例长期低于5%，低于中国的水平。德国善于借助金融部门规范政府与市场的关系，不同于20世纪80年代后，英美等国"重金融、弱企业"的发展模式导致生产性活动占优的报酬结构发生转变，德国始终坚持实体经济占优的报酬结构。比如，2005—2018年德国银行平均净资产收益率仅为7.7%，非金融企业平均超过20%。

德国始终坚持"强企业、弱金融"的发展模式，而中小企业在德国的实体经济中占据着举足轻重的地位。德国拥有其他任何一个国家都无法比拟的为数众多的"隐形冠军"——在世界市场上约有1300个细分行业的行业领导者来自德国中小企业，三倍多于排名第二的美国。德国中小企业已经成为"创新、高效、专业化"的代名词。

1. 中小企业认定

在德国，"Mittelstand"和"Kleine und Mittlere Unternehmen"都指德国的中小企业。其中"Mittelstand"更多的是从定性角度对中小企业进行定义，强调企业的独立性、自主性和自我责任的有机统一。具体来说，这个定义下的中小企业泛指所有权与经营权相统一的企业，其中包含了小规模企业、大多数家族企业以及自由职业者。而"Kleine und Mittlere Unternehmen"是从定量的角度进行定义，主要指企业人数不超过500人且年营业额不超过5 000万欧元的企业（见表4-1）。在这个定义下还进行了进一步的细化，10人以下、年营业额不超过100万欧元的企业为微型企业。随后，为了促进欧盟成员国中小企业的发展，欧盟对中小企业的概念做出进一步修订，同时将资产总额纳入定义。欧盟将企业人数在250人以下、年营业额不超过5 000万欧元或资产负债表中资产总额不超过4 300万欧元的企业定义为中小企业。其中：人数为10~49的企业为小型企业，对应年营业额或资产总额不超过1 000万欧元；人数在10人以下、年营业额或资产总额不超过200万欧元的企业为微型企业（见表4-2）。

表4-1 德国中小微企业划分（德国标准）

企业规模	员工人数		年营业额（欧元）
微型	≤9	且	≤100万
小型	≤49		≤1 000万
中型	≤499		≤5 000万

资料来源：德国中小企业研究所。

表4-2 德国中小企业划分（欧盟标准）

企业规模	员工人数		年营业额（欧元）		资产负债表总额（欧元）
微型	≤9	且	≤200万	或	≤200万
小型	≤49		≤1 000万		≤1 000万
中型	≤249		≤5 000万		≤4 300万

资料来源：德国中小企业研究所。

2. 德国中小企业发展现状

德国复兴信贷银行（KfW）2018 年发布了《中小企业板块分析 2018》，凸显出中小微企业在德国的中流砥柱作用。该报告显示，2017 年德国共有中小微企业 376 万个，占国内所有企业的比例高达 99.95%，服务型企业约 283 万个，数量占比高达 75%；其中 144 万个为知识密集型服务企业，数量占比达 38%。制造业中小微企业数量占比为 7%，其中研发密集型制造业企业占比为 1%。2017 年德国中小微企业共创造了 47 270 亿欧元的营业总额，其中国内总营业额约为 41 500 亿欧元，占比为 88%，国外总营业额占比为 12%。从行业来看，服务业所创造的营业额占所有中小微企业营业额的 73%，虽然数量占比仅有 7%，但制造业的营业额贡献值高达 21%，制造业出口额达 2 910 亿欧元，在中小微企业出口总额中占据半壁江山。相较于欧盟其他成员国，德国中小企业具有如下特点：

（1）规模偏大。

欧盟委员会 2016 年的调查研究（2016 SBA Fact Sheet）显示，从与欧盟的几个主要成员国的横向比较来看，德国中小企业规模普遍偏大，主要原因为：其一，微型企业占比相对低。德国的微型企业的数量在中小企业中的占比只有 82.2%，低于欧盟平均水平超过 10 个百分点，而在被称为"中小企业之国"的意大利，微型企业的占比甚至达到了 95.1%。其二，小型企业与中型企业占比相对高。德国的小型企业与中型企业的占比分别为 14.9% 和 2.5%，远高于欧盟平均水平。其中，小型企业占比更是高于法国与意大利超过三倍。

（2）创新能力强。

德国经济发展十分依赖创新，中小企业被视为最重要的"创新发动机"，强调专注创新和技术进步以提高产品质量。根据欧盟委员会的调查，有近四成德国中小企业积极从事创新活动（见图 4-2），这一比例高于欧盟水平 10 个百分点。2015 年，通过网络销售和采购的德国中小企业比例分别为 23.81% 和 30.83%，而欧盟平均水平只有 7.65% 和 8.28%。进行产品、市场和结构创新的中型企业的比例达到 54.7%。德国中小企业领军者的员工平均专利拥有量是大型企业的5倍，但平均成本却只有后者的1/5。德国中小企业在尖端技术领域的研发活动活跃，在医药和信息通信技术领域的研发参与度均为59%，在测量及自动控制技术上的研发占比达到了79%，强度大的创新能力使得德国中小企业在世界多个行业中处于领先地位。

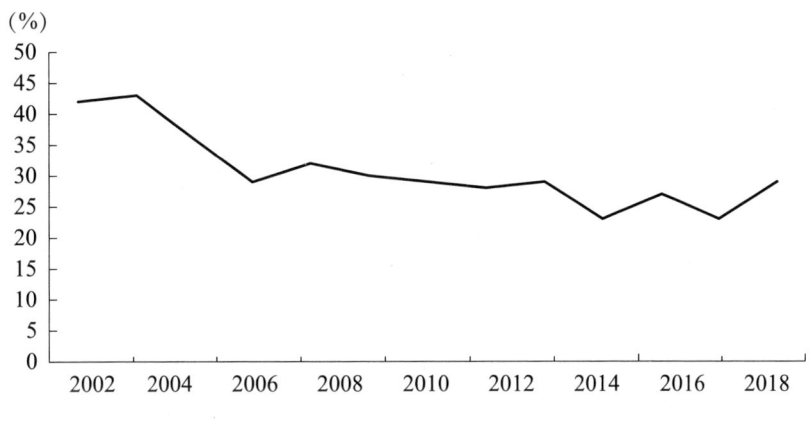

图4-2　德国创新型中小企业比重

资料来源：德国中小企业研究所。

（3）盈利能力突出。

《中小企业板块分析2018》报告指出，2006—2017年间，德国中小微企业的利润率增幅达30%，总体维持在较高水准。按规模划分，中型企业利润率增幅连续三年呈下滑趋势，利润率自2014年以来累计下跌0.4个百分点至4.2%；小型企业2017年利润率为6.1%，居12年来第二高位；微型企业盈利能力逐步走强，2017年实现利润率14.6%，创下12年来的最高值。微型企业与中型企业间的利润差扩大到10个百分点以上，主要原因在于中小企业人力资源支出、消耗品和机器等费用的高增长，以及定价提升的不充分，等等；微型企业虽难以从规模经济中获益，却易识别和开发小规模销售的利基市场。以行业划分，利润率的差异性也较为显著：知识密集型服务业是中小微企业平均利润率的最大推手，2017年获取了高达14.6%的利润率，是平均利润率的两倍,而其他主要行业的利润率均低于均值。

1997—2013年间,德国中小企业净资产收益率始终在25%以上,一直维持在大企业净资产收益率的2.5倍以上(见图4-3)。德国中小企业的毛利始终维持在较高水平,2017年毛利率达51.5%,而大企业的毛利率仅为31.2%。中小企业强大的盈利能力主要源于德国中小企业在国际市场上较强的竞争力,为德国的巨额贸易盈余贡献了大部分力量。

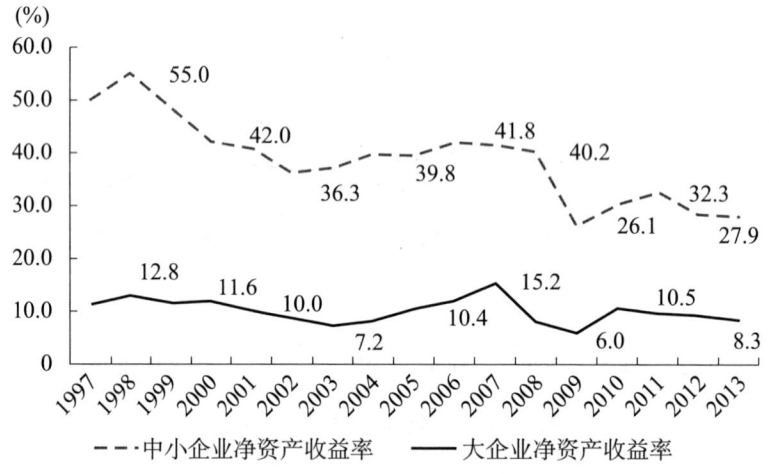

图4-3 净资产收益率

资料来源:德意志联邦银行。

3. 德国中小企业融资渠道

中小实体企业是德国经济的重要组成部分,是德国经济竞争力的根基所在。中小企业融资风格相对保守,内源融资是中小企业的重要融资来源。外源融资主要依赖银行信贷,德国协调性银企关系富有韧性,银行业在服务中小企业方面表现突出,融资可得性高,融资环境相对稳定。根据欧洲央行开展的企业融资可获得性调查,德国受访中小企业将融资列为最大问题的比例不足10%,低于同期欧盟其他成员国的水平。德国中小企业融资存在以下特点:

(1) 内部融资能力强。

结合中小企业本身特性及其对风险和成本的考量,内源融资成为德国中小企业的主要融资来源。德国复兴信贷银行2016年的调查显示,2015年,内源融资在德国中小企业融资中的占比达到53%。中小企业强大的内源融资能力主要来源于其较强的盈利能力。从德国中小微企业的投资资金来源分析，内源融资占比同样较高。2017年德国中小企业用于投资的内源融资总额共计1 080亿欧元，占当年中小企业融资总额的51%，比2016年增加了60亿欧元（增幅为6%），远高于2004—2016年944万欧元的平均总额，创历史新高。

（2）外部融资主要依靠银行信贷。

以管家银行模式为主的银行业对中小企业进行融资是德国中小企业融资的关键特征，银行部门发放的企业贷款中，超过50%流入中小企业。根据德意志联邦银行的《德国企业财务报表推算结果1997—2018》，在过去的20多年里，德国中小企业长期贷款占银行企业贷款的份额呈下滑态势，但是仍然保持较高份额，2017年仍维持在59.6%。银行信贷是中小企业的主要融资渠道。

（3）以长期贷款为主。

德国长期贷款比重高，在中小企业贷款领域同样如此。1997—2017年中小企业长期贷款占全部贷款的比重基本维持在57%以上，且相对稳定。德国复兴信贷银行2019年的调查显示，在2008—2018年间，在用于支持投资的贷款中，长期贷款占比为50.5%。银行长期贷款仍然是德国中小企业最重要的长期融资方式。从企业贷款的期限结构来看，5年及以上长期贷款的占比维持在60%左右甚至更高。

（二）德国银行体系概述

德国的中小企业不仅在全球市场上拥有极强的竞争力，而且其高效的经营和充满活力的创新活动促进了德国经济的持续健康发展，德国金融体系高效的资金供给对此功不可没。按银行组织结构可以将德国银行划分为商业银行、储蓄银行和信用社三类银行集团。它们构成了德国银行体系的主体部分，因此被称为德国银行业的三大支柱，这也是德国银行体系最重要的结构特征（见表4-3）。三大支柱的所有制和业务导向差异大，相互之间独立性强，这意味着金融服务实体经济具有差异化、多层次、广覆盖的特点。德国银行体系的三大支柱之间在所有制性质、经营范围及服务对象等方面存在很大差异，主要体现在：(1) 所有制性质。商业银行是私有银行性质，经营目标是利润最大化；储蓄银行是公共银行性质，具有服务公共利益的使命；信用社是合作性质，首要目标是为社员服务。(2) 经营范围。储蓄银行和信用社遵循区域经营原则，同一支柱内银行竞争有限，但支柱之间竞争程度高。(3) 服务对象。区域经营原则限制了储蓄银行和信用社的经营区域，也避免了其规模扩张和多元化，使其能更加专注地服务于本地企业。正是由于德国银行三大支柱的上述差异化特点，德国金融系统逐步形成了多层次的银行体系。2019年底，商业银行、储蓄银行、信用社数量分别为259家、384家和842家，总资产分别为3.44万亿欧元、2.15万亿欧元和0.98万亿欧元，平均资产规模分别为133亿欧元、56亿欧元和12亿欧元。基于多层次的银行体系，德国金融能够从多维度上确保实体经济部门信贷资金的高可得性，并对不同区域、不同产业周期、不同融资期限结构的各类企业实现广覆盖，进而满足广大企业和单位的不同融资需求。

表4-3　三支柱银行体系的特征和代表机构

银行类别	细分类别	主要特征或服务	代表机构
商业银行	大银行，区域性商业银行，外资银行	私人所有，全能银行，利润最大化。大银行通常提供储蓄、信贷、证券承销、保险等全面服务。区域性商业银行通常规模较小且在特定区域内经营	德意志银行、德国商业银行
储蓄银行	州立银行，储蓄银行	国有或公共性质，全能银行。非利润最大化实体，承担公共目标，为居民提供信用和储蓄手段，资金用于提供居民住房贷款和支持企业发展	巴伐利亚银行、汉堡储蓄银行、法兰克福储蓄银行
信用社	区域性信用社，地方信用社	合作制企业，由社员拥有，全能银行，非利润最大化实体。资金主要用于支持需要资金的存款人，即社员	ApoBank，BBBank

资料来源：根据公开资料整理。

第四章 资本市场与实体经济：德国模式分析

德国金融体系是银行主导型金融体系，银行业占金融机构资产总额的比重和银行贷款占企业外源融资的比重均在60%左右。在这样的体系下，金融服务实体经济的方式主要是银行服务实体经济，金融和实体经济的关系主要表现为银企关系。德国银企之间的互动素来以长期性和精密性著称，形成了管家银行制度：一家德国银行将陪伴一个工业企业完整的生命周期，为企业提供隐形长期融资承诺。德国银行的本质在于为企业提供产业发展长期资金，同时保持长期紧密联系。从企业贷款的期限结构来看，5年及以上长期贷款的占比维持在60%左右甚至更高。同时在企业面临经营性困难或财务困境时，银行将扮演金融救助者的角色，与企业共进退。银行还会深度参与公司治理，对企业的经营行为进行监督和约束。

综合来看，德国银行呈现如下特点：

1. 利润导向度低

德国银行业利润导向度低，这是德国区别于其他经济体的重要特征。在德国，储蓄银行需遵循本地资金用于本地发展的机制，将经营区域限制在其所属区域内。政策性银行是德国政府根据经济政策成立的旨在促进经济增长和执行其结构制度的具有资助性质的银行。合作银行（信用社）是为成员利益服务；储蓄银行是为当地居民利益服务，坚持商业化经营原则但并不以利润最大化为目标；政策性银行更不以利润最大化为目标。商业银行虽然追求利润最大化，但是占比不高，所以整体利润导向度较低。在此背景下，银行体系并不追求规模扩张和利润最大化，能接受长期低收益进一步强化了实体经济占优的报酬结构（见图4-4）。形成上述局面的主要原因为：（1）所有制决定。在德国银行部门中，非私人商业银行占据较大比例，其经营并不以利润最大化为导向。（2）三支柱内部相关制度设计。在德国银行体系内，储蓄银行监事会和管理层严格分离的治理架构、法律严格限制政府干预储蓄银行等制度设计保证了储蓄银行的管理效率和相对独立性；合作社的严格审计及监管体系也有效避免了内部人控制问题。（3）公司治理文化氛围。德国公司治理以利益相关者为导向，银行较多地关注客户、员工和当时社区的利益，追逐利润的动机不强烈。

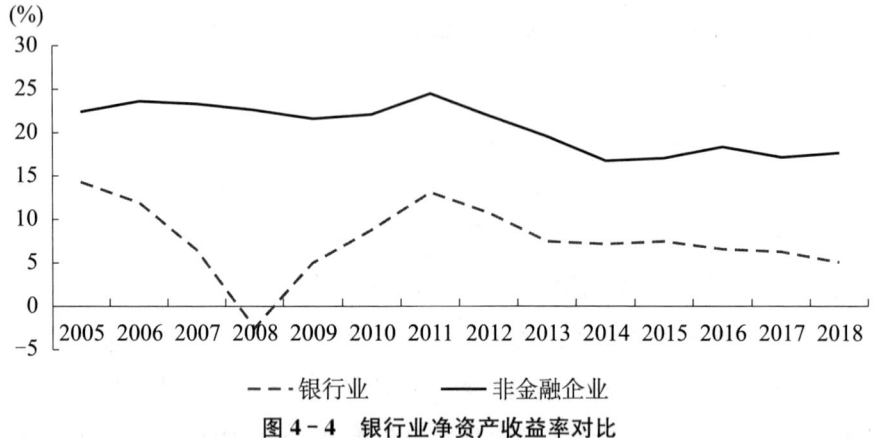

图 4-4 银行业净资产收益率对比

资料来源：德意志联邦银行。

2. 银行体系在金融体系中占据主导地位

德国实行的是典型的银行主导型金融体系，从资产规模来看，2019年10月底，银行资产规模总计8.5万亿欧元，占金融机构总资产的比重为60.5%。银行业资产总规模占GDP的比重较大，长期维持在200%以上（见图4-5）。2019年这一比重为202%，有所下滑，但依然居欧元区第二位。德国银行业整体资产质量较高，资本充足，在国际金融危机和欧债的冲击下，表现出较强的韧性。德国银行业不良贷款率长期保持较低水平，在国际

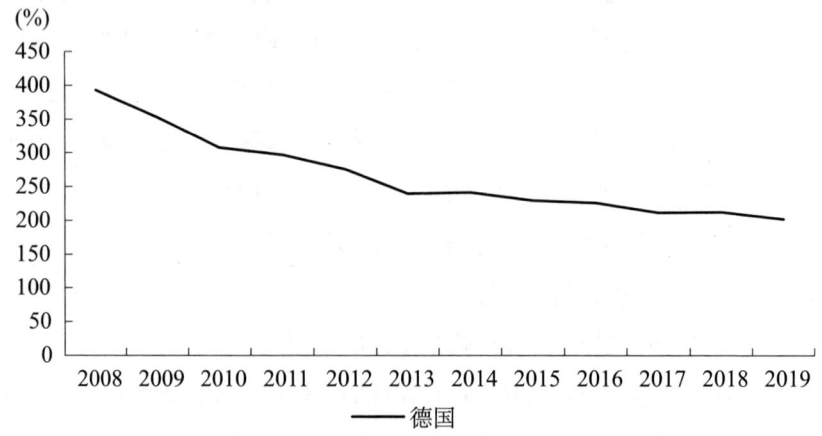

图 4-5 银行业资产总规模占GDP的比例

资料来源：德意志联邦银行。

金融危机期间的最高水平也仅为2.7%，低于大多数发达经济体。在金融危机后，德国的资本充足率水平也在不断提升，至2019年底，德国银行业一级资本充足率为16.1%。较低的不良贷款率和较高的资本充足率保证了德国银行业较强的风险防范能力。

3. 银行体系间分工明确兼合作稳定

商业银行、合作银行（信用社）、储蓄银行三大银行体系既存在着竞争，又有明显的不同定位，即商业银行是为股东利益服务、合作银行是为成员利益服务、储蓄银行是为当地居民利益服务。德国储蓄银行部门是服务于中小企业的最大银行部门，由乡镇储蓄所、地区储蓄银行、跨地区汇划中心等构成。储蓄银行网点密集、贴近客户，专注于面向中小企业的零售融资服务，是中小企业的主控银行。尽管在中小企业信贷市场上，大型商业银行仅占比13%，但其对中小企业的信贷支持力度还是十分可观的，对中小企业的金融支持更多体现在产品创新上；德国信用社体系是欧洲最大的合作银行体系，坚持独立化、本地化、保守化、小规模化，业务范围仅限于本地区，不跨区经营；储蓄银行以存贷款业务为主，极少涉及复杂的金融业务，更加专注地服务于地方企业。

（三）德国资本市场概述

德国的"小金融"特征在资本市场上体现得更加明显。作为世界上第四大经济体，其股票市场、债券市场、外汇市场的规模不仅小于美国、英国和日本等经济体，在欧洲大陆也不及法国。自20世纪90年代以来，德国就通过调整法律、新设市场等方式致力于发展股票市场，其后股票市场规模有所增长，但相较于可比国家，差距不但没有缩小，反而进一步拉大。2009—2018年德国上市公司数量呈快速减少态势，2009年底上市公司数量为742个，2018年底为465个，10年间减少了277个，虽略多于法国的457个，但是明显少于美国的4 397个、日本的3 652个、中国的3 584个。2018年底德国上市公司市值与GDP之比为44.5%，低于美国的148.1%、日本的106.5%和中国的46.5%，也低于欧元区各国平均54.8%的水平（见图4-6）。

2010—2018 年间，德国证券化率平均为 45.7%（见图 4-7），低于美国的 132.6%、日本的 86.6%、法国的 78.6%、欧元区平均的 60.4% 和中国的 58.2%。德国股票市场发展滞后所导致的直接后果就是，德国风险投资市场不发达，行业规模小，面临着专业投资者少、整体风险偏好过低等问题。德国债券市场同样如此，2019 年底，德国债券市场规模达 3.5 万亿美元，虽然略高于加拿大和意大利，但是远低于美国、中国和日本的水平。

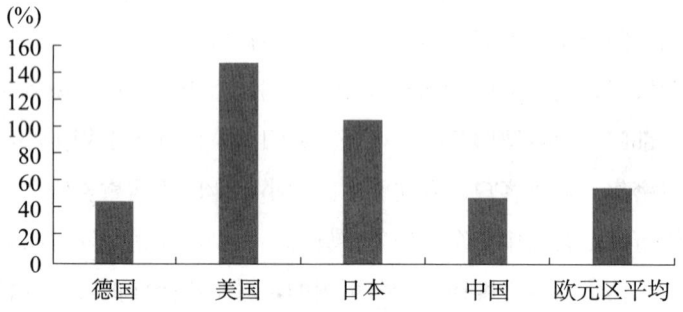

图 4-6　2018 年德国上市公司市值与 GDP 之比

资料来源：根据公开资料整理。

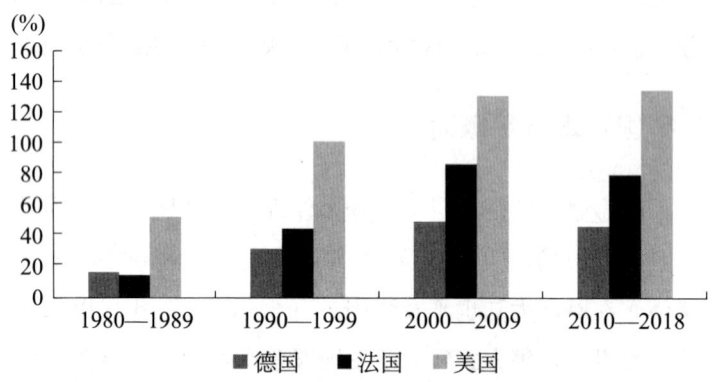

图 4-7　1980—2018 年德国证券化率

资料来源：世界证券交易所联合会。

从发行制度来看，德国证券发行制度改革前后经历了不同阶段的发展，形成了现今颇具特色的注册制与核准制相结合的中间型发行制度。与其他制度相同，中间型发行制度也注重交易所在企业发行上市过程中的核心作用，同时又独具自身特色。总的来说，德国股票发行制度的特点是：（1）注册制与核准制相结合。德国对不同公司采取不同的审核方式,对于符合证券交易所制定的证券发行和上市标准并申请在交易所上市的公司,依据《交易所法》采用核准制的方式。证券交易所是管理股票上市的核心机构,对发行公司的质量和价值进行审查。对于没有在交易所申请发行股票的公司,根据《证券发行说明书法》采取注册制进行审核。这类公司在发行股票前必须经联邦证券交易监管局的审核,保证依法公开申报材料的完整性、真实性和规范性,通过审核后,公司便可获得发行股票的权利。(2)证券交易所起核心作用。在中间型发行制度下,德国证券交易所在证券市场上所起的作用与其他发行制度下相同,都发挥着核心作用,负责对公司的发行上市材料进行审核,并最终决定是否准予企业发行上市。(3)注重立法与自律相结合。德国作为大陆法系国家,注重成文法,立法监管是德国金融监管中的主要内容,同时受欧洲资本主义自由经济发展的影响,也重视自律监管,采用的是既强调集中统一的立法管理,又注重自律约束的双重监管体制。

在信息披露方面,依据德国《交易所法》,申请在交易所上市发行证券的公司必须提交《上市申请说明书》,对于其中应包含的内容,则在《交易所许可法》中进行明确规定。《交易所许可法》以描述和列举方式对发行人和证券的条件进行了规定,并详细列举了不同证券种类所必须披露的信息内容,同时规定了《上市申请说明书》中所披露的信息内容必须满足重大性、真实性和完整性三个条件。由于立法的局限性,该法案只规定信息披露的最低要求,对于未做严格说明的情况,视个案而定。

从德国的经济发展规模和地位来说,德国资本市场的发展相对滞后,呈现出如下特点:(1)市场流动性较低。2019年,德国证券交易所全年成交额为1.6万亿美元,约是纳斯达克全年成交额的4%,上海证券交易所全年成交额的20%。德国股票交易量偏低,并且主要集中在少数几只大蓝筹股上,因此,德国股票市场的流动性较差。(2)股权结构较为复杂。德国上市公司股权集中度较高,非金融企业、银行、保险公司和富有的家族作为外部大股东交叉持股的现象极为普遍,信息透明度偏低,导致德国公众持股意愿不强，公众持股比例偏低。(3) 对投资者的保护力度不足。欧洲大陆法体系更加注重对债权人的保护，对股东的保护相对薄弱。这主要是由于：一方面，债权人相对于股东是外部人，对于公司内部经营信息存在信息不对称，更容易受到股东或经营管理层的欺瞒侵害；另一方面，在银行主导型金融模式下，债权融资的占比远高于股权融资的占比，债权人在各个方面都更具优势。

图 4-8 展示了德国证券交易所成交额的变化。

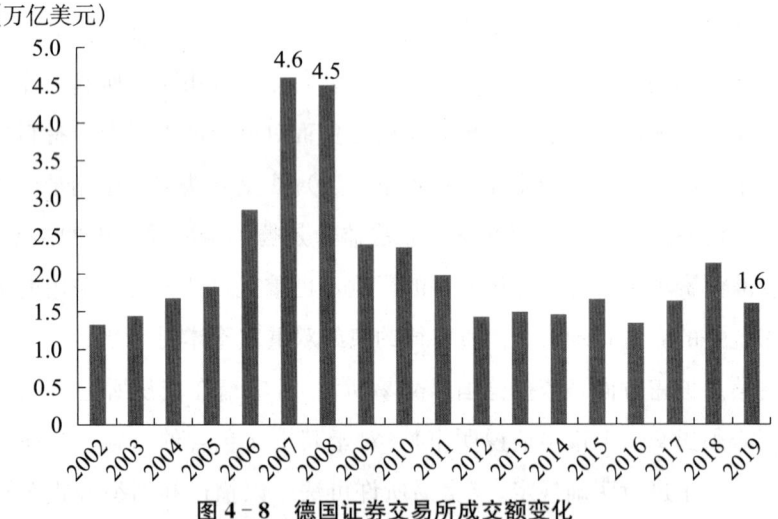

图 4-8　德国证券交易所成交额变化

资料来源：世界证券交易所联合会。

二、德国实体企业融资特点

(一) 稳定长期的非纯盈利导向银企合作体系

在中小企业融资问题上，由于企业和银行之间的信息不对称，存在"两难"问题，即企业融资难，银行贷款难。但在实践中，这个"两难"问题在德国中小企业融资领域并不显著。相对于绝大多数国家而言，德国银行对德国中小企业的资金支持力度较大，德国中小企业获得银行贷款比较容易，即便是小微企业，融资状况也相对不错。造成这个现象的原因是多方面的，从德国中小企业的角度来说，德国中小企业本身保守、注重信誉的特性以及重视长期发展的企业规划有利于降低银行面临的逆向选择和道德风险；从德国银行的角度来说，德国银行拥有成熟的信贷技术，并通过与企业的长期业务往来积累了宝贵的经验，因而能够较好地控制中小企业贷款风险。然而不可否认的是，德国的主要往来银行制是德国金融体系的独特之处，是企业和银行在长期的业务往来过程中建立在关系型借贷基础上的一种制度安排，对于缓解中小企业融资难有着重大的意义。

1. 主要往来银行制是德国实现银企双赢的融资模式

主要往来银行指在某企业资金的筹措和运用方面容量最大的银行，一般作为该企业最大的外部债权人和最主要的支付结算人出现，是企业最大的流动性提供方和支付中介。德国的主要往来银行制代表了一种紧密的银企关系，是建立在关系型借贷的基础上的。

在中小企业的融资问题上，主要往来银行制是德国银行采取的主要方式，主要往来银行在长期的银企关系中可以获得企业的各种公开和非公开的信息。这类关系一般是重复且永久的，在与企业的长期互动过程中，银行得以对企业的经营活动进行监督，从而更加真实地掌握企业的经营状况和盈利能力。同时这类银行一般具有区域性，它们专注于辖区内的中小企业并跟踪企业完整的发展过程。

在实践中，德国的主要往来银行制是一种企业和银行的合作机制，它使各企业主要依赖金融机构来支持企业集团，其根本思想就是"通过银企之间的合作以达到双方的共赢"，在德国之后日本也效仿了类似的金融制度。研究表明，在德国，企业规模越小越倾向于拥有主要往来银行，约有50%的中型企业与某家银行建立了主要往来银行关系，小型企业甚至达到了90%（Handke，2009）。在德国只有少数中小企业维持着2个以上的银行关系。小型企业平均维持1.6个银行关系，而中型企业维持2.5个长期银行关系。储蓄银行是中小企业主办银行的首选，57.3%的中小企业长期银行关系中至少有一家是储蓄银行。

相比较而言，主要往来银行制有长期性、专有性的特点。

（1）长期性。

主要往来银行与企业保持长期战略互动，跟踪企业整个生命周期。长期互动中银行掌握的私人信息越多，越能识别企业真实情况，越能机动地为企业打造量身定做的贷款合同：在主要往来银行制下，银行贷款合同是非标准化的，银行可以根据变化的宏观环境和企业以及自身的经营状况适应性地改变贷款利率，在长期内实现服务企业的风险与收益的跨期配置。银行一方面更好地满足了企业的融资需求，另一方面也抬高了企业的退出成本，因为企业在面对其他非主要往来银行时将很难获得同样的有利条件。因此，主要往来银行对于企业的垄断地位就得以强化，保证了其在银行竞争方面的优势地位。

在主要往来银行制下，德国银行为企业提供隐性长期融资承诺，承担长期融资提供者、流动性保险提供者和金融救助积极主导者等角色。得益于"双向捆绑"，银行不会在危机时对企业"断粮"，这使得在经济危机中德国银行相较于英美银行体系的稳健性优势凸显。同时银行也享有保障制度，比如银行通过直接持有股权、享有代管股票表决权、拥有监事会席位等方式参与企业公司治理，发放贷款的抵押覆盖率高等。与英、美两国对银行等金融机构向工商业渗透较为保守甚至严格禁止不同，德国银行与工商企业则保持紧密关系，产融结合程度较深。

（2）专有性。

在主要往来银行制下，因为金融服务的规模效应，专有性越高，企业对银行的议价能力越强，企业就面临越有利的信贷条件。同时，专有性越高，银行可以获取的企业信息越多。这类信息通常是"非公开的内部信息"，不仅可以被运用于对该企业的其他金融服务，而且可以被运用于降低银行获取企业信息的成本以及银行的贷款风险。通过多种不同的金融服务，银行可以更好地评估对该企业的贷款风险，降低了银行的机会成本。

2. 储蓄银行是中小企业信贷的主要来源

在德国银行体系中，服务中小企业的储蓄银行、合作银行等非营利银行居主导地位。非营利银行机构占德国银行业机构总数的80%以上；结算量占全国的60%以上；资产规模占德国银行业总资产的53%以上。大多数德国中小企业的主要往来银行是储蓄银行，储蓄银行在所有银行中对企业信贷量最大，是中小企业的主要融资来源（见表4-4）。

表4-4 德国银行体系贷款结构

银行	总计	企业年营业额（百万欧元）				
		<0.5	0.5～2.5	2.5～12.5	12.5～50	>50
储蓄银行	43	50	42	35	32	10
合作银行	26	26	27	19	13	5
大银行	16	11	17	28	36	52
其他银行	15	13	14	18	19	33

注：表中第2～5行数字单位为百分比。
资料来源：Segbers K. The Making of Global City Regions: Johannesburg, Mumbai/Bombay, São Paulo, and Shanghai. Baltimore: Johns Hopkins University Press, 2007.

储蓄银行是德国的三大支柱之一（其他两柱为商业银行和信用社）。储蓄银行的业务经营范围与商业银行相同，能够提供全能金融服务但主要侧重于传统存、贷、汇金融服务业务，相比政策性金融机构业务经营范围更广。储蓄银行有两大特点：一是商业化，二是有公共义务。储蓄银行是依照商业原则运营的金融机构，所有权不属于政府和个人，代表公共实体（市、乡镇或城区）的利益，专注于地区福利最大化，不受诸如股东、投资者或成员等第三方利益的支配。

虽然储蓄银行依照商业原则运营，但其公共义务决定了其不以利润最大化为运营目的，这也是储蓄银行区别于私人商业银行的最大特点。法律规定储蓄银行必须承担一定的公共义务，具体有以下几个方面：第一，储蓄银行必须提供无歧视性的金融服务，不得对具有不同财富和收入水平的人群区别对待，需要支持地区经济的可持续发展，特别是当地中小企业；第二，促进德国银行业的竞争；第三，增加居民储蓄；第四，必须将利润的一部分回馈给社会，用于社会公益活动。

储蓄银行设有监事会对其进行监督，州和地方政府可以指派代表进入银行管理委员会（即监事机构）以确保公共义务的履行，监事会主席一般由当地市长或地区一把手担任。董事会和监事会这样的职责分配使得储蓄银行在经营中既遵循营利商业原则，又能兼顾促进地区经济发展的公共职能。

德国地方储蓄银行是区域性的公有（国有）银行，没有垄断地位。德国除了政策性银行之外，没有其他全国性"国有银行"，这有利于维护一个平等竞争的局面，平等竞争本身能够提高效率。区域性有三种表现形式：其一，储蓄银行只在其所辖范围内开展吸储与放贷等经营活动，不跨区域竞争，但在各自的区域内，储蓄银行必须与其他银行竞争；其二，储蓄银行遵循"本地存款用于本地"的政策，致力于促进本地经济的长期稳定发展和本地区福利水平的提升；其三，储蓄银行的经营利润除了用于提高自有资本外，其余部分最终必须回馈当地社会。经济不发达地区的实体经济也可以获得资本，在一定程度上削弱了发展不均衡的局面。

每家储蓄银行都基于其庞大的企业评价数据库在信息和服务等方面进行了资源共享。各储蓄银行间也存在共享保险机制。例如，若一家储蓄银行提出资金拆借需求，其邻近的储蓄银行理应提供资金帮助。此外，各储蓄银行都使用相同的标识，在降低了宣传费用的同时也降低了各储蓄银行间恶意竞争的可能性，并增强了银行的市场信任度。

3. 信用担保银行促进中小企业发展

德国的担保机构为经济界自助性的担保银行。它是一种资金密集型金融机构，资金主要来源于企业工商协会、商业银行及联邦政府、州政府（通过发行公债筹集），债权人包括银行、协会和私人自由体。从本质上讲，担保银行是德国促进中小企业发展的工具，受国家政策支持，但独立进行市场化运作。担保银行为那些不能提供足够贷款抵押的中小企业提供担保以解决其融资问题，其担保重点是创业型、成长型中小企业和对合理化投资的担保。根据德国《信贷机构条例》的规定，提供担保是银行的业务。德国担保银行虽然既不吸收存款，也不贷款，但仍然被称作银行。担保银行具有专业银行的性质，其业务受到严格限制，只能做贷款担保业务。

德国拥有数量众多的信用担保银行,其主要业务是向需要长期投资贷款但缺乏足够抵押品的企业提供贷款担保,重点是企业创业、扩建、合理化投资等长期贷款的担保。担保银行以自身信用作为抵押物,注册资本较少,其职能主要是为那些不能提供足够抵押物的中小企业提供信用担保,解决融资难题。担保重点领域是创业型、成长型中小企业,工业、服务业、手工业以及商业(见表4-5),具体包括中小企业运营贷款、新设出资和增资贷款以及股权并购贷款等。其中最具代表性的就是赫尔墨斯出口信用担保(Hermesdeckung),由德国联邦政府设立,主要担保德国中小企业对外贸易。2005年,德国为198亿欧元的对外贸易做了担保,约占总对外出口的2.5%。将近90%的担保针对中欧和东欧国家,如果这些国家无法支付相应费用,担保生效。

表4-5 2015年德国担保银行提供担保行业情况

	数量(个)	数量占比(%)	金额(百万欧元)	金额占比(%)
手工业	1 605	24.1	215.8	19.7
零售贸易	1 112	16.7	153.9	14.1
批发贸易	330	5.0	72.5	6.6
工业	738	11.1	187.8	17.1
园林建筑	55	0.8	6.9	0.6
餐饮旅游	590	8.9	94.2	8.6
交通运输业	137	2.1	25.5	2.3
农林业	12	0.2	2.2	0.2
其他服务业	1 539	23.1	255.6	23.4
自由职业者	530	8.0	79.4	7.3
总计	6 648	100.0	1 093.5	100.0

资料来源:德国担保银行协会。

为了有效监管德国担保业的实际运行情况,德国联邦金融监管局成立于2002年5月,对银行业、金融机构、保险公司及有价证券交易商进行监管。德国联邦金融监管局作为依法设立的独立机构,同时接受联邦财政部的指导。其首要目标是确保德国金融体系稳定、完整和正常运转,确保银行客户、保险公司投保人以及投资者对德国金融体系的信任。

德国联邦金融监管局旗下的监管理事会下辖银行业、保险业和证券业/资产管理三个不同的监管总局。其中：银行业监管总局负责许可、撤销和限制信贷、担保及金融服务机构；对信贷及金融服务机构的偿付能力进行监管；对银行业的风险进行管理。德国没有单独调整担保业的法律，相关规定散见于德国基本法、金融法以及《德国民法典》《德国商法典》等相关法律中。根据德国基本法，联邦审计总署负责审核担保银行业务中与国家财政预算相关的经营管理行为。德国金融法则对监管机构的监管职权及监管手段做出了详尽的规定。《德国民法典》对担保行为本身做出规定，而《德国商法典》则规定了公司（含担保机构）结构、股东权利等相应内容。

目前全德共有17家担保银行，大多采用有限责任公司的形式。德国每个联邦州都有担保银行，它们在法律上和经济上均是独立的实体。担保银行在各自的联邦州范围内运作，彼此间不是竞争关系。担保银行的担保额为每笔最高125万欧元，原则上不超过贷款额的80%。当担保银行发生代偿损失时，政府承担其损失额的65%，担保机构仅承担损失额的35%。也就是说，担保银行仅承担最终信贷损失的28%。这一比例大大低于我国目前中小企业信用担保机构承担的80%以上或全部承担的比例。

根据德国担保银行协会的统计，2015年，德国担保银行共提供担保6 648个，担保金额达10.93亿欧元，平均担保份额为68%，其中超过一半接近顶格担保。担保银行对支持中小企业应对危机做出了巨大贡献。根据德国特里尔大学的测算，担保银行每年可以为德国创造就业岗位29 500个，增加GDP 34亿欧元。一旦中小企业获得银行担保，往往能够增加其正常的贷款额，有利于中小企业进行扩大规模和新技术的开发利用。德国的这种担保银行制度也受到了欧盟的赞许，欧盟各成员国的一些金融机构开始加强对信贷的联合担保，建立联合担保共同体。

储蓄银行是德国中小企业贷款的主要来源，而担保银行主要通过商业银行发放贷款的担保。2015年担保银行43%的贷款金额来自储蓄银行，31%来自合作银行。除了信用担保机构外，市政府、州政府以及联邦政府都拥有对特定事项进行担保的权力,许多州都拥有州的担保计划,通常由州立资助银行运营。对于大型企业或大型项目,通常都由州政府进行担保,有时也由州政府会同联邦政府的全国范围的担保计划一同执行。

4. 政策性银行是中小企业融资的补充力量

与英美相比,德国政策性银行规模大、占比高,也被称作德国银行业的"第四支柱"。图4-9给出了德国与中国政策性银行资产占比的对比状况。得益于德国致力于维护竞争秩序,政策性银行与商业银行形成互补合作共同体。联邦和州层面均有政策性银行,几乎每个州都有一家政策性银行。2018年,德国共有政策性银行19家,其中联邦层面的政策性银行2家,分别为德国复兴信贷银行和德国农业地产抵押银行。

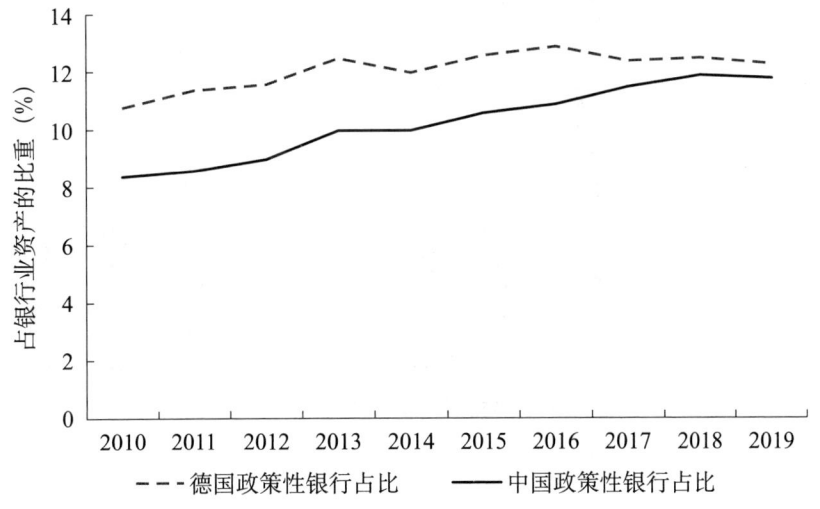

图4-9 德国与中国政策性银行资产占比对比

资料来源:依据德国德意志银行、德国中央合作银行、中国银保监会、中国国家开发银行、中国进出口银行、中国农业发展银行历年年报整理而得。

下面我们以资产规模最大的复兴信贷银行为例进行分析。复兴信贷银行遵循两个原则:

一是补充性。与商业银行专注于利润最大化、证券承销等业务不同,复兴信贷银行目前的主要业务分为服务境内中小企业、境内开发性业务、向发展中国家提供官方发展援助、向发展中国家及新兴国家私营企业提供融资支持和投资，以及为德国和欧盟其他成员国企业提供出口融资和国际项目融资五个板块，其中最主要的业务是服务境内中小企业。复兴信贷银行要求中小企业融资业务占比达40%（见图4-10），同时实行本息优惠机制：中小企业享有免本金偿还期限，每项资助性贷款都有免偿还本金的贷款限期，在规定期限内，企业只需支付贷款利息而不用偿还本金，该期限一般在1年到10年不等。

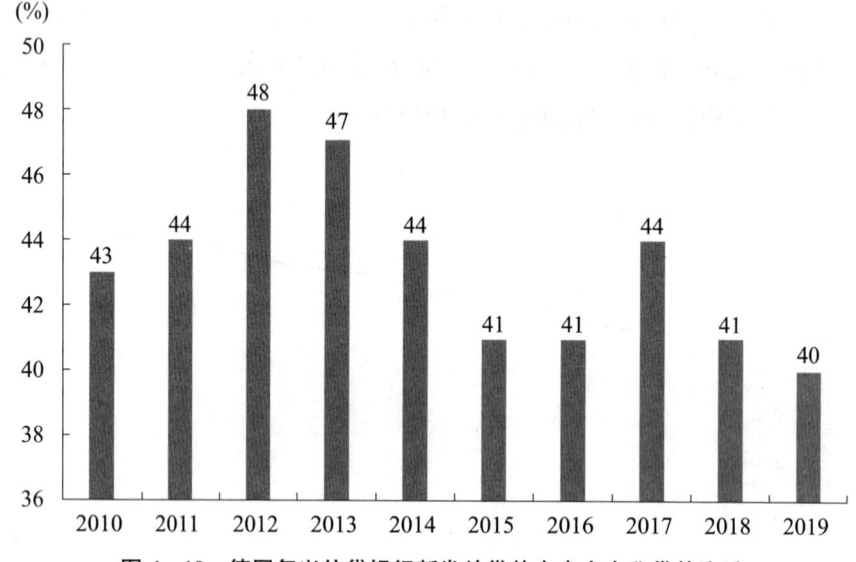

图4-10　德国复兴信贷银行新发放贷款中中小企业贷款比重

资料来源：德国复兴信贷银行各年年报。

二是互补性。政策性银行与商业银行互补合作。德国通过设立监事会和制定《德国复兴信贷银行法》有效明确了政策性银行的职能及业务范围。其中，监事会成员既有联邦政府官员，又有各商业银行及农业、手工业等业界代表。这既保证了政策性银行这一属性，又能在各行业要求下对真正有需求的中小企业进行金融扶持。同时，在业务形式上，由于政策性银行享有更优惠的融资成本，为了防止恶性竞争，政策性银行与商业银行实行转贷的合作模式，不与客户直接接触。商业银行与企业有长期联系，政策性银行可以依赖它们进行更专业的估价。其具体运作模式为：中小企业先选取某家商业银行为代理行，向代理行提出贷款申请；由政策性银行进行二次审核，批准后委托代理行向中小企业发放贷款。代理行对中小企业更详尽的认识，降低了政策性银行的信贷风险。对于商业银行，约定由政策性银行承担80%的信贷风险，商业银行仅承担20%，因而商业银行更有动力与政策性银行合作。转贷制也表现为政策性银行对商业银行有更大的贷款占比，2019年底，复兴信贷银行贷款中转贷贷款占70%以上。

（二）各司其职、功能互补的金融体系结构

德国中小企业是德国经济的中坚力量。2017年德国共有中小微企业376万个，占国内所有企业的比例高达99.95%，创造了47 270亿欧元的营业额。德国中小企业融资难的问题并不突出。其成功的核心因素在于政府提供的信用体系、法律制度以及各司其职、功能互补的金融体系结构。

学者划分出三大征信模式，分别为英美的市场主导型模式、法国等欧洲国家的政府主导型模式，以及德国的混合型模式。德国的信用体系是典型的混合型征信模式，其社会信用体系包括以中央银行为主体的公共模式、以私营征信机构为主体的市场模式和以行业协会为主体的会员制模式。

德国是全球第一个建立公共体系的国家。公共征信系统主要包括德国中央银行信贷登记中心系统，以及工商登记信息、法院破产记录、地方法院的债务人名单等行政、司法部门的信息系统。德国中央银行信贷登记中心系统是由中央银行建立、政府出资的全国数据库。主要信息来自银行等金融机构，并供其内部使用，不向社会开放；而工商登记信息、法院破产记录和债务人名单均对外公布并可查询。公共信用信息系统依法向私营信用服务系统提供信息服务，成为征信机构信息的重要来源之一。

私营信用服务系统主要采取合作采集信息的方式，公开有偿使用。德国私营征信机构主要包括从事企业与个人信用登记、信用调查、信用评级、信用保险、商账追收、资产保理等业务的信用服务公司，是德国社会信用体系

的主体。私营信用服务系统的主要业务是：通过收集与企业和消费者个人信用有关的所有信息，并用科学的方法加以分析评估，向顾客提供信用报告和信用评估风险指数。在信息采集来源方面，征信机构采集的信息包括消费者的基本信息和信用信息。基本信息主要来自政府部门、公共机构；信用信息主要来自金融机构、合作伙伴和私人部门等。2010年德国政府立法规定，每个私营信用服务机构每年有义务向公民或企业提供一次免费的查询服务。其中，个人信用数据每季度更新一次，企业信用数据每天更新。从主要私营机构的统计来看，付费信用报告的使用量远大于免费报告。

除了公共和私人征信体系之外，德国还有实行会员制模式的行业征信协会。行业协会为其会员提供信用信息共享平台。但相比其他两种体系，行业协会的信息收集和使用都较为封闭，仅对内部会员企业开放。

德国构建了支持中小微企业发展的法律政策体系。德国于20世纪70年代后陆续制定了《中小企业组织原则》《反垄断法》《关于提高中小企业效率的新行动纲领》《反对限制竞争法》（又名《卡特尔法》）等法律法规，规范企业竞争秩序，促进公平、有序生产经营环境的形成。此外，16个联邦州因地制宜，结合本地情况颁布了《中小企业促进法》《中小企业增加就业法》等各州的法规，保护中小微企业的合法权益，释放中小微企业的创新活力。

德国各司其职的金融体系铸造了富有韧性的银企关系。三支柱体系保证了信贷的稳定。德国的商业银行市场份额小，储蓄银行和信用社是非营利机构，顺周期性弱，避免了信贷的"大起大落"，也避免了经济下行周期的"雨天收伞"，甚至会在困境中"逆风而行"。

三、德国金融模式评价与中国金融发展建议

（一）德国金融模式的优势

1. 多层次、多渠道的融资手段

德国中小企业的融资手段具有多层次、多渠道的特点，主要包括财政资

助和金融资助两大方面。财政资助是德国政府财政政策的重要组成部分，主要包含财政补贴和税收优惠两种形式。德国中小企业从德国政府处获得的财政资助范围非常广泛，涵盖从鼓励创业到资助研发创新再到促进数字化转型及出口等多个中小企业的成长阶段。从来源来看，政府资助又分为欧盟框架下的政府资助和非欧盟框架下的政府资助，两者各有特色。欧盟框架下的政府资助主要是欧盟委员会为维护欧洲市场公平竞争并保证欧洲市场一体化而制定的财政资助的框架政策；而非欧盟框架下的政府资助则更多地保障了成员国政府财政政策的灵活性。总体而言，大多数欧盟成员国的财政资助都来自欧盟框架。相比之下，德国政府利用税收对中小企业进行的资助并不多。对中小企业的税收优惠大多与德国政府的产业政策和区域结构政策结合在一起。

在金融资助方面，与美国、英国等发达国家以资本市场为主导的企业融资体系不同，德国的资本市场并不发达，私募基金与风险投资在德国金融市场上也并不活跃。因此，德国政府在对中小企业的金融资助中起牵线搭桥作用，以政策性银行、商业银行、储蓄银行、信用社、担保银行为核心，其他金融机构或非金融机构之间相互竞争、配合，并且以长期低息贷款和担保银行的信用担保为主。

2. 有效全面的政府支持体系

在德国实体企业融资体系中，德国联邦政府与州政府始终发挥着不可忽视的引导和扶持作用。但德国政府一般不直接干预市场经济，而是建立完善的制度机制，通过银行等金融机构与企业的高度自律，让市场供求关系配置资源，促进经济发展。德国中小企业融资体系的关键所在是"公共资金＋私人信息"。

首先，德国政府为中小企业提供了资金支持。据估计，超过70％的中小企业外源性融资直接或间接地来源于德国联邦政府或州政府，在通过政策性银行直接提供财政贴息支持、发放资金从而带动商业银行对中小企业贷款的同时，也通过储蓄银行引导社会私人资金流向中小企业，解决中小企业获得公共资金难的问题。

其次，德国政府促进了信息的流动。由于中小企业经营上的不透明，德国商业银行获得的信息并不全面，德国政府则通过强制手段公开中小企业信息，以达到信息在各机构间充分交换，解决私人信息不对称的问题。

最后，德国政府构建了稳定有效的融资体系。一是进行渠道建设，德国主要采取设立项目的形式促进中小企业发展。二是进行制度建设来配合静态的框架建设，促进资金与信息的流动与交换。

整体而言，德国中小企业融资体系的资金与信息渠道十分稳定，"公共资金＋私人信息"工作机制贯穿中小企业融资体系，行之有效地缓解了银企关系中逆向选择、道德风险等信息不对称问题。

3. 健全分散的融资服务机构

德国中小企业服务体系呈现高度分散化的特点，德国政府对中小企业的促进不具有强制性，因而在德国不存在专门对中小企业进行管理的部门，而是各部门按照各自法律法规在各自的领域对企业进行监管，或是委托商会等自律组织进行管理。由政府设立的中小企业的服务机构大致可分为各级政府组织和半官方机构这两种形式。

由于德国在联邦层面并没有制定专门的中小企业促进法，各级政府需依靠联邦经济部制定的中小企业促进行动框架方案，根据各自的经济状况特征因地制宜地制定各自对中小企业的具体促进措施。各级政府间既有分工又有合作，形成了"欧盟—联邦政府—州政府—市（县）政府"完整的中小企业促进体系，各级政府共同承担促进中小企业发展的重任。

（二）德国金融模式的不足之处

1. 过度依赖银行融资体系

与美国、英国等发达国家以资本市场为主导的企业融资体系不同，德国的资本市场并不发达，因而德国中小企业的融资体系表现为过度依赖银行体系。德国中小企业的融资体系强调的是"公共资金＋私人信息"，在对中小企业的融资支持中十分强调公共资金的作用，而公共资金主要借道德国的银行体系，因此呈现出中小企业融资过度依赖银行融资体系的现象。Langfield和 Pagano（2015）通过证据发现，相对于以市场为主导的经济体，以银行为主导的经济体具有更不稳定和发展缓慢的特征，这主要是由于小型和区域性银行的投资组合更加容易暴露在同质、高相关的损失风险中，这一点通过2008—2009 年次贷危机中银行损失惨重得到了验证。

同时，虽然德国政府通过公共性质的储蓄银行和主要往来银行制等制度安排保证了中小企业的融资支持，但这也对中小企业其他的融资渠道产生了"挤出效应"。挤出效应的直接体现是中小企业对不同融资渠道的选择有限，其间接体现是德国社会资本对中小企业的参与度不足。

2. 风险资本推动创新动力不足

与英美金融体系不同的是，德国的金融体系不是以保护投资者利益为导向的，其重点是保护利益相关者的利益。这些利益相关者主要包括债权人、企业员工和企业的客户、供应商、投资者等其他利益相关者，因此可以认为德国的金融体系表现为对投资者利益保护不足。根据德国私募股权与风险资本协会的统计，2015 年德国风险投资基金和私募股权投资基金一共募集资金13.3 亿欧元，其中近一半资金来自公共部门，占到 47.3%，而金融机构、企业、富有个人和保险基金等私募股权常见资金来源的占比仅分别为 9.9%、1.1%、4.8% 和 0.7%，由此可见，德国的资本市场发展不平衡，风险资本促进中小企业发展的动力不足。

（三）德国金融模式对我国金融发展的建议

近年来，我国实体企业发展迅速，为经济增长做出了重大贡献。国家也为企业融资提供了大量便利条件，但我国企业，尤其是中小企业发展中最突出的问题仍然是融资难与融资贵，大致可以概括为以下三点：融资渠道狭窄、融资成本较高、不易获得当地融资。因此，我们可以借鉴德国经验，弥补德国金融模式存在的不足之处，探讨改进我国实体企业融资方法，促进其高质量发展。

1. 着力构建差异化银行体系

我们要继续着力构建多层次、广覆盖、差异化的银行体系。从德国的经验看，其关键是使银行体系具有多样性且内嵌良性竞争秩序。

首先是构建为中小实体企业服务的政策性银行。根据德国经验，政府对中小企业的促进政策的目的是改善中小企业在与大中型企业竞争中的不利局面。我国政府可以对中小企业进行适当的政策倾斜，改善中小企业在竞争中的弱势地位。借鉴德国政策性银行——德国复兴信贷银行获得的政府信用担保以及财政税收政策支持，我国政府也可以向为中小企业服务的政策性银行提供相应的政府保证和财政税收政策来提供低成本、持续稳定的资金流。除此之外，政策性银行可通过与地方商业银行的区域合作，令商业银行向中小企业开展业务，在盈利的同时降低信贷风险，这样做也可以在一定程度上减弱银行过度逐利的行为。

其次是建立为中小企业服务的社区银行。学习德国分散的储蓄银行的组织结构与业务模式，建立针对性较强的社区银行。其关键点一是明确银行定位，将小范围内的社区居民和中小企业作为目标客户；二是增强社区银行与客户间的信任度与了解度，解决信息不对称问题；三是提高本地储蓄，以降低本地中小企业信贷难度，同时促进当地经济发展。

最后是建立实体企业融资担保机构。借鉴德国经验，可建立中小企业信用担保银行，将信贷风险分散给政府、政策性银行、贷款业务承接银行共同承担。坚持按照"政策性导向、市场化运作"的运行模式，带动各方资金扶持中小微企业和创业创新。

2. 完善多层次资本市场体系

我们要总结德国模式的不足之处，继续完善多层次资本市场体系，这是推动形成以国内大循环为主体、国内国际双循环相互促进新发展格局的客观需要，也是促进高质量发展的必然要求。经过三十多年的发展，我国资本市场的多层次建设成效显著。目前，我国已形成涵盖主板市场、创业板市场、科创板市场、新三板市场、区域性股权交易市场等在内的多层次资本市场体系，各个市场板块特色突出、差异化定位明确、错位发展。

在多层次资本市场体系内，各板块定位、功能不同，各自发挥着不同的作用：主板主要为大型成熟企业服务；创业板的主要服务对象是成长型创新创业企业，突出"三创四新"；科创板主要服务于符合国家战略、突破关键核心技术、市场认可度高的科技创新企业；新三板主要为创新型、创业型、成长型中小微企业服务；区域性股权交易市场主要为特定区域内的中小微企业提供服务。

除此之外，我国近期设立的北交所旨在打造服务创新型中小企业主阵地，解决我国中小企业普遍存在的融资难、融资贵问题。设立北交所的核心目的是为创新型中小企业打通直接融资渠道，让广大的投资者拥有投资以及参与分享创新型中小企业快速成长的红利的机会。北交所将与上交所、深交所形成行业与企业发展阶段上的差异互补以及良性竞争。

完善更具包容性、适应性的多层次资本市场体系，关键是促进各层次市场协调发展、有机互联，有效提升资本市场对实体经济的服务能力。要坚持突出特色，错位发展，完善各市场板块的差异化定位和相关制度安排，包括信息披露制度、退市制度、法律法规制度等。要继续鼓励实体企业参与多种形式的、符合企业自身发展需要的融资和套期保值活动。

3. 区别对待不同类型企业的融资需求

德国的金融体系可以高效地服务中小企业，但在服务新兴企业、成长型新创企业方面却是低效的。从作为金融需求方的实体经济入手，我们可以将实体经济划分为硬实体经济（即传统产业和成熟产业等）和软实体经济（即新兴产业、新创及成长型产业等）。以德国银行为主导的金融体系可以为硬实体经济企业提供具有低成本、高可得性以及高稳定性等特点的资金流；对于软实体经济企业，德国金融体系却难以提供风险偏好型股权融资，这时可借鉴以美国市场为主导的金融体系。

我们要根据不同类型企业的融资需求建立起对应的融资渠道。对于硬实体经济，我们可借鉴德国的成功经验，形成与之相匹配的低利润银行导向型体系；对于软实体经济，我们要着重建立起风险投资偏好的资本市场，为有不同融资需求的企业量身定做融资渠道。

4. 增强实体企业融资服务硬实力建设

在构建多层次资本市场和差异化银行体系的同时，也要增强我国对实体企业融资服务硬实力的建设，主要包括完善法律法规建设、完善社会信用信息体制、构建实体企业融资担保体系等。

在完善法律法规建设方面，从企业保护与金融机构发展角度来看，我们应从实际国情出发，仿照德国经验，在构建完整法律框架的基础上建立健全实体企业相关的各项法律法规，并依据法律严格执行。比如补充并完善《中小企业促进法》，加强对中小企业融资具体过程的法律保护，让中小企业的发展有法可依。

在完善社会信用信息体制方面，针对我国中小企业融资难、融资贵的问题，国家发改委、银保监会已于 2019 年 9 月联合发布《关于深入开展"信易贷"支持中小微企业融资的通知》。该通知从信息归集共享、信用评价体系、贷款产品创新等方面提出具体举措，破解银企之间信息不对称的难题，引导金融机构逐步加强对中小企业的扶持力度，以资金和信息的紧密结合达到缓解中小企业融资困境的目的。我们应继续完善官方和行业信用收集、共享和评估体系。

在构建实体企业融资担保体系方面，我们可建立企业信用担保银行，专门针对中小银行贷款进行再担保，将信贷风险分散给政府、政策性银行、贷款业务承接银行共同承担。同时，可以借鉴德国信用评级的经验，建立与大中型企业类似的中小企业融资贷款评价体系，在完善自身风控体系的同时发掘潜在的中小企业融资借贷客户群体。

参考文献

[1] Handke M. Flexible finanzierung in industriedistrikten spaniens？. Zeitschrift für

Wirtschaftsgeographie, 2009, 53 (1-2): 28-46.

［2］Langfield S, Pagano M. Bank bias in Europe: Effects on systemic risk and growth. ECB Working Paper Series, 2015, No. 1797.

［3］陈一稀, 王紫薇, 齐结斌. 德国中小微企业融资支持. 中国金融, 2020 (1): 81-84.

［4］董治. 德国中小企业融资体系研究. 中国社会科学院研究生院, 2017.

［5］冯春晓. 关于德国社会信用体系建设模式的若干思考. 北方经济, 2014 (8): 77-79.

［6］傅勇. 德国中小企业融资体系. 中国金融, 2014 (4): 78-80.

［7］借鉴国外证券发行制度. 资本市场, 2015 (2): 62-78.

［8］文海兴, 罗晓强. 德国担保业监管及启示. 中国金融, 2012 (12): 67-68.

［9］文善恩, 陈小五. 危机后德国金融监管改革及其对实体经济的影响. 上海金融, 2019 (4): 56-61.

［10］薛宇择, 张明源. 我国中小企业融资困境分析及其应对策略: 效仿德国中小企业融资框架. 西南金融, 2020 (2): 18-30.

［11］薛宇择, 张明源. 政府主导下的融资机制与中小企业融资困境: 基于德国银行体系视角. 武汉金融, 2020, 241 (1): 78-83.

［12］张希. 德国银行体系助力小微企业融资对我国的启示. 农村金融研究, 2018 (9): 48-51.

［13］张小斐, 全球主要交易所系列研究之德国交易所集团, 上证研报〔2020〕059号.

［14］张晓朴, 朱鸿鸣. 金融的谜题: 德国金融体系比较研究. 北京: 中信出版社, 2021.

第五章

中国资本市场：美德模式的结构性选择

摘 要：创新是中国产业结构转型升级的必由之路。从长期看，一个创新友好型金融体系将成为支撑中国经济持续发展的重要基础。然而，从金融结构的角度来看，模式之争始终没有停止。本章首先分析了金融体系对科技创新的影响机制以及金融服务技术创新有效性的影响因素，然后基于美国和德国金融模式的比较，从经济发展和创新型经济体系建设的角度提出了中国资本市场模式选择的依据。

我们认为，不同金融体系对技术创新的支持效果各有优劣。一个国家的金融体系的选择和发展，既会受到文化、历史、法律等积淀性因素影响，又与国家的经济发展水平、经济市场化程度以及经济发展模式紧密相关。当前中国经济的发展既面临着传统制造业的技术全面升级，也面临着以新能源、新材料、人工智能等为代表的新产业新业态的创新发展，因此，未来中国可能会朝着市场与银行"双峰"主导型现代金融体系演进，从而为创新型国家的发展提供金融支持。

一、金融体系与技术创新

（一）金融体系推动技术创新机制

中国经济发展正面临从高速增长向高质量发展阶段的转变，在这一过程中，经济增长从规模扩张向结构优化转变，从要素驱动向创新驱动转变。创新成为引领高质量发展的第一动力。然而，科技创新往往在总体上呈现出高投入、高风险、高回报、长周期的特征。一般而言，对经济社会发展产生重大影响的科技创新总是沿着"基础科研→技术开发→产业化应用"的路径实现。虽然创新成功后的高收益能够给创新者带来巨大的回报，甚至推动整个产业或者经济实现快速发展，但是在实现科技创新的不同阶段，往往都需要大量高水平专业人员和研究资金的投入，研发过程面临反复失败的风险，创新成果的应用和产业推广又需要巨额资本的支撑。这就导致科技创新活动的开展离不开金融的支持。

1. 金融与技术创新的一般关系

纵观世界几次产业革命的发展历程可以看出，金融是推动产业革命蓬勃发展的巨大力量。罗森堡和小伯泽尔认为，在第一次产业革命期间，英国伦敦证券交易所为蒸汽机的产业化以及棉纺织业、铁矿业、煤矿业的机械化提供了大量金融资本，推动了技术改进与制造业发展。在评价英国工业革命爆发的原因时，Bagehot（1873）指出，英国金融体系为英国工业革命孕育过程中的大型工业项目融资，推动了工业革命的发生。英国经济史学家希克斯也提出，英国工业革命中使用的技术在工业革命发生之前就已经出现，真正引发工业革命的是当时英国全球领先的金融体系，并断言"工业革命不得不等候金融革命"。类似的情况在随后的产业革命中也屡屡出现。恩格尔曼和高尔曼认为，在第二次产业革命期间，美国金融市场为电力、钢铁、机械设备等重工业的规模化发展提供了有力支撑。比格利夫和蒂蒙斯指出，在第三次产业革命期间，美国风险投资对计算机技术、半导体技术、网络技术和生物技术的商业化提供了巨大支持，培育了英特尔、苹果等一批世界级高科技企业。

从理论上讲，金融对技术创新的引领和催化体现在如下几个方面：

一是为科技研发提供必要的资金。技术创新是创造力与资本的有机结合，但是企业家的创造力往往与资本相分离，创造力离开资本无法形成新的生产力（Schumpeter，1991）。大量研究发现，金融体系能够充分发挥价值发现功能，激发企业家精神，将资金配置给最具创新能力的企业家，才能有效实现创造力与资本的有机结合，推动企业创造新技术、新产品（King and Levine，1993；Levine，2005）

二是缓解资金供需双方信息不对称。由于技术创新是高风险和高投入的经济活动，资金供需双方的信息不对称也会产生逆向选择和道德风险问题，完善的金融体系能够对研发项目进行事前的评估、筛选和甄别（Greenwood and Jovanovic，1990；Diamond and Dybvig，1983）以及事后的监督（Diamond，1991；Blackburn and Hung，1998），从而提高金融配置效率，降低融资成本，促进技术创新（Rajan and Zingales，1998）。

三是完成风险的识别与分散。即便不考虑信息不对称带来的问题，由于新技术能否研发成功以及新产品能否被市场接受都存在较大的不确定性，因此技术创新本身也需要金融体系发挥有效的风险识别和分散功能，从而将风险分配给具有承受能力的投资者，并让投资者获得与风险相匹配的收益，进而保证技术创新能够得到稳定的资金支持。

2. 商业银行与技术创新

作为专业化的金融中介，银行在获取融资者信息、对融资者的事先筛选和事后监督等方面能够发挥规模优势，避免个体监督中的"搭便车"行为（林毅夫等，2009），有助于降低交易成本，并且可以与信贷客户建立长期信贷关系。同时，银行与企业间的信息传递是不要求公平披露的，这可以缓解企业家在科技创新过程中对技术外泄的担忧（唐清泉和巫岑，2015）。而在发放贷款过程中，银行通常要求企业以投资项目或其他自有资产作为抵押品，当企业出现无法按期还款的违约行为时，银行有权对抵押品实施清算。抵押和清算不仅能够保护银行权益，也有利于银行克服由信息不对称导致的逆向选择和道德风险，提高金融资源的配置效率（Aghion and Bolton，1992；Bolton and Freixsa，2000；Manove et al.，2001；Benmelech et al.，2009）。因此，相比金融市场，银行更能满足低风险产业的融资需求，更有助于传统成熟产业的发展（Allen and Gale，2000；龚强等，2014）。以德国、日本等国为代表的银行主导型金融模式在推动国家科技创新和产业升级等方面发挥了重要作用。

然而，银行信贷自身的一些特性却导致其在支持科技创新活动时效果不佳，甚至可能对科技创新产生负面影响，主要原因在于：银行信贷对技术创新的支持缺乏有效的激励，银行作为债权人面临着风险收益结构不对称的问题（Stiglitz and Weiss，1981），即当企业创新成功时，银行作为债权人难以分享上行收益，仅可以获取利息，而在创新失败时，却需要承受下行损失，面临本金损失的风险。因此，为满足风险承担的要求，商业银行在信贷审批过程中呈现出更看重资产抵押或担保、偏好收益稳定的贷款人等特征，信贷资金偏好稳定成熟的工业企业，大大限制了高不确定性的科技创新企业和新兴产业的崛起（吴晓求和方明浩，2021）。徐飞（2019）以2007—2017年我国A股上市公司为样本，发现前期创新投入高的企业获得银行信贷强度更低。在我国，银行信贷的偏好更直接表现为产权歧视和规模歧视现象，鞠晓生（2013）发现银行贷款是央企创新投资的重要融资方式，但对其他类型的企业贡献却较小。正因此，我国的信贷资源不均衡现象较为突出，中小型或民营科技企业在科技创新中面临融资难、融资贵等突出问题，难以通过银行信贷获得充足的信贷资源支持。此外，在获得信贷资金后，企业在经营过程中面临定期付息的压力，而企业在科技创新过程中面临周期长、研发失败率高、收益不确定性高等问题，使得研发过程中产生的现金流不稳定，这将增加企业的财务风险，并可能抑制企业后期的研发投入。

3. 金融市场与技术创新

金融市场发展的动因在于对传统金融或银行信贷的"去中介化"，即金融"脱媒"现象，市场替代中介完成金融资源的配置。金融市场通过发挥创新激励和约束、价格发现、重组创新资源、风险分散及创新融资等重要功能，可以促进人才、技术与资本的有机结合，更能满足技术研发和产品创新过程中的巨大风险分散需求，能比银行更有效地发挥创新推动作用，更有助于新兴产业的发展（辜胜阻等，2018）。大量学者普遍认同金融市场对科技创新的积极作用。Hsu等（2014）利用全球34个国家的数据为样本，发现一国股票市场的市值每增加一个标准差,国家创新程度就会提高 3.01%~5.78%,与之相对照的是,信贷市场的发展却显著阻碍了创新的发展。钟腾和汪昌云(2017)基于我国的数据亦得出相近的研究结论,研究发现我国股票市场相较于银行业更有助于促进企业创新。

相较于银行信贷,资本市场在支持企业科技创新时主要具有以下优势:第一,资本市场具备更高的风险容忍度(吴晓求等,2020),企业使用股权资金时面临更低的财务风险,这样可以削弱科技创新过程中风险高、收益不稳定等因素的影响,从而减少企业获得资金后的担忧,也有助于提升企业对科技创新的失败容忍度,并为持续投入研发资金提供更好的保障。第二,股权融资过程中没有抵押品要求。由于高科技企业的无形资产比例较高,可用于抵押的资产较少,因此资本市场更适合为科技企业提供融资。第三,资本市场有更广泛的潜在资金提供方,风险较高的新技术项目更易通过金融市场获得所需要的资金;相较而言,银行更善于获取和处理标准化信息,在为高风险项目进行融资时,通常缺乏效率(Allen and Gale,1999)。第四,金融市场能够提供多样化的风险管理和定价服务,当需要通过灵活的风险管理来提高资金筹集效率时,金融市场具有更大的优势(Levine,2005)。第五,投资者在股权投资过程中能够通过持股比例分享创新收益,这有助于激励投资者投资并承担与科技创新相关的风险(张一林等,2016)。

表 5-1 展示了银行主导型和金融市场主导型金融体系对科技创新影响的差异。

表 5-1 银行主导型和金融市场主导型金融体系对科技创新影响的差异

	银行主导型	金融市场主导型
制度基础	获取融资者信息,对融资者的事先筛选和事后监督等方面能够发挥规模优势	完善公司治理,增强信息披露,加强风险管理
优势	(1)降低道德风险; (2)降低交易费用; (3)信息不需要公开披露	(1)更高的风险容忍度; (2)无抵押品要求; (3)后期财务风险低

续表

	银行主导型	金融市场主导型
劣势	（1）面临风险收益结构不对称问题，对技术创新支持缺乏有效激励； （2）规模歧视和产权歧视； （3）财务风险较高	信息不对称问题突出
文献支持	信贷市场可得对创新具有显著的促进作用	股票市场相较于信贷市场更有利于技术创新
代表国家	德国、日本	美国、英国
技术特点	产品模仿、技术引进	自主创新
适合产业	以成熟产业为代表的渐进式技术改良	以新兴产业为代表的根本性技术创新
经济发展阶段	（1）经济发展水平较低； （2）以发展中国家为代表	（1）经济发展水平较高； （2）以发达国家为代表
现存优势	（1）资产规模庞大； （2）在社会融资体系中占主导地位	（1）在居民家庭财富增加情形下对风险资产配置需求增加； （2）我国大力推动资本市场建设
面临挑战	（1）资本市场的直接竞争； （2）信息革命下的交易成本下降和信息传输效率提升，降低其优势	多层次资本市场发展不充分、不完善
改进措施	（1）增强信贷资源可获得性； （2）强化信贷市场竞争	（1）强化信息披露机制； （2）完善法律制度体系

资料来源：作者绘制。

（二）金融服务技术创新的有效性

技术创新需要获得金融服务的支持。但是，金融服务技术创新的有效性受到多方面因素的共同影响，构建支持科技创新的金融体系是一项复杂的系统工程。不同经济体完全可能通过不同的模式实现对技术创新活动的有效支持。

1. 技术创新的特点

虽然所有的创新都是对现有技术的某种突破，但是有些创新是在一个全新行业、全新领域对现有行业前沿技术的颠覆或者革命性突破。这种技术的诞生往往需要进行大量前期研发投入，人们很难基于现有技术或现有信息对创新成功概率进行有效的评估。因此，企业在从事此类创新活动时需要承担巨大的技术不确定性、产品不确定性和市场不确定性。对于此类技术创新，往往需要借助金融市场发挥风险分散的功能，使创新风险在金融市场投资者与企业之间有效分配，并让投资者获得与风险相匹配的收益，从而保证即使收益出现短期下降，企业的技术研发和产品创新也能得到稳定的资金支持。

与之相应，有些创新活动是在一个相对成熟的行业对目前相对成熟的技术进行边际上的改进，研发投资密度较低，人们基于现有技术和现有信息对创新成功概率能够做出一定的预期。甚至对于一些发展中国家而言，它们所谓的技术创新事实上早已在其他国家或其他企业完成了突破，只是技术相对落后一方需要通过自主研发实现自身技术突破。这类创新活动的技术本身不存在是否能够研发成功的风险，生产的产品也不存在市场对此类产品是否接受的风险。此类技术创新风险相对较低，信息不对称程度较小，商业银行系统比较容易发挥自身的制度特性，为此类活动提供金融支持。

2. 创新主体的规模

企业是创新活动的主要提供方，然而，在不同国家推动创新的企业规模可能存在一定差异，这会导致服务该国创新活动的金融结构也必然有所不同。对于大企业而言，一方面，它们与商业银行之间往往存在着长期合作关系，而且自身又有规模足够大的固定资产用于抵押，因此即便从事一些有风险的创新活动也能够顺利地从商业银行获得资金支持。另一方面，大企业通常具有完整的、经过审计的财务报表，信息相对透明，在市场上资金供求双方信息不对称的程度较小，交易成本较低，因此也能相对容易地通过公开发行股票或者债券获得融资。因此，如果一国技术创新主要是由大企业提供的，事实上无论是金融市场还是商业银行都有能力为其提供融资服务。

然而，由于中小企业常常缺乏完整的、经过审计的财务报表，信用记录较短，如果公开发行债券或股票进行融资，其信息不对称问题会格外突出，交易成本将会非常高，它们很难通过金融市场进行直接融资。因此，即使在美国等金融体系发达的经济中，中小企业也主要依赖银行（尤其是小银行）获取外部融资（Berger and Udell，1998）。但是，如果科技创新活动主要是由一些初创型、高科技类企业提供的，由于这些企业成立时间短，固定资产规模小，财务信息透明度差，信息不对称程度大，技术创新的不确定性程度高，因此，它们一方面很难从商业银行直接获得贷款，另一方面也很难通过公开发行债券或股票进行融资。此类企业往往需要由大量风险资本为其提供资金支持服务。

3. 制度环境因素

金融结构的选择在一定程度上也取决于制度环境。从资金提供方的角度看，一个从事创新活动的企业既存在着技术创新不确定性带来的经营风险，也存在着因信息不对称带来的道德风险，银行能够利用抵押清算来规避信用风险，因此，银行体系的有效运转更多地建立在企业能够提供足够的抵押并且银行能够按照契约规定实施违约清算的基础上。商业银行通过要求企业提供资产抵押并保留债务清偿权能够对借款人潜在的道德风险进行约束（Berger and Udell，1990）；同时，也能通过发挥金融中介的代理监督职能对企业实施相对有效的监督（Diamond，1984）。

然而，为了适应技术创新的高风险和较长的研发周期，金融市场股权投资者的资金投入往往具有长期性甚至不可逆性，这有利于企业进行技术创新，但投资者也更加容易遇到严重的委托代理问题，因此，需要更加透明的信息披露机制以及更加完善的法律制度才能实现对投资者权益的保护。具有技术创新能力的优质企业也只有在优良的制度环境中才能获得投资者的充分信任和支持。Brown 等（2013）对由来自 32 个国家的 5 300 个企业组成的样本进行了研究，发现股票市场可进入性以及投资者保护的提升都将显著增加企业在技术研发上的长期投资，且对小企业的促进作用尤为明显。

二、美德资本市场发展模式比较

（一）美德经济结构比较

从经济结构角度看，德国是典型的工业强国。20世纪70年代，两次石油危机使德国经济陷入困境，由此德国开启了从工业社会到服务业社会、从劳动密集型工业到知识密集型工业的经济转型。在以煤炭和钢铁为基础的传统产业不断衰落的情况下，德国转而依靠发展汽车、电子、航天、精密机械、装备制造等新兴工业带动经济增长。制造业增加值在国内生产总值中的占比长期在20%以上。而且，与大部分国家经济发展不同的是，在德国经济转型和发展过程中，金融与保险业增加值在国内生产总值中的占比长期维持在5%左右的水平上，并没有显著提升（见图5-1）。

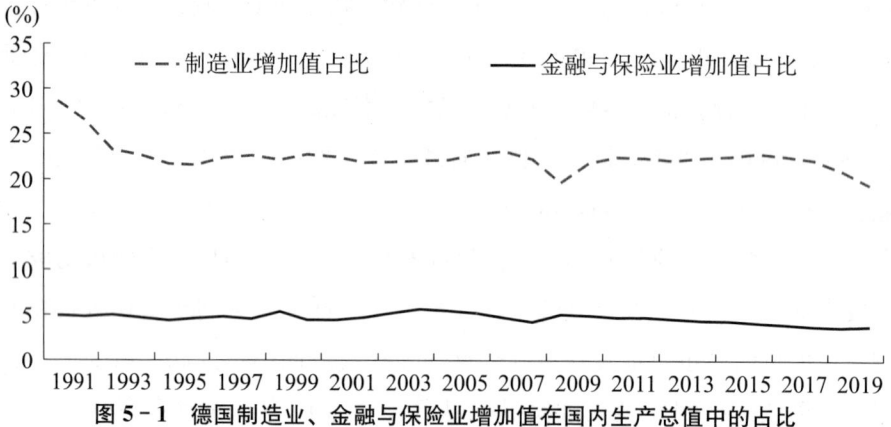

图5-1 德国制造业、金融与保险业增加值在国内生产总值中的占比

与德国不同的是，一方面，美国制造业增加值在国内生产总值中的占比原本就不高，1980年该数值为20%；另一方面，过去四十年美国制造业占比持续下降，到2020年该数值仅维持在10.9%的水平（见图5-2）。与此同时，金融与保险业占比从16%上升到22%。从三次产业结构的比例来看，2000—2020年期间，第二产业的比重从20.7%下降到16.1%；第三产业的比重从65.4%增长到75.5%。美国制造业空心化趋势由来已久。

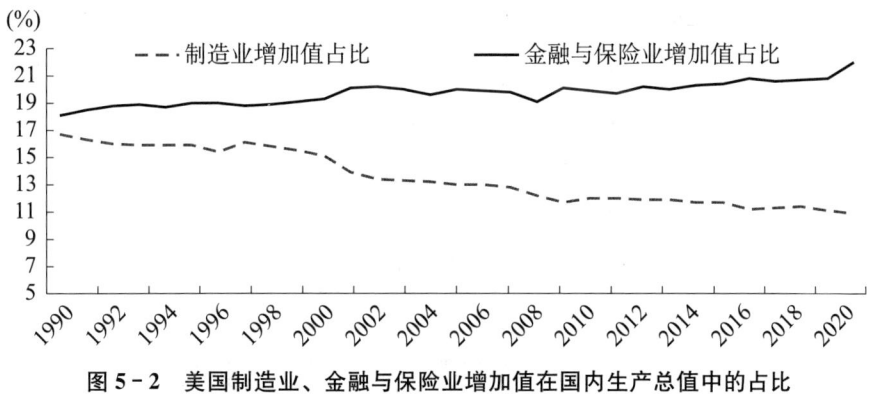

图 5-2 美国制造业、金融与保险业增加值在国内生产总值中的占比

(二) 美德技术创新特点比较

从技术创新的角度看,自 20 世纪 20 年代以来,科学技术创新就推动着美国经济社会的发展,并造就了其全球超级大国的地位。1920—1970 年,美国每小时国内生产总值(即劳动生产率)平均增长 2.82%,内燃机和电力等方面的基础技术的发展进步在这一增长中发挥了重要作用(Gordon,2016)。20 世纪 50 年代到 70 年代,在美国企业研发投入中,超过 30% 的费用被用于推动基础研究(在 50 年代末期这一比例一度接近 40%)。在这一时期,美国大量企业设立了著名的企业实验室,如著名的 AT&T 贝尔实验室、杜邦中心实验室、默克研究实验室等,这些企业的发展证明了基础研究对企业盈利能力和成长性具有巨大作用(Ashish et al.,2019)。

时至今日,美国仍然保持着超大规模的研发投入,2018 年全美研发支出达 5 816 亿美元,居世界首位(基于 UNESCO 的统计数据)。普华永道《2018 全球创新企业 1 000 强报告》显示,亚马逊、Alphabet、英特尔、微软、苹果、强生、默克七个美国企业位列全球企业创新前 10 强。另外,美国大型企业逐渐退出基础研究,美国形成了新的创新分工:大学专注于研究,大型企业专注于技术的应用和商业化。与此同时,美国政府长期高度重视基础研究。美国政府基础研究经费占其研发经费总量的比例长期稳定在 20% 以上。

美国政府积极通过联邦经费投入来推动基础研究发展，如2015年美国众议院通过了《美国竞争再授权法案》，该法案进一步增加了从事基础研究的科研机构的研究经费，削减了技术开发、商业化活动等项目的经费。

从德国的创新体系来看，企业处于中心地位。德国中小企业具有以创新为导向的企业文化，因为德国的中小企业数量庞大且具有异质性，德国企业的创新活动呈现出结构上较强的灵活性，同时由于大部分中小企业是家族企业，得益于扁平的管理结构，其创新活动的效率较高。

企业引领的创新模式虽然较难出现具有引领时代进步的重大创新，但在革命性创新出现后，能够迅速跟进，深度挖掘原创的潜能，把创新成果推广和应用于更加广阔的领域，扩展和延伸创新的价值链。于是不难理解，德国的企业几十年甚至上百年在同一行业中生产同类产品。老厂老店不胜枚举，甚至工业革命前的企业通过不断创新仍具有很强的生命力。据日本学者后藤俊夫的统计，持续经营超过100年的企业中，美国有11 735个，德国有7 632个，如果考虑德国的GDP仅为美国的1/5，德国在有活力的老企业方面的占比远远高于美国。总之，和谐的劳资关系、企业和行业协会深度合作下的职工培训制度、个人对职业和企业的忠诚、精益求精的工匠精神以及表现为社团主义的集体主义文化是这种模式的突出优势（沈越，2020）。

（三）金融对技术创新活动的影响比较

从金融对创新活动支持的角度看，无论是美国还是德国，金融体系都在推动产业升级和经济发展等方面做出过巨大的贡献，但二者走出了截然不同的模式。

美国的现代金融业创建于独立战争以后，银行是美国最先产生的金融组织形式，并在很长时间内是美国金融体系的重要组成部分。从1780年美国第一家新式银行——宾夕法尼亚银行成立开始，美国金融体系经历了四次大的调整，其中两个阶段商业银行发挥了绝对主导作用。但是，大萧条之后美国资本市场开始在一个严格的规章制度框架下逐渐取代商业银行体系成为科技创新的主要推动者。这种金融结构的变化背后的原因总结起来大致有如下几点：一是从国家底层文化的角度看，美国民众对权力集中的"根深蒂固的恐惧和反感"导致国家在金融政策制定过程中采取了抵制大银行的思路，并体现在若干金融法案中。由于美国银行系统一直实行分散化政策，商业银行的业务种类受到严格的限制，因此美国公司制企业的外部融资更倾向于选择债券和股票形式。二是大萧条后美国资本市场建立了高效全面的制度体系，促进了美国资本市场的规范、快速、健康发展。三是在20世纪70年代，美国经济陷入"滞胀"阶段后，美国以信息革命为契机进行了产业升级，国民经济在电子、信息、生物等新兴产业的带动下进入了新的快速发展阶段。在美国经济进入低迷时期之后，风险投资和场外交易市场（OTC）开始崛起，并成为驱动创新、带领美国经济前进的引擎。美国依靠强大的资本市场实现了资本市场与创新型企业的结合，推动了产业结构由重工业向高新技术产业变迁的成功转型。

德国传统上采用的是典型的银行中心型金融体系，全能银行在公司融资、公司治理中均占据重要地位，资本市场极不发达。德国选择发展以银行业为主体的金融体系的原因在于：第一，德国企业更不喜欢股权融资的方式。这既是因为德国的资本市场不够发达，又是因为家族企业在德国经济体系中占有很高的比重，而相关企业担忧在公开上市后出现企业控制权转移问题（Vitols，2001），因此，德国企业主要依靠内部融资和外部借款的方式完成融资。第二，德国的全能银行与企业之间形成了密切的联系。这些银行通常会与企业建立长期信贷关系，不仅能够为企业提供大量信贷资金支持，而且会通过持有企业的大量股票及在董事会中任职等方式强化与企业的联系，并给予相应创业指导，强化与企业之间的关系（Hirsch-Kreinsen，2011）。第三，德国对金融监管的宽容度较低，这是因为大陆法更偏向于考虑公共利益及其对私人缔约的限制。这一特征的优点是整个金融体系运行比较稳健，金融业务和创新更多地只能围绕实体经济去拓展，不易出现由金融危机引发的经济危机。缺点是对更多的金融创新进行了限制，使得金融业活力不足

(黄宪等，2019)。

虽然在德国的经济转型过程中资本市场对企业并没有太多的直接支持，但是德国的创新型企业并没有陷入融资难题。这得益于德国中小企业数量众多，而且受到重视，对其提供稳定贷款是德国的一项重要政策。德国的商业银行把服务的重点对象锁定在创新型中小企业上，企业与银行间形成了稳定的联系。此外，复兴信贷银行作为国家政策性银行为德国新兴产业的发展做出了巨大贡献。但是，资本市场的不发达也同时抑制了德国风险资本的发展。德国风险资本的来源主要是银行，养老基金等近几年才提供支持，且力度很小。而且德国风险资本对创业企业早期阶段投入不足，在投资领域对生物、医药、信息等方面的投入也不够。并且通过 IPO 退出的机制不畅通，也大大影响了风险资本的收益，从而阻碍了整个行业的发展。

三、中国资本市场发展模式选择

（一）技术创新与中国经济发展

创新是引领发展的第一动力。关于经济增长动因的研究主要有两条脉络。第一条脉络是斯密式增长，斯密将经济增长的主要动力归结于社会分工；第二条脉络是熊彼特式增长，熊彼特认为企业家创新是推动社会经济系统演进的直接动力，生产技术的革新和生产方法的变革在经济增长中起着决定性作用。

在现代社会，大国技术进步优势的形成主要通过第二条路径。从"后发追赶"到"模仿创新"，技术性后发优势表现为后发国家的技术学习，即从先发国家引进各种先进技术，经过模仿和消化吸收，获得后发利益。从技术角度看，如果模仿者的工资成本足够低，仿制品可以为模仿者带来价格竞争优势；如果经济体规模足够庞大，将会获取巨额的技术后发利益。随着国家要素禀赋和技术能力的演进，技术创新方式将实现转换。当技术能力远远地落后于发达国家的水平的时候，适宜选择模仿创新方式；当技术能力接近发达国家的水平的时候，适宜选择合作创新方式或自主创新方式。为此，发展中大国应该科学地研判要素禀赋和技术能力的发展阶段，及时推动技术创新方式转换和经济转型发展，从技术的追随者变为领跑者，从经济大国迈向经济强国（欧阳峣和汤凌霄，2017）。

中国早在洋务运动时期就开启了以模仿为主的创新模式。新中国成立之后，参照苏联模式初步建立了相对完整、独立的工业体系。改革开放之后，尤其是社会主义市场经济体制确立之后，我们充分利用经济的后发优势和改革开放带来的技术溢出效应，同时发挥了政府和企业在创新活动中的积极性，通过三种方式实现技术创新：

一是直接购买和引进发达国家的先进技术和设备，通过改进形成适宜性技术。20 世纪 70 年代，中国开展第二次成套技术设备引进，从法国和日本、美国、荷兰进口成套的化纤和化肥技术设备，从德国和日本引进电力工业设备。20 世纪 80 年代初期，出现新一轮技术引进和设备进口高潮。据不完全统计，1980—1984 年间引进技术和设备 1.6 万项，共计 120 亿美元。借助这些技术设备填补技术空白，中国与世界先进技术水平的差距大大地缩小。

二是通过引进外商直接投资学习先进技术，实行"以市场换技术"的战略。从 20 世纪 90 年代开始，外商直接投资大幅度增加，1979—1999 年中国吸收外商直接投资总额达到 3 060 亿美元，占全球外商直接投资总额的 10%左右，占新兴国家和地区吸引外资总额的 30%左右。我们利用市场规模庞大、劳动力成本低廉以及政策优惠条件，吸引发达国家和地区的制造业企业在中国设立基地，通过"干中学"方式学习和模仿先进技术。

三是引进、消化、吸收先进技术和集成创新，形成技术竞争优势（沈越，2020）。2008 年次贷危机以来，全球进入新一轮技术创新周期，以信息技术和数字技术为核心的技术创新再一次成为推动各国经济发展和经济结构转型的强大动力。在"十四五"时期以及未来更长时期，我国经济社会发展比过去任何时候都更需要科学技术的解决方案，更需要增强创新这个第一动力。

然而，与之前的引进、模仿为主的创新活动不同，目前中国的创新模式已经出现了新的特点：第一，随着中国经济总量的增长和产业结构的升级，通过简单引进外来技术并加以应用和推广已经无法支撑中国经济持续高质量发展。作为全球第二大经济体，我们有着规模巨大的技术需求，可以成为引致创新的强大动力。庞大的技术市场也可以降低科技研发成本，减少技术创新的风险。完善的产业体系推动强大的国家创新体系，从而实现以技术创新带动产业创新。第二，中国已经在市场经济制度上积累了相当丰富的经验，结合中国国情实现制度再创新的任务也越来越紧迫。这使学习再创新的模式成为现今中国创新的主要形式（沈越，2020）。第三，后发国家追赶发达国家的先进技术，会逐渐从跟随者变成并行者。在这一阶段，适时地实现技术转型，通过集成创新和自主创新迅速走到国际先进技术的前沿是有很大可能的。技术的转型升级也会带来经济发展的变革。通过模仿创新获得的技术及其支撑的产业，导致后发国家处在国际产业价值链的低端和中端；通过自主创新所获得的产业关键技术，可以引领后发国家走向国际产业价值链的高端，最终走到发达国家的行列。

（二）中国金融体系服务实体经济状况

金融体系具有降低交易成本、提高资源配置效率等方面的功能，金融功能发挥的好坏直接关系到经济增长的速度和质量。然而，各种金融制度安排在动员储蓄、配置资金和分散风险方面各有优势和劣势。在经济发展的不同阶段，最优金融结构应该与相应阶段实体经济对金融服务的需求相适应，这样才能有效地发挥金融体系的基本功能，促进实体经济的发展。因此，衡量一国金融体系服务实体经济的效率，不应片面强调其金融市场的发达程度，而更应考察该国的金融结构是否与特定发展阶段的企业特征以及整体的产业结构相匹配。

处于一定发展阶段的经济体的要素禀赋结构决定了该经济体的最优产业结构、具有自生能力的企业的规模特征和风险特性,从而形成对金融服务的特定需求,这是决定金融结构的根本性因素。对于发展中国家,由于具备后发优势,主导产业的技术和产品都相对成熟,技术创新风险相对较低,资金回报较稳健,银行是更加有效的融资渠道,银行主导型金融结构更有利于支持实体经济的快速发展。

随着经济的发展、资本的积累和要素禀赋结构的提升,一国的主导产业和技术会越来越趋向于资本密集型,多数产业已经达到技术前沿,需要通过原创性的技术研发来拓展技术前沿,并通过新的产品来打开新的市场,技术创新的资金需求规模会越来越大,企业的技术创新风险和产品创新风险会越来越高。为了适应高质量发展、更好地服务实体经济的需求,金融体系要从关注"规模"转向关注"质量",金融功能要由传统的"动员储蓄、便利交易、资源配置"拓展到"公司治理、信息揭示、风险管理"(徐忠,2018)。而在这一过程中,银行的有效性受到限制,此时更加需要金融市场来分散产业的高风险,以金融市场为主更能促进经济的持续(龚强等,2014)。

回顾中国经济发展历程可以看出,在改革开放之初,中国金融由计划经济而非市场经济主导,主要通过银行体系完成清算支付和资源配置,功能相对单一。在传统的竞争性行业中,技术稳定,投资者容易得到真实信息并达成共识,由一家金融中介机构核实企业信息是有效的,因此金融中介机构优于资本市场。金融市场也主要服务于大型国有企业,对创新性中小企业的支持不足。

然而,随着经济的发展和金融的深化,越来越多的产业将从"中国制造"转向"中国创造",原创性的技术研发和产品创新将在一定程度上取代过去依靠后发优势的模仿性创新。在经济发展的新阶段,中国的实体经济亟待转型升级,需要从要素驱动转向创新驱动。创新活动呈现出若干新的特点:一是创新的资金投入大、周期长,产品开发难度大、存在技术障碍和技术壁垒,关键核心技术难以突破。二是创新的产品往往由于性能、稳定性或消费者惯性等因素难以被市场接受。这意味着，创新必然存在很大的不确定性。三是科技创新"始于技术、成于资本"的特征越发凸显。在科技创新行业以及少数自然垄断行业中，生产技术处于突变中，投资者之间分歧较大，众多投资者对企业信息的多重核实是必要的，因此资本市场优于金融中介机构。在此背景下，对金融市场的需求将迎来高速增长，作为共生体的金融应该千方百计为实体经济提供有效服务，想方设法为实体经济创新发展提供财力支持。成功实现经济转型和产业升级需要建立多层次的金融市场，不断发展创业板、场外市场等股权融资平台，为具有不同金融需求的优质创新企业提供相适应的金融服务，使实体经济的创新活动得到持续性的支持和推动。

从需求端来看，我国的储蓄格局发生了巨大变革，居民部门的储蓄份额开始占据主导地位。居民在满足消费与获得无风险收益需求之余逐渐产生了投资于风险资产从而获得更高的匹配收益的财富管理需求，这也为金融市场的发展提供了可能和需求。近年来，随着居民家庭财富的不断增加，居民持有的金融资产组合更加多元化，以证券化资产为代表的风险投资比例正逐步上升，这也进一步推动了我国资本市场的深入发展。此外，传统商业银行长期以来在经济发展中占据重要地位，主要原因在于高额交易成本和严重信息不对称，即主要是由市场不完善造成的。近年来，随着信息技术革命的到来和资本市场的完善，交易成本大幅下降，信息传输更富效率，商业银行的地位也将呈现下降趋势。因此，金融市场化是我国金融体系未来发展的必然趋势。

经过三十余年的发展，我国多层次的资本市场不断趋于完善。然而，相较于欧美发达国家成熟的金融市场体系，我国资本市场在社会融资体系中所占比重仍较低，且在市场制度等方面仍有待完善，这导致了资本市场对科技创新的支持效果仍有待提升。这就需要切实转变金融服务实体经济的方式，构建一个涵盖银行信贷、便捷支付、风险投资、债券市场、股票市场、衍生品市场等全方位、多层次的金融支持服务体系，更好地满足不同经济主体、不同风险特征的金融需求。

《中华人民共和国国民经济和社会发展第十四个五年规划和2035年远景目标纲要》提出"完善资本市场基础制度，健全多层次资本市场体系，大力发展机构投资者，提高直接融资特别是股权融资比重"。这为完善资本市场的建设和推动经济转型升级指明了前进方向，也为打造更好地支持科技创新的资本市场奠定了基础。

四、着眼于长期经济发展的资本市场

经过三十余年的发展，中国资本市场的规模、结构、业态和功能都朝着市场化方向发生了难以逆转的根本变化，为构建与中国大国经济匹配的大国金融奠定了坚实的基础。

从长期来看，中国经济的基本面发生了历史性的实质变化，已经进入一个经济发展的新阶段。在这个新阶段，将发生一系列全局性、长期性的新现象、新变化。其中一个重要特征就是经济发展从要素驱动、投资驱动转向创新驱动，技术进步成为推动经济增长方式转变、实现长期稳定增长的核心动力。大力发展股权融资和资本市场，形成以风险投资和直接融资为主体的创新友好型金融体系，充分发挥资本市场对于推动科技、资本和实体经济高水平循环的枢纽作用，运用金融市场的风险分散机制为投资者提供多样化的金融产品，不仅有助于解决间接融资主导体系下企业杠杆率过高的问题，而且有助于应对期限错配和权益错配。此外，资本市场发展带来的财富效应，也有助于在需求端推动消费升级，成为拉动内循环继而促进内外循环联动的强劲动力。

从推动长期经济发展的角度看，资本市场建设应该关注如下问题：首先，建设开放、透明、具有成长性预期的资本市场，使其充当现代金融体系的基石。当前，中国的资本市场在规模结构、制度规则、信息披露和透明度等基础环节与长远目标还有相当大的差距。这种差距明显地表现在国际化程度较低等方面。中国资本市场未来不仅要立足于市场化改革，而且要重点关注推动对外开放，提高中国在世界金融体系中的影响力，构建与未来中国大国经济需求、地位相匹配的国际金融中心。其次，重点关注企业生命周期前端的金融服务需求。积极发展私募股权基金、风险投资基金、天使基金等多元化的资本业态，满足不同类型、不同发展阶段的企业多样化、异质性的融资需要。最后，完善资本市场的定价基准。从金融逻辑来看，资本市场的发展是基于对传统金融或商业银行信贷融资的"脱媒"——以市场而非中介为基础的资源配置机制可以通过平衡供求的方式为风险定价，满足投资者和资金需求者在不同融资工具之间的自主选择需要，完成金融资源的调配。因此，金融风险配置是基于资本市场的现代金融体系的核心。

五、完善金融支持科技创新的路径选择

构建支持科技创新的金融体系是中国未来相当长时期内金融发展的重要任务。为此，我们需要从上市公司质量、法律体系、制度建设、监管理念等方面进一步深化改革。

（一）完善公司治理机制

我国"十四五"规划明确提出"完善技术创新市场导向机制，强化企业创新主体地位"，这体现出国家对企业创新主体地位的肯定与支持。以公司治理为核心的市场机制是企业实现科技创新的重要因素和必要制度保障（Belloc，2013）。在科技创新过程中，投资者与企业家之间的信息不对称问题尤为突出，这也严重阻碍了金融市场对科技创新的支持效果。一方面，外部投资者难以对创新活动的风险和收益做出准确判断，因此更容易出现逆向选择问题，导致科技创新活动难以获得充分的资金支持。另一方面，在获得资金支持后，公司管理层也可能发生机会主义行为，其可能倾向于选择将资金更多配置于短期增值快的项目以谋取私利，并导致风险高、周期长的技术突破项目面临投资不足的问题。有效的公司治理机制可通过降低信息不对称

程度以缓解融资约束、发挥"监督"效应降低管理层短视行为、提高企业家风险承担能力和激发企业创新意识等渠道来改善创新投资决策，从而向科技创新项目增加人力、知识和技术资本的投入，并帮助企业更有效地整合各类创新要素，实现生产环节的技术和产品突破，提升科技创新的效率。

影响企业科技创新的公司治理机制具体包括企业内部的高管激励机制、独立董事和大股东监督制度、信息披露制度和隐性文化约束等，以及外部的政策制度、市场竞争和利益相关者治理机制等。然而，部分治理机制，尤其是隐性的社会关联、企业文化以及利益相关者治理等机制，对企业科技创新的作用机制并未得到足够重视。未来在资本市场发展过程中，应重视发挥公司治理机制的功能，有效缓解科技创新过程中的信息不对称问题，从而帮助企业在科技创新过程中更容易地从金融市场获得资金支持，并最终有效投入科技创新项目，为企业科技创新能力的提升提供坚实的保障。

（二）完善以信息披露为基础的注册制改革

股票发行注册制改革强调证券监管部门主要根据信息披露原则进行原则性审查，不对公司盈利状况进行实质性审查和价值判断，从而改变了原核准制下对企业盈利能力的强制要求，对不同行业的企业提供更加灵活、更加多元化的上市标准，增强资本市场的包容性和覆盖面，进而更好地帮助企业通过公开发行上市的途径解决在科技创新过程中的融资难问题。然而，注册制的改革要以市场化为导向，以信息披露为基础，减少资本市场信息不对称，为资产定价和资产交易提供依据。信息披露制度设计要坚持以投资者需求为导向，在把握真实性、完整性、准确性的基础上，力求易解性、易得性和公平性等，要明确发行人、中介机构和交易所各自的披露职责。针对不同层次市场的风险特点、投资者适当性、上市公司类型，做出差异化信息披露制度安排，保护投资者的利益。

(三) 加大退市制度的改革力度

健康发展的资本市场应进出有序，优胜劣汰，将金融资源配置给更有需要且更适合的企业，从而实现资源优化配置。以美国资本市场的发展为例，1990—2000 年，美国纽交所和纳斯达克两市共有 IPO 公司 6 507 个，其中，截至目前仍然存续的公司仅 1 180 个，超过 5 000 个公司已经退市，整体退市率超过 80％。美国 25 000 多个上市公司持续上市时间的中位数仅为 90 个月。也即对于半数的美国上市公司来说，其自上市开始到被合并且价值得到肯定或是被市场淘汰，或是最终发现不适合资本的玩法主动离开，大概只需要七年半的时间。

然而，长期以来，我国资本市场对上市公司形成的"父爱主义"严重影响了退市效率。中国股票市场的诸多所谓"乱象"都与退市效率低下有关。资本市场应进一步加大资本市场退市制度的改革力度，完善上市公司退市流程、重新上市标准等配套可操作性细则的制定。市场交易类、财务类退市标准尽量具体化、明确化，以提高可操作性，减少人为操纵的空间。应向企业提供主动退市的便利，严格执行强制退市制度。要针对不同层次市场的特点做出差异化的退市安排，多元化的退市标准是成熟退市制度的重要标志。只有同时理顺退市制度和发行制度的关系，才能实现优秀企业及时顺利上市，也能及时将不满足市场要求的企业清除离场，从而形成良性循环。

(四) 推动多层次资本市场体系建设

经过三十多年的发展，我国资本市场规模不断扩大。随着科创板的设立、创业板注册制的改革和北交所的成立，我国多层次资本市场体系不断完善，各个板块逐步展现出各自的特色，并在空间格局上形成上海、深圳、北京三足鼎立的金融布局，从而进一步推动我国金融体系的完善。现阶段，我国正在逐步推进全面注册制改革工作，资本市场应以此为契机，坚持市场化的基本导向，进一步完善资本市场基础制度建设，充分发挥金融市场在资金筹措和风险管理等方面所具备的比较优势，提升直接融资方式对企业科技创新的支持效果，打造良好的金融生态，构建支持企业科技创新与国家科技发展的金融市场体系，为资本市场的长远发展奠定坚实的基础。

在多层次资本市场的建设过程中，要进一步加强风险投资体系的建设。风险投资具有高风险、高收益、权益性、专业性、长期性等特点，偏好科技含量高、成长性较强的高科技产业，能够为蕴藏较大失败风险的初创型科技企业提供资金支持（武巧珍，2009）。由于初创企业往往缺少经营业绩和抵押品支撑，因而往往难以获得传统金融机构的资金支持。风险投资通过股权投资方式向科技型初创企业提供资金支持，有助于缓解企业研发初期的研发资金短缺问题。与此同时，风险投资能够凭借自身的资源、能力和网络，更好地帮助企业创立竞争优势（董静等，2017）。此外，在投后管理方面，风险投资可以通过在被投资企业董事会中任职等方式发挥积极的"监督"效应（Barry et al.，1990），降低风险投资家与企业家之间的代理冲突，更好地帮助企业提升创新能力。风险投资对企业技术创新的促进作用在现有文献中也得到了丰富的经验证据的支持（陈思等，2017；张学勇和张叶青，2016）。近些年，新兴的、非金融性的风险投资如企业创业投资基金、政府引导基金等不断涌现，这些市场参与者凭借自身特点给市场带来了新的变化。以企业创业投资基金为例，其使得科技型初创企业可以利用创投平台母公司的互补资源来提升创新和成长效率，同时也为母公司带来了新知识、新资源和新机会（杜什尼茨基等，2021）。

（五）推进资本市场法制化建设

市场经济交易秩序的规范、产权制度的保护等都离不开法治保障。就资本市场来说，其风险特征通常表现为联动性、复杂性和外溢性，更是离不开法治的支持与维护。要加强资本市场的法制化建设，构建内容科学、结构合理、层级适当的法律规范体系。资本市场立法要主动适应改革和经济社会发展需要，引领保障市场改革创新，有效的改革实践可上升为法律，尚未成熟的改革实践要依法授权试点，不适应改革实践的法律法规要及时修改。在执法层面，要合理设定证券市场犯罪认定标准、量刑轻重，完善集体诉讼制度与民事赔偿规则，坚决打击资本市场的各类证券违法犯罪行为，适当加大对违法行为的处罚力度，提高违法成本，构建公开透明的市场环境，让扰乱市场秩序行为无利可图，从而提升投资者的信心，为资本市场的健康发展提供法律保障。

（六）稳步推进资本市场对外开放

着眼于全球金融发展史，从荷兰的阿姆斯特丹到英国伦敦再到美国纽约，世界金融中心的形成离不开开放的大国金融。对外开放使资源集聚与风险分散的范围急剧扩大，制度与法制改革将具备全球视野，有利于一国金融功能的提升。开放的中国资本市场将不仅是中国投资者的市场，也是全球投资者的市场。加强资本市场对外开放制度保障。要在全面深入研究和评估资本市场开放相关国际规则的基础上积极引入成熟的市场规则、投资理念和治理经验，完善我国资本市场基础性配套措施，深化境内外市场互联互通，逐步简化外资参与中国资本市场的方式，拓宽股票和债券市场境外机构投资者的直接入市渠道，着力提升资本市场主体的竞争力，丰富投融资品种。要坚持以开放促改革，通过吸引境外优质资本倒逼推动我国资本市场深化改革，不断提高我国资本市场在全球范围配置资源的能力，使我国经济高质量发展的红利惠及全球。要做好汇率制度等的改革，资本市场开放应与人民币汇率形成机制改革和资本项目开放统筹考虑，不断强化我国资本市场对外资的吸引力。

（七）强化资本市场治理

要秉承"建制度、不干预、零容忍""让市场在资源配置中发挥决定性作用"原则，着力围绕市场活力和韧性的高效形成，按照"放管服"措施要求，放松和取消不适应发展需要的管制，不断提高资本市场制度供给质量，着力构建稳定、可预期的政策环境，稳定市场预期，提高交易机制的流动性、再融资制度的便利性、股权激励制度的适当性、并购重组制度的灵活性。利用资本市场发展并购重组，推动上市公司通过并购重组发展壮大，实现我国产业升级。要充分发挥资本市场在企业并购重组过程中的主渠道作用，强化资本市场的产权定价与交易功能（王擎和宋磊，2021）。

六、推动构建金融市场与银行"双峰"主导型金融体制

对比银行主导型金融模式和金融市场主导型金融模式可知，不同金融体制对技术创新的支持效果各有优劣。一个国家的金融体制的选择和发展，既会受到文化、历史、法律等积淀性因素影响，又与国家的经济发展水平、经济市场化程度以及经济发展模式紧密相关。特别是当一国处在不同的经济发展水平时，其对支持科技创新的金融路径选择也会存在较大差异。发展中国家往往通过技术引进方式实现技术追赶，由于技术引进通常被内化在引进的生产设备（固定资产）中，银行较易发挥自身的制度优势，为经济发展提供有效的金融支持；而随着经济发展水平的提升，技术创新逐步代替技术引进成为经济增长的动力，此时创新产业将对股权融资产生巨大的需求，资本市场的重要性也就相应提升。

一国科技创新水平的提升并非短期内可以迅速实现，其技术发展路径一般为：从基础科研突破开始，再转化为应用领域的科技创新，最后形成国家创新产业生态，实现整体的科技创新。在科技创新的发展流程中，各个环节的技术成熟路径、对创新资源的需求等方面各有差异，依托单一的金融模式往往难以真正满足科技创新多元化的需求，因此，更需要构建协调配合的金融体系，充分调动资本市场和金融机构对科技创新的积极性，有效发挥不同金融资源的要素禀赋优势，从而为不同阶段的科技创新提供更匹配的金融支持。同时，我国金融体系现阶段仍以银行业为主导，资本市场发展不充分、不完善，在此背景下，为构建支持科技创新的金融体系，未来中国金融的演

变方向可能为市场与银行"双峰"主导型现代金融体系。其中一峰为基于市场演变的金融机构，主要以商业银行为主导，银行业通过优化支持科技创新的信贷政策，同时，政府在产业政策和区域政策上予以配套政策支持，从而促进信贷资金向科技创新企业流动，提高信贷资金的配置效率，并在推动地区科技水平提升和促进产业升级等方面发挥积极的作用。另一峰则为多层次资本市场。我国现阶段多层次资本市场不断完善，但其在金融体系中所占的比重仍然不高，在基础制度建设等多方面仍有很多地方不够完善，这也导致其对企业科技创新的支持效果仍有待提升。在我国金融市场化的大趋势下，为更好地支持企业科技创新，未来应该大力发展和完善多层次资本市场。

多层次资本市场可以满足不同行业、不同发展阶段科技创新企业的融资需求，为技术创新提供多样化、有针对性和连续的服务（辜胜阻，2015）。在资本市场发展过程中，应注意学习并吸收发达金融市场所积淀的基本原则和基本原理，同时，也应该考虑我国本身的法律制度体系和国家战略发展需要，坚持以市场化原则为主导，吸收国家战略意图的一定引导效果，发挥金融市场在资金供给、风险分散、公司治理等方面的比较优势，为核心技术突破领域（以"卡脖子"技术领域为代表）提供更有力的支持。

构建支持科技创新的市场与银行"双峰"主导型现代金融体系，需要正确处理金融市场与传统金融机构之间的关系（见图 5-3）。资本市场的发展代表着金融"脱媒"的完成，但这种金融"脱媒"并非一种类似零和博弈的完全对立关系，而是一种积极的竞争性"脱媒"的格局，即寻求资本市场与传统金融机构共存发展的竞争关系。此外，资本市场在发展过程中应注意吸纳银行主导型金融体系在推动科技创新方面的优势，努力提升金融资本的长期目标、长期视野、长期战略，从而更好地为研发周期长、失败风险高的科技创新项目提供更持久稳定的支持与保障。

第五章 中国资本市场：美德模式的结构性选择

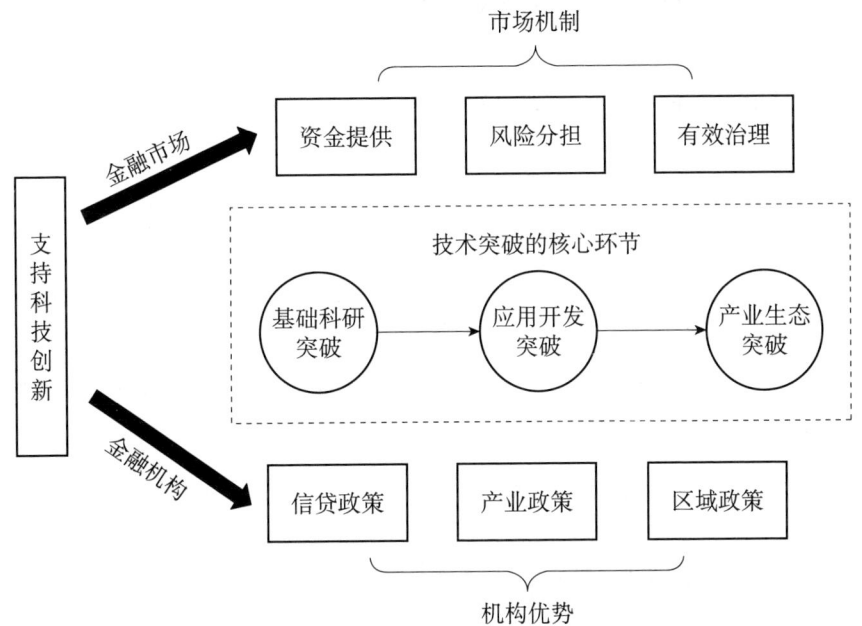

图 5-3　"双峰"主导型金融体系对科技创新的影响路径

资料来源：作者绘制。

参考文献

[1] Barry C B, Muscarella C J, Peavy Ⅲ J W. The role of venture capital in the creation of public companies: Evidence from the going-public process. Journal of Financial Economics, 1990, 27 (2): 447-471.

[2] Belloc F. Law, finance and innovation: The dark side of shareholder protection. Cambridge Journal of Economics, 2013, 37 (4): 863-888.

[3] Hsu P, Tian X, Xu Y. Financial development and innovation: Cross-country evidence. Journal of Financial Economics, 2014, 112 (1): 116-135.

[4] Stiglitz J E, Weiss A. Credit rationing in markets with imperfect information. The American Economic Review, 1981, 71 (3): 393-410.

[5] 蔡秀玲，余熙. 德日工匠精神形成的制度基础及其启示. 亚太经济, 2016 (5): 99-105.

[6] 陈思,何文龙,张然. 风险投资与企业创新:影响和潜在机制. 管理世界,2017(1):158-169.

[7] 丁玲. 资本市场与宏观经济转型:美国与德国模式的比较. 现代管理科学,2017(4):54-56.

[8] 董静,汪江平,翟海燕,等. 服务还是监控:风险投资机构对创业企业的管理:行业专长与不确定性的视角. 管理世界,2017(6):82-103.

[9] 杜什尼茨基,余雷,路江涌. 公司创业投资:文献述评与研究展望. 管理世界,2021,37(7):198-216.

[10] 龚强,张一林,林毅夫. 产业结构、风险特性与最优金融结构. 经济研究,2014,49(4):4-16.

[11] 辜胜阻. 实施创新驱动战略需完善多层次资本市场体系. 社会科学战线,2015(5):1-9.

[12] 辜胜阻,吴华君,吴沁沁. 创新驱动与核心技术突破是高质量发展的基石. 中国软科学,2018(10):9-18.

[13] 黄宪,刘岩,童韵洁. 金融发展对经济增长的促进作用及其持续性研究:基于英美、德国、法国法系的比较视角. 金融研究,2019(12):147-168.

[14] 蒋绚. 政策、市场与制度:德国创新驱动发展研究与启示. 中国行政管理,2015(11):145-150.

[15] 鞠晓生,中国上市企业创新投资的融资来源与平滑机制. 世界经济,2013,36(4):138-159.

[16] 林毅夫,孙希芳,姜烨,经济发展中的最优金融结构理论初探. 经济研究,2009,44(8):4-17.

[17] 欧阳峣,汤凌霄. 大国创新道路的经济学解析. 经济研究,2017,52(9):11-23.

[18] 沈越. 新时代中国创新模式的转换与升级:基于一个理论框架的历史演化分析. 社会科学战线,2020(2):42-48.

[19] 史世伟. 德国国家创新体系与德国制造业的竞争优势. 德国研究,2009,24(1):4-8,78.

[20] 唐清泉,巫岑. 银行业结构与企业创新活动的融资约束. 金融研究,2015(7):116-134.

[21] 王擎，宋磊．资本市场更好支持实体经济发展的路径探索．理论探讨，2021(5)：106-112.

[22] 吴晓求，方明浩．中国资本市场30年：探索与变革．财贸经济，2021，42(4)：20-36.

[23] 吴晓求，许荣，孙思栋．现代金融体系：基本特征与功能结构．中国人民大学学报，2020，34(1)：60-73.

[24] 武巧珍．风险投资支持高新技术产业自主创新的路径分析．管理世界，2009(7)：174-175.

[25] 徐飞．银行信贷与企业创新困境．中国工业经济，2019(1)：119-136.

[26] 徐忠．新时代背景下中国金融体系与国家治理体系现代化．经济研究，2018，53(7)：4-20.

[27] 袁传思，袁俪欣．英美德日科技创新发展特点及启示．中国高校科技，2019(S1)：12-15.

[28] 张学勇，张叶青．风险投资、创新能力与公司IPO的市场表现．经济研究，2016，51(10)：112-125.

[29] 张一林，龚强，荣昭．技术创新、股权融资与金融结构转型．管理世界，2016(11)：65-80.

[30] 钟腾，汪昌云．金融发展与企业创新产出：基于不同融资模式对比视角．金融研究，2017(12)：127-142.

第六章

中国资本市场基础设施建设：从法制到透明度

摘 要：资本市场并不是在真空中形成和发展的，而是需要包括统一的信息披露规则、严格的证券立法和有效的证券违法执法体系、高质量的会计准则、高效率的结算支付体系、稳健可靠的证券登记托管体系等在内的市场基础设施才能运转起来，进而基于法制和透明度融合的市场完整性创造可被视为市场基础设施建设的重要目标。市场完整性高低的不同也是导致美国模式和德国模式中市场相对地位差异的重要因素。就中国而言，尽管资本市场起步于一个监管缺位的环境，但随着市场的不断发展，全方位资本市场法律体系的构建进而市场运行的法制化程度逐渐深化，市场自律机制的形成和强化使得市场完整性较早期有了较大改进。现实地看，高位阶的资本市场法律的缺乏、相关规范制定的透明度不足以及监管的较强行政化与政策化色彩（进而缺乏前后一致性）等使得现有资本市场透明度进而市场完整性存在不少问题。中国资本市场完整性创造的相对滞后既受中国市场经济体制转型进程的制约，也和资本市场发展自身的独特轨迹与国际化程度密切相关。未来，从市场运行层面、监管层面和投资者保护层面协同发力来完善资本市场基础设施，提升市场完整性是中国资本市场发展的应有之义。

无论是从历史还是现实来看，尽管很多国家或地区在不同时期尝试通过制定政策来推进资本市场的建设和发展进而实现其金融体系整体层面的结构化变革，但时至今日，全球资本市场的发展却仍呈现一种颇不均衡的态势，且拥有较为发达的资本市场的国家数量并不多。在学术界看来，之所以资本市场在全球的发展出现这样一种格局，很重要的原因之一就是资本市场作为一种与银行迥异的制度

第六章 中国资本市场基础设施建设：从法制到透明度

性创新，并不是在真空中形成的，而是需要包括统一的信息披露规则、严格的证券立法和有效的证券违法执法体系、高质量的会计准则、高效率的结算支付体系、稳健可靠的证券登记托管体系等在内的市场基础设施才能运转起来，而这些市场基础设施绝大多数都属于经济学范畴中"公共品"的范围——尽管这些基础设施的推出及后续完善对于包括投资者和企业等在内的所有市场参与者都有好处，但却没有哪个企业或个人愿意由自身去承担制定、完善以及执行这些规则的成本，进而很难在私人层面自发地生成，往往需要具有中央权威的政府出面才能得以构建、完善并予以协调落实。换句话说，由政府主导并架构的市场基础设施质量优劣是决定一国或地区资本市场能否健康发展的重要因素之一。

就中国而言，由于一些独特的历史原因，包括统一的强制信息披露规则等在内的资本市场发展所需的基础设施并非在市场建设之初构建的——事实上，包括股票等新生事物在中国的发展普遍存在实践先于制度（通俗地说就是"先上车，后买票"）的现象。但问题是，随着中国资本市场规模的不断扩大，在资本市场发展的市场化、法制化和国际化方向得以明确的大背景下，与法制和公开化（透明度）融合形成的市场完整性密切相关的基础设施对市场运行的影响日益凸显，也受到学术界和实务界的关注，进而中国如何从法制到透明度，实现市场基础设施质量（即市场完整性）的稳步提升也就成为中国资本市场发展进而中国金融运行模式市场化转型至关重要的因素。本章在从理论上分析基于法制和透明度的市场完整性的重要作用的基础上，梳理了美德金融模式中市场完整性的差异，随后结合中国资本市场实际对其市场完整性的表现、问题及成因进行了思考，最后对如何完善市场基础设施借以提升中国资本市场完整性给出了一些政策建议。

一、基于法制与透明度的市场完整性

（一）基于法制与透明度的市场完整性：经济内涵及其历史渊源

市场完整性可以被理解为保持市场竞争性和信息有效性的法律监管环境

以及与此相伴而生的市场透明度，无疑是资本市场存在和发展的基础条件之一。在美国，证券交易委员会（SEC）的监管宗旨就是保护投资者的利益和维持市场的完整性。

历史地看，尽管英国对于证券公开上市较早就存在"要求信息真实披露"的法律要求，而且 1911 年美国堪萨斯州的立法机关就针对证券业通过了一项许可证法案①，但市场完整性这个概念源于 20 世纪 20 年代的美国。当时，美国政治思想存在一种传统，那就是对于通过法律手段来解决经济问题始终存在怀疑。正如布兰代斯大法官 1922 年所提及的："千万不要相信你能找到一个万能的办法来消除所有的丑恶现象和不道德行为，给社会带来根本的变革，也不要过于相信立法。国家的干预很容易落到别有用心的人手里，并成为他们压迫大众的工具。"相反，他建议通过"公开化"（今天我们称为"透明度"）的方式来解决问题："要解决社会和工业的疾病，应该提倡采用公开化的办法。如果说阳光是最好的消毒剂，那么电灯则是最有效率的警察。"因此，我们可以将"市场完整性"这个用语理解为"法制"与"公开化"有机融合之后的一个概念，兼具"公开、公平、公正"的思想。②

富兰克林·罗斯福在 1933 年当选为美国总统后，在实施"新政"时大量借鉴了布兰代斯的上述哲学思想——这一思想在证券监管领域最为集中的体现就是 1933 年《证券法》和 1934 年《证券交易法》。首先，1933 年《证券法》确立了保护投资者（尤其是中小证券投资者）的监管宗旨，并借助以强制性信息披露为前提的证券发行注册制来确保证券发行时充分披露信息，进而确保投资者有权获得在市场公开发售证券的公司的所有财务信息与其他重要信息，并要求公司董事在亲自为注册声明中的虚假陈述承担责任的同时，禁止证券掮客、证券交易者、证券交易机构等在证券销售中对投资者实

---

① 由于当时金融骗子总在"出售蓝天上的建筑用地"，因此，这些法案以"蓝天法"（即美国保护投资者、对付奸诈证券交易商的州立法律）而闻名。

② 信息披露在美国并不是一个新理念，自 19 世纪 80 年代以来，证券业就一直在推动制定信息完全披露方面的联邦法律。

第六章 中国资本市场基础设施建设：从法制到透明度

行欺诈、提供虚假信息等任何欺骗行为。[①] 而1934年6月通过的主要涉及对新发行证券的报告要求和对交易行为实施监管的《证券交易法》首先通过了最低申报要求和编制交易规则，进而极大地改变了二级市场。其次，要求交易受纽约证券交易所等自律组织约束。最后，成立证券交易委员会（SEC）（取代之前的联邦贸易委员会）来负责《证券法》的执行，授权SEC监管整个证券行业，包括注册、监管、审查经纪商、过户登记机构、结算机构和自律组织（包括纽约证券交易所等），有权针对交易所、投资银行、经纪公司和交易员制定并实施相关条例，确定并禁止洗售、对敲等市场操纵以及内幕交易等特定市场行为，针对卖空和止损交易制定严格的规定，借以保障证券业的安全和良好运行。

在美国用基于卖方责任且更加以规则为基础的方法替代之前对证券市场运行自由放任的前提下，SEC积极利用法律工具制定了严格的信息披露标准（以及与之相适应的会计准则）和对内幕交易、市场操纵、虚假陈述等违法行为的惩罚打击措施，使市场的完整性得到了极大提升，进而为美国金融模式的形成和发展提供了至关重要的基础设施。换句话说，SEC在当时"没有对信誉扫地的证券市场实施惩罚，相反，它开始恢复华尔街为企业筹集投资资本这一核心功能的合法性"。此后，美国的一些重要证券立法，诸如1968年的《威廉姆斯法案》[②]、2002年的《萨班斯-奥克斯利法案》[③]、2010年的

[①] 1933年法案通常称为"证券的真相"法案，其对证券业的监管内容主要有四个部分，分别是：向联邦贸易委员会（1934年后为SEC）提交注册申请书；向潜在投资者提供招股书；承担信息披露的民事和刑事责任；在公开销售前有一段时间的"静默期"。

[②] 在这个法案中，国会将强制性信息披露的相关规定扩展到收购，要求收购者公开收购计划，禁止欺诈和欺骗行为，规定在多长时期内收购出价必须保持公开。

[③] 该法案彻底改变了对公司治理、信息披露、利益冲突的监管，进而对美国全国证券市场环境有着广泛的影响：该法案规定成立美国公众公司会计监察委员会，制定会计规则和标准，减少审计对企业决策的影响；为了防止发生利益冲突，对外部审计者的独立性做了更加细致的规定；规定公司高管必须每季度、每年签署声明，亲自保证给投资者提供的信息是准确的；严格限制对内部人贷款，发行人必须做出额外的信息披露，包括表外交易。另外，该法案将某些活动认定为有罪，赋予董事会审计委员更多责任，并新增了一些成本以保证遵守该法案。

《多德-弗兰克法案》[①] 等对强制性信息披露的制度保障、对象内涵及其外延予以了进一步的强化和拓展。

（二）市场完整性与资本市场的发展

从本质上看，资本市场可以被理解为一个信息市场，且这里的信息主要指的是证券供求双方（尤其是投资者）用以为潜在创新进行估值的信息，或者说是价格相关信息，而股票、债券等有价证券则可以被理解为这种价格相关信息交易的载体。

无论从理论还是实践来看，价格相关信息在宏微观层面都具有颇为重要的功能。从宏观层面着眼，首先，这类信息涉及资源在经济创新上的分配——如果没有精确的价格相关信息，资本可能会错配，甚至可能是干脆不投资；其次，这类信息关系到对人们或企业创新行为的激励，也就是说，当价格相关信息很难被发现时，创新不太可能吸引到资本，创新的激励作用就被削弱了。从微观层面而言，无论是对于创造它们的信息生产者、需要利用它们来进行新证券需求决策的投资者还是将新证券引进市场的创新者而言，价格相关信息都具有重要的价值：对于信息生产者而言，他们可以通过私人信息的交易获得回报，借以弥补信息生产所付出的人、财、物；对于投资者而言，他们则需要利用这些信息来确定证券的合理价格，进而做出买进或卖出的理性投资决策；对于创新者而言，即使拥有充足的财力，他们也需要这些信息，如果没有这些信息，一个企业尤其是管理良好的企业是不会投资的。但应该承认不同经济主体不仅具有不同的信息生产能力，而且有着差异

[①] 该法案第七章"华尔街的透明度和责任感"就要求各类场外交易活动均必须在清算所或交易所进行清算，其目的是通过场外交易市场降低金融公司之间的相互关联性（消除交易对手风险），并提高场外衍生品市场的透明度。该法案第九章"投资者保护和证券监管的改进"特别关注了资产证券化过程中的投资者保护和相关信息披露问题，还涉及与高管薪酬相关的披露问题；这一章还就信用评级机构的监管改革进行了阐述，试图解决信用评级机构内部的利益冲突问题，拓宽了信用评级机构的潜在义务，并允许证券交易委员会收取更高金额的罚款，针对那些拥有信用评级特征的债务工具制定了更高的披露标准。

化的信息生产动机,进而证券市场是一个各类参与主体之间信息不对称极为突出的市场。①

现实地看,现实的信息生产者可能是像对冲基金、养老基金等拥有巨额资金的投资者,也可能是想要退出其投资进而在信息生产过程中专注于某一方面的私募基金公司这样的小型投资者,而数量庞大的个人投资者则一般不太可能具有一些关于新证券需求的专业知识。换句话说,现实中的证券市场客观上存在从价格相关信息维度出发的知情投资者和非知情投资者两类不同的群体。但问题是,非知情投资者可以在与信息生产者相同的条件下进行交易,而彼此之间的交易条件反映了信息生产者在交易定价方面的努力(最终体现为信息生产的收益或利润)。这实际上也意味着在证券市场中,信息资产,或者说创造信息资产的能力,可以(通过信息交易)与使用它们的当事人相独立。

基于上述分析,资本市场要想顺利运行,就需要解决两个与信息相关的重要问题:一是激励价格相关信息的有效生产,二是在承认不同主体之间存在信息差异的前提下确保信息交易的顺畅进行。

激励价格相关信息的有效生产必然涉及两个问题,即价格相关信息生产者的激励问题和价格相关信息生产所需的基础信息的真实性问题。换句话说,要想使拥有信息生产能力的主体从事信息生产活动,就需要在保证信息生产所需的基础信息真实准确的同时确保其生产的信息能够产生足够的利润,借以弥补其生产所需的各项投入。

就第一个问题而言,从理论上说,激励信息生产的最有效方式是建立信息的产权。但现实地看,对于资本市场运行至关重要的价格相关信息人们却无法实现这一点。之所以这样,是因为:首先,很难让潜在信息购买者相信信息是准确的,因此,人们很难确定信息的公允价格;其次,很难证明当事人是从信

---

① 从某种意义上说,证券市场存在的问题源于将复杂的财产和技术信息从企业内部传递到市场上去的困难。如果分散的股东(投资者)不能理解这种复杂性,管理人员又因股东无法理解信息而不能受到奖赏,企业就可能放弃某些长期的、技术上较复杂的项目。

息生产者手中获得了信息，因此，确保信息购买的支付也很困难；最后，出售信息的当事人并不是立即让渡了信息，他已然能够将信息转让给第三方，进而考虑到他可以将信息出售给多个对象，因此，对所有购买者来说，这就减少或破坏了信息的商业价值。因此，要想解决这一问题，就需要构建一个价格相关信息的非正式的信息市场，而要实现这一点就需要如投资银行这样的金融中介机构的出现和发展并在其中发挥纽带作用（莫里森和维尔勒姆，2011）。

而要想解决第二个问题，就需要构建涉及价格相关信息生产的宏微观层面各类信息的公开及其专业化鉴证和国家层面对处于信息弱势地位的经济主体的法律保护体系，也就是加强信息的充分披露，保护市场上的公众的投资利益不被玩忽职守和虚假信息所损害。换句话说，通过市场完整性的实现，发行人和投资者（尤其是中小投资者）进入资本市场时的危险性得到有效降低，或者说资本市场不再是少数"职业内幕人士"的专属领地（这些内幕交易者往往以牺牲整体市场参与者的利益来使自己获利），而是成千上万个普通投资者愿意拿存款进行投资的场所。

（三）市场完整性的实现方式

1. 市场完整性的实现理念：法制约束和市场自律的有机融合

正如布兰代斯1922年所论及的那样，以内幕交易、市场价格操纵以及虚假信息等的消失为代表的市场完整性的创造既需要积极利用法律工具，也不能完全依赖法制，而只能通过法制约束与基于信息公开（即"透明度"）的市场自律两者的有机融合来实现。

之所以有这样的判断，是因为如果我们意识到市场经济中尝试新事物（投资、创新等）所需要的价格相关信息通常是隐含（意会）信息[①]，而非显

[①] 按照波拉尼（1966）的分析，隐含（意会）信息指的是无法通过简单加总的显性（数码式）信息获得的、只能在有限的局域通过关系合同或特定经历得到的信息，因此，它们不可能在公开市场上轻易获得。而所谓的显性（数码式）信息则指的是那些可以表示为数字、书面或口头报告的信息，以及通过分析这些信息的内容所得到的信息。

第六章 中国资本市场基础设施建设：从法制到透明度

性（数码式）信息，那么资本市场中显性（数码式）信息和隐含（意会）信息两者并存的特点将决定市场完整性的创造绝非易事。

众所周知，在现代市场经济中，司法及其执法体系（或者说法制）被视为利用合约来建立和转移权利的最为重要的机制之一。在契约理论框架下，法院具有执行和解释的双重功能。这里的"执行"功能指的是法院既会确保法定合同法规的实施，也会保证私人双边合约的执行，进而有助于强化人们对经济合约的履行能力，通过产权的确立和加强来提高经济运行效率；而"解释"功能则指的是法院依据法律条款（或者说发现法律条款）来对不清楚或者不完全合约进行说明（一般来说，法院的决定将不会否决合约当事人在签订合约时自由表达的意愿，但当无法从合约文件本身进行判断时，法院将会尽最大能力来推测它），借此完成不可能包罗所有可能突发事项的合约争议的解决——这实际上也是造成司法活动成本高昂的原因所在。因此，如果金融交易可以完全建立在关于融资双方的显性（数码式）信息上，那么合约条款就可以事前清晰无误地写明，事后由法庭实施。如果金融交易双方对于法院的执行与解释功能均具有共同的信念，即契约一旦签订，来自中央政府的权威就能保证市场交易高效、低成本地得到执行，那么这些金融契约（即证券）就可以在市场上转让。换句话说，法制本身是市场完整性极为重要的制度保障之一。

但问题是，实践中存在两个会破坏政府的执行活动的问题：第一，现实中的技术限制会影响那些能够在法庭上签订和判决的合约；第二，任何政府意愿的自行决定都会成为寻租活动的焦点，这损害了正式法律合约的订立与执行。这两个问题导致了依托私人机构的法外市场的产生和发展。就资本市场而言，投资银行作为一个法外机构实质上创造了一个价格相关信息的市场，在这个市场中，价格相关信息的非正式产权可以进行交易。而这种与信息相关的非正式产权的交易主要依靠市场参与者之间的隐含（意会）信息以及基于这类信息所构建的法外机制。

无论是从理论还是实践来看，如果金融契约的签订预期涉及融资者一定量的隐含（意会）信息，那么这种融资就多少带有一点关系型融资的性质，涉及声誉等因素。对于投资银行而言，声誉资本是其推动价格相关信息网络运转的核心要素之一，因为对于信息生产者而言，其努力程度及所披露信息的真实性是不容易得到证实的，所以投资银行必须为信息生产者所付出的努力和诚实的信息披露行为提供适当激励，而来自投资银行的这种激励是无法由法庭来执行的。由此导致的结果必然是投资银行将寻找能够使客户共享其过去表现信息的方法（公开化），而这有利于维持公共信誉——它可以为投资银行与发行人的公平交易提供一个可信的承诺。

或许正是出于这样的考虑，早在美国政府正式借助立法监管证券市场之前，证券领域的私人监管就已经出现并推进良好。19世纪末20世纪初，纽约证券交易所制定了股票挂牌交易前的详细披露规定①，1912年投资银行家成立了带有自律性质的美国投资银行家协会，并开始为建立基于立法的信息披露机制进行院外游说。②

当然，尽管法制约束和市场自律的有机融合对于市场完整性的实现极为重要，但需要强调的是，在很多情况下，由政府来制定并实施证券监管规则仍具有天然的优势：首先，政府层面的证券监管规则具有普遍的适用性，而私人签署的合约则很难实现这一点；其次，政府层面的证券监管有助于增强市场对执法的置信度，降低获取信息和执行权力的成本；最后，政府层面的证券监管有利于解决协调性问题，强化监管规则的统一性，避免自利性的规则选择行为。

2. 市场完整性的实现措施："建制度、不干预、零容忍"

理念需要借助具体的措施才能得以落实。历史地看，尽管由于市场内外

---

① 这些规定比当时很多州的蓝天法都要精细，甚至受到了当时的企业融资研究者的褒奖（塞格利曼，1982）。

② 1938年6月通过的《马洛尼法案》则用全国证券交易商协会取代了投资银行家联合会股份有限公司，事实上将全国投资银行业自律协会植入了法律之中。全国证券交易商协会是由场外交易市场经纪人和交易商组成的协会，它管理着场外交易的规则。

部环境的变化，促使以内幕交易的消失为重要表现的市场完整性实现的具体措施也面临着较大调整，但就其实现的途径而言，这些措施仍大体可简单概括为"建制度、不干预、零容忍"。

一是"建制度"，即完善信息披露、发行、退市、交易以及持续监管等基本市场制度，改进会计准则，健全鼓励中长期资金开展价值投资的制度体系。

资本市场是规则主导的金融创新。自美国 1933 年提出证券发行注册制以来，证券发行、交易以及信息披露等方面的制度变化对市场有着极为显著的影响。如 1982 年 SEC 推出的 415 规则（存托登记）就使证券发行活动改变了之前相对僵化的态势而获得了一些商业贷款提供的灵活性，进而这一进展以及一个流动性的货币市场的存在转过来又引导公司从事更高级的财务运作，在极大地改变了公司财务行为的同时，也强化了商业银行与投资银行之间的竞争。因此，坚持市场化、法制化原则，以投资者利益保护为核心、因地制宜地制定或完善适合一国（或地区）国情的资本市场基础制度就成为创造市场完整性的基本前提。

二是"不干预"，即坚持发挥市场的自我调节作用，减少对市场交易的不必要干预和市场交易阻力，让市场对监管有明确预期，着力增强交易便利性、市场流动性和市场活跃度，最大限度地激发市场主体的活力。

资本市场是现代市场体系中市场化程度最高的市场之一。证券等金融契约存在的目的是在两个代理人之间转让（广义的）产权，而对于这两个主体而言，只要其都认为未来价格可能与合约商定的价格不一致，就必然会签订合约，且在这个前提下就不可能质疑这项交易是否存在客观上的不公平。换句话说，在一个竞争但公平的市场环境中，金融交易中的有些人会成功而有些人会失败，这正是市场竞争内在所期望的结果。此外，在证券市场中，信息法外产权可以交易的事实使得声誉、标杆奖励、发行价折扣以及新股数量分配等行为存在较大的经济合理性。基于规则的市场竞争性和创新性则是驱动现代金融体系演变的最为重要的驱动力之一。

三是"零容忍",即强化对市场中介机构的监管,大幅提高对财务造假等违法违规行为的打击力度,形成行政执法、民事追偿和刑事惩戒互相支持的有效惩戒体系;强化对会计师、审计师、律师、资产评估师以及信用评级公司等市场中介机构的监管,加快推动证券代表人诉讼机制落地,更好地保护投资者的利益。

正如拉詹等所说的那样,金融业是个与金钱打交道的行当,自然吸引了为数众多的骗子。业内人士对此当然心知肚明,因而特别强调用信誉和风险控制来保护自己。但单纯依靠市场自律显然无法解决证券发行人、投资银行等中介机构以及享有信息、资金等优势的投资者的利益冲突问题,严刑峻法则是弱化占据市场(信息)优势主体的利益冲突行为、确保市场完整性的重要制度性威慑。

二、美德两种模式中资本市场基础设施比较:市场完整性视角

从实践来看,尽管政府应该为金融环境提供一个合适的法律、监管、执法和会计环境,也就是构建较为完善的市场基础设施进而创造市场完整性,但不无意外的是,市场基础设施建设存在的巨大国别差异仍是导致包括美国和德国在内的诸多国家资本市场进而金融体系呈现结构性差异的重要原因之一。① 遵循拉·波塔等1998年的分析,从法律渊源视角来看,美国属于英国习惯法,与德国民法存在较大的立法和执法差异,两国的会计准则也不尽相同。在这一部分,我们将对美国模式和德国模式形成及演变过程中市场基础设施的差异做一简要说明。

(一)美德模式中的(证券)法律体系比较

拉·波塔等1997年通过对比习惯法国家和地区与具有德国法律基础的少

---

① 大量文献检验了法律、管制、税收及宏观经济环境如何影响金融契约和中介与市场的运行,或者说包括契约环境结果在内的市场基础设施差异对各国金融中介和证券市场的演化意义深远(拉·波塔等,1997,1998;莱文,1998,1999;莱文、罗扎和贝克,2000;德米尔古克-肯特和马克思诺维奇,1998,1999)。

数国家和地区的法律体系，发现包括美国在内的习惯法国家和地区往往强调少数股东权益，而德国民法起源的国家和地区非常重视债权人的利益，进而认为美英这种习惯法起源的国家或地区更容易拥有市场导向型金融体系（见表6-1）。

表6-1　习惯法系国家与德国民法国家的债权人和股东权利

国家	英国起源均值	德国起源均值	法国起源均值	LLSV样本均值
债权人权利				
是否对资产享有自动留置权	0.72	0.67	0.26	0.75
有抵押债权人的优先偿付权	0.89	1	0.65	0.81
对进入重组的限制权	0.72	0.33	0.42	0.55
管理层不得参与重组	0.78	0.33	0.26	0.45
总体债权人权利	3.11	2.33	1.58	2.3
股东权利				
同股同权	0.17	0.33	0.29	0.22
允许通过邮寄行使代理权	0.39	0	0.05	0.22
在股东会召开前股权未受阻	1	0.17	0.57	0.71
累积投票权/份额代表权	0.28	0.3	0.29	0.27
受压制少数股东保护	0.94	0.5	0.29	0.53
新发行优先认购权	0.44	0.33	0.62	0.53
召集临时股东会股权份额	0.09	0.05	0.15	0.11
对抗董事会的权利	4	2.33	2.33	3
强制性股利	0	0	0.11	0.05

资料来源：Allen et al.（2006）．

（二）美德模式中的证券执法体系比较

正如拉·波塔等1998年所说的，法律是重要的，但这些法律的执行对金融的发展往往更加重要。之所以会这样，是因为契约的执行是否公平有效以及政府是否会依据过去经济发展情况改变契约的种类等决定契约执行效率的高低，对于股权和债权契约的签署、执行有着极为重要的影响。同样，如果存在腐败，那也可能会严重破坏法律的执行，进而考虑到股东权益的保护是市场导向型金融体系的基础，因此，腐败会严重伤害市场的发展。表6-2比较了不同法系国家的证券执法体系。

表6-2 不同法系国家证券执法体系的比较

国家	英国起源均值	德国起源均值	法国起源均值	LLSV样本均值
司法体系效率	8.15	8.54	6.56	7.67
法律规则	6.46	8.68	6.05	6.85
腐败	7.06	8.03	5.84	6.90
受剥夺的风险	7.91	9.45	7.46	8.05
毁约风险	7.41	9.47	6.84	7.58

资料来源：Allen et al. (2006).

（三）美德模式中的会计准则比较

企业信息对于公司治理和制订投资计划都至关重要。如果会计准则能够对不同企业的信息的解释和比较做出简化，那么该准则会对金融契约有利。同时，如果金融契约采用那些能够引发特定行为的会计计量方法，则这些契约就能够更恰当地贯彻有效的会计准则。

在相当长的时间内，德国和美国的会计准则存在巨大的差异，以至难以相信两个版本的会计报表描述的是同一个公司。以第一个在纽约证券交易所上市（1994年）的戴姆勒-奔驰公司为例，1993年上半年根据德国会计准则测算的利润为1.68亿马克，而根据美国通用会计准则（GAAP）测算的结果则是9.42亿马克的亏损，1993年全年两者之间的损益差异竟高达30亿马克。

（四）金融体系趋同中的美德资本市场基础设施变化

正如艾伦和盖尔（2003）所论及的那样，当前全球金融系统的发展趋势

第六章　中国资本市场基础设施建设：从法制到透明度

是趋向市场主导型金融体系，进而全球金融体系出现了一定的趋同发展态势。就政策而言，自20世纪80年代中期以来，法国一直在刻意选择增加金融市场重要性的政策；日本则在计划其金融体系的"大爆炸式"改革，以使日本的金融体系更具效率，并使东京金融市场能够与纽约及伦敦的金融市场相竞争；以德国为代表的欧盟也走向单一的欧共体市场，进而增强欧盟的竞争力和其在金融市场上的地位；巴西及其他拉美国家也开始进行变革以创造美国类型的金融体系。

美国之外的众多国家的这种政策选择在很大程度上是因为美国模式一度被认为具有极强的国际竞争力。美国金融机构业务的国际化——首先在欧洲市场，随后进入主要工业化国家的国内市场——开始迫使其他地方进行自由化，进而推进金融的全球化。正是与金融全球化伴生的国际竞争不可避免地导致非美元金融向美国模式融合，关系金融的衰退、具有流动性的资本市场的发展、商业银行在资产负债两端的脱媒、储蓄的机构化等逐渐在包括德国在内的众多国家成为现实。

客观地看，包括德国在内的众多国家为了更好地适应向美国式金融结构的市场化转型，从20世纪80年代中后期开始就对其包括信息披露、会计准则以及证券发行和交易制度在内的制度安排进行了较为显著的修订和完善，在一定程度上宣告了美国信息披露标准的胜利。以20世纪90年代的德国电信私有化为例，尽管其股票发行由德意志银行、德累斯顿银行和高盛公司构成的全球承销团负责，股票在法兰克福、纽约和东京证券交易所同时上市，但通过普华永道和罗斯柴尔德两个咨询顾问公司的帮助，会计仅仅按美国GAAP基准准备且只发行了一份单一的招股说明书（德语版是从英语版翻译而成）。但遗憾的是，时至今日，结构性差异仍然极为明显。与美国不同，德国的一些大型全能银行继续主导着金融，私人固定收益证券市场仍流动性相对差、市场分割且重要性不足，银行与企业家（通过股权投资、代理投票控制和公司监事会中的席位）之间享有紧密的制度联系，银行经常在帮助企业摆脱债务困扰中扮演主要角色。这意味着德国的全能银行不大可能转变为像美国货币中心银行那样的纯粹风险管理机构,进而很难在国内信贷市场上出现来自大规模企业的直接融资压力,从而致使改进或完善其资本市场基础设施的压力进而动力明显不足。而这可能是导致德国金融改革市场化滞后的重要原因之一。

三、中国资本市场法制建设的现状、不足与成因

(一) 中国资本市场法制建设的现状

基于完善中国资本市场基础制度对于稳定资本市场秩序等方面的重要作用,我国一直致力于资本市场基础制度的完善,为中国经济发展做出了突出的贡献。目前,我国资本市场法制建设状况如下。

1. 形成全方位的资本市场法律体系

第一,在证券法律制度方面。党的十一届三中全会后,资本市场法制建设进入初创时期。随后,我国资本市场法制在监管理念和相关制度上不断调整和优化。随着资本市场发展形势的变化及我国资本市场改革进程的推进,《证券法》于 2019 年开启了第二次修订工作。此次修订在总结我国证券市场改革发展、监管执法等实践经验,深入分析证券市场运行规律和发展阶段性特点的基础上做出了一系列制度性改革。

第二,在行政法律制度方面。行政法律规范是制约行政执法行为、规范监管措施的重要基础,也是政府适度干预资本市场的具体方式,资本市场透明度建设与行政法规存在紧密联系。目前,为执行《证券法》等资本市场法律的规定以及行使职权的需要,我国已形成《证券公司监督管理条例》《证券公司风险处置条例》《证券交易所风险基金管理暂行办法》等多部行政法规,围绕《证券法》逐步形成系统规范的资本市场行政法律制度。

第三,在民诉法律制度方面,我国正在建设与资本市场蓬勃发展趋势相适应的司法机制与诉讼程序。自我国证券市场的最初建立至 2002 年 1 月 15

日《股东告上市公司虚假陈述案可以受理的通知》的出台,我国处于证券诉讼不予受理阶段。自 2003 年最高人民法院发布《关于审理证券市场因虚假陈述引发的民事赔偿案件的若干规定》起,我国证券民事司法开始破冰前行。自修订后的《证券法》2020 年 3 月实施至今,我国步入了"集体诉讼"阶段,此与《民事诉讼法》关于代表人诉讼制度的规定存在较大区别,对将来我国《民事诉讼法》全面引进集体诉讼制度也具有开拓性、探索性价值。长期以来,我国资本市场在规则建设等方面侧重于行政监管,司法诉讼在投资者保护方面的作用较为受限,但新《证券法》在此方面进行了较大变革:于第九十五条规定了"代表人诉讼制度",其中,第九十五条第三款则基于"明示退出"和"默示加入"的原则,明确了"特别代表人诉讼制度"。同时,2020 年 7 月 31 日最高人民法院发布了《关于证券纠纷代表人诉讼若干问题的规定》,为此类证券群体纠纷提供较具操作性的诉讼规则指引。我国的证券纠纷代表人诉讼制度可谓是对美国集团诉讼制度的借鉴,但是与美国在规则构造与制度功能等方面存在较大区别。目前,中证中小投资者服务中心针对上市公司康美药业提起了第一例特别代表人诉讼案件,这在证券纠纷代表人诉讼规则的进一步完善等方面将具有较高的理论价值与示范意义。

第四,在刑事法律制度方面。我国刑法对资本市场的规制经历了一个从无到有的过程。在资本市场快速发展的背景中,为了更好地维护资本市场的秩序与安全,从妨害企业管理秩序行为、破坏金融管理秩序行为、金融诈骗行为到扰乱市场秩序行为等,我国刑法近年来规定了一系列资本市场犯罪罪名、条款。此外,基于新《证券法》的颁布施行,为满足我国资本市场健康发展的客观需求,已于 2020 年 12 月 26 日通过的《刑法修正案(十一)》对相关证券犯罪的法律规定进行了相应的修改。此修正案大幅提高了对欺诈发行、信息披露造假等行为的刑罚力度,增加了新型市场操纵行为形式等,从全方位完善了资本市场犯罪的刑法规制体系,从刑法的角度提升了资本市场的透明度。

2. 资本市场运行呈现全方位法制化

随着资本市场的发展,我国从证券的发行、承销到证券交易的全过程都有较为完善的法律规制制度。

（1）在证券发行与承销方面。自我国资本市场形成至今，对于新股发行制度的探索便未曾止步。具体而言，我国的新股发行上市资格审核制度大致经历了单一审批制、额度管理制、指标管理制、通道核准制、保荐核准制和注册制的改革与实践六个发展阶段。从总体上观察，我国股票发行制度经历了从带有显著计划经济色彩的审批制到适应市场经济发展的核准制，再到如今进一步凸显市场化特征的注册制的变革。经过历年的改革与发展，我国的股票发行制度改革获得了较大成就，新股发行的节奏市场化在一定程度上激发了我国资本市场的融资潜能，资本市场逐步趋向于强大与自信。特别是注册制改革的确立与推进，显著提升了资本市场透明度，同时加大了市场对发行人的约束。

（2）在证券交易方面。在证券市场建立初期，我国明确规定股票发行采用审批制，全国人大常委会于1998年颁布《证券法》后，股票发行审核改为核准制，公司债券发行采用审批制，此时的《证券法》对证券交易制度进行了一定限制。2005年修改后的《证券法》规定了证券交易的上市环节、信息公开环节、禁止交易事项等一般性问题，将上市公司的审核权、暂停以及终止上市的权限交由证券交易所履行，在一定程度上扩大了证券交易所的自由裁量权。2020年新修订的《证券法》对证券交易进行了进一步完善。在制度建设的过程中，包括集中竞价、大宗交易、做市商制度、现货交易、期货交易、期权交易与融资融券交易的相关制度，限定特定主体股票交易的制度等，成为我国股票上市交易制度的重要组成部分。

3. 积极借鉴大陆法系与英美法系中的成熟制度

在全球金融结构趋同的背景下，我国积极地借鉴大陆法系与英美法系中的成熟制度，并构筑起适合我国国情的资本市场制度体系。

以独立董事制度为例。英美法系与大陆法系在公司监督机制上存在法系融合的趋势：在以德日为代表的大陆法系下，公司的监督机制大多呈现为内部机制的形式；英美法系传统的公司治理虽然存在诚信义务的拘束等内部监督机制，但公司内部人的实质性制衡则大多源自资本市场中高标准的信息披露要求、控制权市场的压力等外部监督举措。如独立董事制度等董事会结构的改革，使得英美法系公司的内部监督呈现趋强趋势，在此意义上呈现出英美模式向德日模式的趋同性发展。独立董事制度最初由美国建立，从美国公司治理的实践来看，其经济在引入独立董事制度之后取得了有目共睹的成功，故我国证监会于21世纪初引进了当时国外先进的独立董事制度。自2006年1月起施行的新《公司法》要求上市公司应聘任独立董事，这标志着我国最终从法律层面确立了独立董事制度，同年《上市公司章程指引》进行了相应修订。

以特别表决权制度为例。受大陆法系传统理念的影响，我国上市公司治理方式长期以来秉持一股一权原则。在采用英美法系的国家或地区的证券交易所，则大多允许发行人根据不同的规则与标准申请依特别表决权制度上市。以美国为例，出于对投资者权益保护等顾虑，其曾禁止特别表决权制度公司的股份上市，但如今，特别表决权制度公司的IPO在美国愈来愈普遍。就我国而言，在创业板设立前，受限于《公司法》第一百零三条和相关上市规则的规定，我国A股市场并不支持不同于一股一权结构的特别表决权制度，此在资本市场上引起了较多的问题与不便。基于此，2018年，我国资本市场适时地回应新经济公司对这种治理结构的需求，借鉴英美法系的特别表决权制度，上海证券交易所科创板上市规则开始允许中国内地公司选择采用差异化表决权安排的双层股权结构上市；随后，深圳证券交易所创业板也进行了相应的变革。

4. 构筑起对资本市场运行强有力的外部监管

目前，我国已逐步构筑起对资本市场运行强有力的外部监管。我国在监事会和公司独立董事内部双重监督体制运行的基础上，亦把目光聚焦于公司外部监督机制的建设。例如，发展并完善会计等资本市场的"看门人"机制。"看门人"机制发端于英美法系，是其分析和解决资本市场监管问题的一个强大的理论工具，资本市场的有效运行有赖于相关中介机构能够恪尽职守,发挥其"看门人"的作用。在我国,尤其是在注册制改革背景下,注册制的落地标志着证券市场治理权能由行政控制迈向市场选择,在为证券市场"他治"保留必要限度的同时,由"他治"向"自治"渐次过渡。在采用注册制的同时,注重强化中介机构的责任,明确发行公司及其董事等主体、证券承销商与会计师、律师等专业顾问需对报送或散发的发行文件内容承担相应责任。此外,我国积极督促上市公司及时公开重大信息,并建立起了投资者表决和诉讼的便利渠道,实现了对投资者权益的充分保障。

(二)中国资本市场法制建设的问题:透明度视角的一个考察

我国资本市场的法制建设虽然已取得了相当大的成就,但是在资本市场的透明度建设方面尚存在不少局限性与问题。

第一,资本市场的法制建设在整体上缺乏充分的、高位阶的法律作为规范基础,导致法制建设的透明度不足。对于金融基础设施的建设,我国目前尚缺乏专门性的法律法规且规则位阶的层级不高,这既容易产生规则之间的矛盾,也容易产生监管套利和国际金融规则的冲突,从而将进一步影响资本市场法制的透明度建设。在资本市场监管中,存在大量法律位阶不高、法律约束力不强的规范性、指引性文件,此将制约相关监管规则实际效力的发挥。以证监会《信息披露违法行为行政责任认定规则》的施行为例,该文件确立了主观归责原则,但是由于该文件的法律位阶较低,且执法实践中我国实务界曾普遍认同并付诸实践的多为"不问主观状态"的客观归责原则,故在实践中引发了一些问题与障碍,如认识不统一导致做出行政处罚时忽视主观要件表述,引起相对人的质疑等。我国目前已经形成以《证券法》为基础的资本市场法律规范体系,仅就相关法律文件的数量而言,资本市场法律规范的数量极为庞大。但是资本市场监管立法规范较为庞杂,且相关法律文件的法律位阶较低,缺乏上位法的支撑,这将影响法制建设的透明度。

第二,资本市场相关规范的制定过程也存在透明度不足的问题。《证券法》第七十七条第一款规定:"国务院证券监督管理机构依照本法制定上市公司收购的具体办法。"第一百一十五条第一款规定："证券交易所依照法律、行政法规和国务院证券监督管理机构的规定，制定上市规则、交易规则、会员管理规则和其他有关业务规则，并报国务院证券监督管理机构批准。"可见，国务院证券监督管理机构与证券交易所享有一定的规则制定权，但由于我国没有规范性文件的司法审查制度，以及证监会与自律组织之间的紧密联系，导致相关规范的制定难以形成有效的外部监督，因此，对于资本市场相关规则的制定而言，公众的参与度与透明度存在明显的不足。

第三，资本市场监管展现出较强的行政化与政策化色彩，监管权力的运行缺乏一定的可预期性、透明度与制约性。在资本市场监管当中，监管者往往容易陷入迎合政策需求、营造人造牛市、引导资金投向产业政策目标的主动监管旋涡中；而一旦市场过热或者出现风险，又往往采取紧急刹车金融创新和运动式的风险排查行动，造成市场短期内忽冷忽热的状况不断。这不利于为资本市场的发展提供可预期性，市场的透明度不足将不利于培育价值投资的观念和交易习惯，更无法促进整个市场形成良好的证券交易环境和文化氛围。这种现象与我国的大陆法传统有关：大陆法系国家往往存在一个强大且集权化的官僚机构，公权力对资本市场活动往往会予以事先式的父爱主义干预，在证券市场领域，许多重要事宜均要求获得公权力批准才得以生效，市场主体难以实现自我规制；行政机关在证券监管中往往较为主动，司法机关却呈现一定的边缘化；等等。事实上，在资本市场发展过程中，过度扩张国家的权力范围可能会带来较多的负面影响。例如：将损害证券市场固有的竞争与淘汰机制；处于国家严密控制下的证券交易所也往往会缺乏自我革新、提高监管效率的动力；等等。我国对资本市场的监管具有管制的范围较宽、管制的内容细致、要求严密、监管要求具有强制性色彩等特征。呈现较强行政化与政策化色彩的资本市场监管将带来一些问题，如容易导致忽视披露责任、中介责任不清等，此均与监管权行使透明度不足存在紧密关系。此外，我国并未建立起严格的证券监管与问责机制，如我国仍未设置专门的证券监管机构组织法，并未关注监管机构的内部治理问题；未有专门针对证券监管机构设置的行政处罚法规等；从证监会执法的绩效考核评估来看，监管机构也往往缺乏足够的自我提升与自我监督的动力，监管权力的运行缺乏一定的透明度与制约性。

第四，在为投资者提供高透明度的救济规范方面，我国有关投资者保护的制度安排仍有待完善。投资者保护的制度安排由多项内容组成，如对公司内部治理、关联交易、内幕交易等行为的监管制度以及信息披露制度等，这些均是提高市场透明度与市场效率，切实保障投资者权益的关键。目前，我国的投资者保护制度存在不少问题：在制度借鉴的背景中，来源于域外的、市场化的投资者保护工具在我国运用时将面临匹配度的问题。例如，我国在立法传统上坚持实体法与程序法的截然分离，但是新《证券法》第九十五条却规定了"集体诉讼"制度，这是非常特殊的模式。我国市场是政府推动型市场，其优点在于市场得以高速发展，缺点则是市场化程度往往不足。具体而言，在特别代表人诉讼的启动程序方面，便存在中证中小投资者服务中心选取案件因素的规定过于宽泛、特别代表人诉讼职能与中证中小投资者服务中心传统职能之间的协调机制不明确等问题。作为机制亦尚未完善。新《证券法》第九十五条第三款规定"投资者保护机构受五十名以上投资者委托，可以作为代表人参加诉讼"。依据此规定，在 50 名以上投资者委托投资者保护机构时，投资者保护机构是"可以"而非"应当"作为代表人参加此项诉讼的，这便给投资者保护机构以选择是否参与集体诉讼的机会和权利，由此，该项制度的效能将被完全托付给投资者保护机构的自觉自律行动，具有一定的脆弱性。该等问题将对投资者权利保护的落实带来较大挑战，在投资者权利行使、权利保护等缺乏高透明度的市场中，将不利于培育市场信心。

第五，尚未构建起以透明度为核心的资本市场秩序、以信息披露为中心的市场化建设，监管政策存在透明度不足等问题。资本市场的透明度建设贯彻资本市场运行的各个方面。目前，我国资本市场的透明度建设主要体现在以下几个方面并呈现若干不足：其一，发行制度的透明度建设面临制度定位与本土化困境。注册制的运行理念在于，在市场机制的充分运行下，若市场信息公开能及时、完整与真实，那么市场将会对市场参与者做出优胜劣汰的选择。监管部门的职责只是在于通过资本市场的法制建设保证相关信息的公开，而非以行政手段形成对市场运行的干预。作为一种理想的市场运行模式，注册制制度效益的实现，往往需要与核准制下的实质性审查相配合。即，注册制并未完全对应形式审查，其亦包含一定的实质审查的内容。以美国为例，其注册制的审核中充满了实质审查的内容，我国在进行制度设计时未充分关注到这一内容，注册制的运行未能实现充分的市场化与透明化。其二，在上市交易制度方面，目前的涨跌停板制度不利于实现市场自我调节的需求，T+1交易制度也将造成投资者在股市交易中面临过高的制度成本，不利于股市的稳定发展。其三，在投资者权益保护的透明度建设方面，我国投资者权益保护规范虽然已在逐步完善中，但是受大陆法系传统因素的影响以及从资本市场的实践运行来看，投资者权益受损的现象仍较为常见。例如，虽然2019年《证券法》的修订极大地提高了各类证券违法违规行为的成本，但是有关"高额罚单"执行难的问题仍然存在，相关权利保护的透明度建设未能充分落实。这意味着在提高处罚力度的同时，也需关注处罚的具体执行，以投资者权益保护为核心，强化监管执法的透明度。此外，信息披露制度是投资者权利保护的重要内容，但是我国以信息披露为核心的证券法律制度体系尚不完善。例如：从信息披露系统内部看，我国资本市场信息尚未实现有效流动，存在"信息堆积"现象；从信息披露系统外部看，机制参与主体单一，对信息披露质量的监督力量匮乏。其四，在监管制度、监管权运行、监管政策颁布的透明度建设方面，我国资本市场法制体系中大量的法律规范并非通过立法程序形成，授权立法存在被授权主体的规范性文件制定活动不符合立法的诸多要素等问题，如关于内幕信息知情人和内幕信息范围，仅以证监会稽查部门的内部文件予以规范，也未对外公开发布，不符合法律公开的基本原则，降低了监管权行使的透明度。此外，以对内幕交易行为的行政监管为例，我国目前内幕交易处罚的透明度明显不足，证监会并未充分利用此前《证券法》第二百零二条赋予的自由裁量空间，既有处罚呈现出一定的裁量逻辑与标准不明确的问题，低透明度的市场监管行为将不利于促进证券市场执法的公平性、稳定性和有效性。综上，监管者的公信力、监管行为的透明度等仍有待强化，市场主体对于监管政策缺乏一定的可预见性。

（三）中国资本市场法制建设及透明度相对滞后的成因

结合域内外资本市场发展的形势，中国资本市场法制建设在透明度方面相对滞后的现象，与众多因素有关。

第一，基于本土性特征等内部因素的限制，我国属于后发展型国家，资本市场制度较多是借鉴和移植国外制度的结果，本土性因素将影响制度借鉴和移植的实践效果：我国多强调通过政府调节手段介入资本市场的运行，对于市场本身未能给予充分的重视与信任，导致市场监管行为未能充分尊重市场规律，缺乏一定的透明度。此外，在制度借鉴的过程中，本土性因素也将深刻地影响制度的有效性。从我国资本市场法制发展过程来看，我国资本市场法制参考借鉴了美、英、德等国家的立法，除了延续大陆法系制度之外，还引入了很多英美法系的制度。但是，由于资本市场法律环境不同，这些英美法系的制度未必适合国内资本市场，盲目地引入境外制度可能导致我国资本市场混乱。以独立董事制度的引入为例，我国在专设监事会行使监督职能的同时，又仿效英美法系设置独立董事，即在大陆法系制度框架内嵌入了英美法系的制度。从实施效果观察，因我国多数上市公司难以保障独立董事制度的独立性，因此实施效果受到较大影响。综上，我国对资本市场的监管更为强调政府监管等公权力行为的介入，且具有较强的政策主导性，相应地，便未能充分地重视市场本身的作用以及市场的运行规律。此处存在的矛盾在于，资本市场法制乃是国家公权力推动的结果，在公权力推动的过程中便难免需要强化国家行政力量，由此便形成了透明度不足等问题。

第二，基于我国资本市场发展的阶段性特点，我国仍处于透明度建设的探索阶段，我国资本市场发展的阶段性特点也是一项重要的内部制约因素。随着我国资本市场的发展，我国资本市场的法制与透明度建设亦处于探索阶段，相关机制的运行或许会展现出不成熟的一面。如在我国资本市场的初创时期，法律规范多服务于探索中的资本市场建设，具有较强的实践性，但缺乏一定的系统性，具有"先发展、后规范"的特征。探索中形成的法律规范会造成系统性与稳定性的不足，有些规则之间甚至存在相互矛盾之处。此外，有利于金融发展的制度安排往往存在一定的依据，与某些特定的历史性基因传统存在紧密的联系。不同法律起源中所包含的制度基因可以导致不同的金融、社会与经济发展后果。就我国而言，资本市场存在着基因式的制度缺陷。例如，股权分置是进入21世纪以后的中国资本市场最迫切需要改造的重大基因缺陷之一。我国开始时把上市公司的股东分为两大类，两类股东的利益诉求却完全不同。非流通股股东通常是以国有股东为主的大股东，其利益来自分红，故通常情况下其发展公司的动力不足；流通股股东则希望股价上涨，获得溢价收益。这便造成利益结构的缺陷，由此导致中国上市公司难以发展。面对该情形，中国资本市场便开启了历史上最艰难的改革任务——股权分置改革。总体看来，由于我国资本市场形成与发展的时间较短，监管者往往会负担更多的市场发展任务，这意味着监管者将被赋予更多的权威与权力。同时，由于我国的资本市场监管体制是由计划经济下的管制体制演变而成的，行政主导的观念极为牢固，故我国资本市场的监管者往往难以及时反省自身，监管行为也缺乏有效的制衡与监督，相关监管形式存在透明度不足的问题。

第三，基于贸易关系、国际化战略等外部因素的影响，复杂多变的国际关系将提升透明度建设的难度。在资本市场监管中，监管机构的法律定位主要分为职能定位与主体定位两方面：前者决定了公权力与市场之间的关系，后者则决定了监管机构与其他政府机构之间的关系。就监管权的行使而言，资本市场监管机构的职能应当定位于维护市场秩序、规范市场行为；主体定位则应当朝着独立机构的方向发展。为及时应对市场危机，监管者需要根据市场需求做出迅速反应,此时,相关监管政策的出台往往会改变市场主体原先的预期,继而影响政策制定与监管权力行使过程中的透明度建设。为及时处理资本市场危机、应对资本市场的形势变化而仓促出台的政策,可能会存在透明度不足的问题。资本市场的发展状况会对资本市场法制形成重要影响。目前,中美贸易摩擦难免会拓展到金融与经济领域的深层次较量,这对资本市场法制建设也提出了更高的要求。

四、从法制到透明度:关于中国资本市场基础设施透明度建设的政策设想

习近平总书记高度重视资本市场基础制度在透明度方面的建设,先后做出了一系列重要指示批示。2018年,中央经济工作会议着眼于供给侧结构性改革与推动实体经济高质量发展,对资本市场改革提出了更高要求:"要通过深化改革,打造一个规范、透明、开放、有活力、有韧性的资本市场,提高上市公司质量,完善交易制度,引导更多中长期资金进入。"2019年2月22日,习近平总书记在主持中共中央政治局第十三次集体学习时重申:"要建设一个规范、透明、开放、有活力、有韧性的资本市场,完善资本市场基础性制度,把好市场入口和市场出口两道关,加强对交易的全程监管。"这明确了我国资本市场未来建设的发展方向,构成了我国资本市场未来发展的战略目标。党的十九届四中全会对加强资本市场基础制度建设做出部署,指出应加强资本市场基础制度建设,健全具有高度适应性、竞争力、普惠性的现代金融体系,有效防范化解金融风险。只有加强资本市场基础制度建设,才有助于更好地发挥资本市场中的股票、债券等市场的功能与效率。

(一)中国资本市场基础设施透明度建设:市场运行层面

市场透明度是资本市场基础设施透明度建设的重要内容之一,"透明度"可以被理解为有关交易的信息在实时的基础上公之于众的程度。具体而言,

可以从以下三个方面提升市场透明度：

第一，完善上市公司信息披露制度，提高市场透明度。要提高市场透明度，就要求进一步完善以投资者需求为导向的信息披露规则体系，提高信息披露质量，实现审核制与注册制的有效衔接，以此为核心完善资本市场法律法规等基础性制度建设。在注册制改革的背景中，对公司进行价值判断的权利更多地被交还给投资者，而要避免可能随之而来的"柠檬市场"，则有必要进一步完善我国的信息披露制度。同时，在注册制改革的背景中，也应当通过完善的信息披露机制提升市场基础设施建设的透明度。新《证券法》的颁布施行使得我国股票发行进入注册制时代，注册制强调适度放宽发行上市的实质条件并以信息披露为中心。信息披露制度在注册制改革的背景中面临较大挑战，资本市场对于信息披露的质量、结构及运行逻辑提出了更高的要求。不过，在完善信息披露制度的同时，也需要关注上市公司高效融资与提升市场透明度之间的平衡问题。

第二，提升上市公司运行及相关主体行为的透明度。新《证券法》以单列一章的形式规范"信息披露"的相关内容，通过创设"信息披露义务人"概念拓宽了公司信息披露的范围，充实了公司信息披露的标准，突出了公司董事、监事、高管和控股股东在信息披露中的地位、义务和责任，完善了公司信息披露的基础规则，初步完成了对上市公司信息披露规则的整合。不过，我国上市公司信息披露仍存在披露意识不强、披露内容质量不高、披露信息存在违法违规问题等现象，对此，有必要从强化公司内部治理、增强公司信息披露意识等方面予以改善。

第三，提升中介机构的透明度。在注册制改革的背景中，保荐机构、会计师事务所等中介机构的角色发生了较大变化，新《证券法》也对该等"看门人"提出了更高的要求。注册制改革乃是一项市场化改革，以信息披露为中心的注册制即将选择权交予了市场，故中介机构的勤勉尽责将是市场化改革的重要基础与保障。中介机构应积极提升其职业的规范化水平，提升职业能力，认真且全面地核查和验证相关信息披露文件，承担应有的责任。目前，资本市场中的部分中介机构尚未真正践行其"看门人"职责，这主要是由责任划分不明确、部分从业人员更注重短期利益导致的，对此，需要从法律层面明确中介机构的权利、义务与责任，提升其职责与行为履行的透明度。

（二）中国资本市场基础设施透明度建设：监管层面

提升市场监管的透明度、转变监管职能，是提升中国资本市场基础设施透明度建设的关键。在新《证券法》颁布施行的背景中，我国资本市场法律制度赋予了证券监管机构极为广泛的权力，在此基础上，应要求其增强监管权行使的透明度与规范性，以提升其公信力。此外，需由强调公权力的行使转向对政府的行政监管行为与市场运行关系的平衡：一方面，需承认资本市场法制建设有赖于政府的积极推动；另一方面，政府公权力的行使应被限制于合理范围之内，即仅应局限于与资本市场基础设施建设相关的范围内，不可逾越市场自治的范畴，监管政策也需与资本市场的法制建设相适应，以提升市场监管的透明度。基于以上基本方向，可以具体从以下六个方面提升监管透明度：

第一，在监管理念方面，一是应避免"父爱主义"的监管逻辑。在中国资本市场基础设施建设过程中，由法制到透明度的转变，即要求相关监管行为、法律制度安排应避免"父爱主义"的监管逻辑。二是应注重从投资者保护的角度行使监管权限。在注册制改革背景中，市场信息披露的要求将更为严格，注册制的施行并不是对证券市场放任自流，而是将有限的公共资源更好地用在信息披露监管之上，对信息的判断交由投资者自身负责。这也是以信息监管为核心的证券市场法制体系的应有之义。三是应注重协调资本市场创新发展与风险管理之间的关系，通过资本市场基础设施透明度的建设，揭示相关风险，平衡市场监管的公平与效率。应当认识到，在资本市场金融创新的过程中，公开透明的信息披露机制有助于避免资本市场风险的集聚。信息披露机制的有效运行有助于投资者对相关金融产品与资本市场交易过程中

第六章　中国资本市场基础设施建设：从法制到透明度

的各类风险享有充分的认识；也有助于监管者予以及时监管，避免监管盲区的出现。

第二，在监管方式方面，应当克制公权力对市场运行的介入，提升相关监管规范的法律位阶，同时按照"放权、赋权与维权"的理念，充实并规范监管者的监管权限、合理配置监管手段。我国资本市场应尽量避免对资本市场监管寄予过高的政治期待，对于资本市场有能力自行调节的内容，应尽量克制行政监管权力的行使。此外，应关注监管制度供给的平衡性，进一步提高各类、各级监管机构之间的协调性；应注重在监管机构内部建立完善的约束机制。同时，应当提高相关监管规范的法律位阶，针对资本市场基础设施建设提供专门性的法律法规以及基础性立法，以避免规则冲突的现象。这有助于提升监管行为的透明度，更好地规范监管权力的运行。

第三，在监管内容方面，应当强化监管公开。新《证券法》第一百七十四条规定："国务院证券监督管理机构制定的规章、规则和监督管理工作制度应当依法公开。国务院证券监督管理机构依据调查结果，对证券违法行为作出的处罚决定，应当公开。"据此，监管公开便包括行为规则的公开与处罚决定的公开。两者相互结合，则既有助于使证券监管机构的运作能享有更高的透明度，也有助于便利相关处罚的当事人行使权利，在教育其他市场参与者的同时，促进正常交易秩序的形成。对此，我国有必要及时提升资本市场相关法律规范的位阶，尤其是将已经经过检验的稳定规则及时提升到更高的法律位阶，通过立法行为解决不同部门之间的利益冲突问题，通过立法精细化的过程以及法律的公开宣告，强化对资本市场监管权力的约束，提升相关监管规则的透明度。此外，应当提升处罚决定的透明度。以证监会对内幕交易的处罚为例，我国应当通过改善行政处罚委员会的组织机制、优化内幕交易的行政处罚程序等方式提升行政处罚行为的透明度。例如：我国《行政处罚委员会组织规则》应进一步确定和重视外部专家引入的工作机制，进一步规定、细化并公布委员会的组成方式、任职条件等内容，为行政处罚委员会工作效能的提升提供更充分具体的制度支持；修订《中国证券监督管理委员会行政处罚委员会工作规则》的内容，尽量减少不必要的内部审批程序。由此，进一步推进监管公开的实现。

第四，展开披露内容形式简明化与有效化改革，完成信息披露由"监管者导向"向"投资者导向"的逻辑转变；引导证监会之外的市场多元主体力量在信息披露机制中发挥更大作用，推动注册制下的中国证券市场持续革新，也成为重要的监管内容与监管方式。此外，应依据责权利对称的原则完善三大证券违法行为的法律责任（包括行政责任、刑事责任和民事责任）的界定和控制体系；对欠合理的法律规定进行及时调整，增加部分遗漏的内容，强化资本市场法律体系的可操作性。此外，应当强化对市场信息的法律监管，明确对信息的监管是资本市场基础设施建设的核心所在。资本市场中投融方之间往往存在信息不对称问题，这在客观上要求强化对信息的监管。信息在资本市场中犹如灯标之于夜行者，指引着社会资金流向各实体部门。对于投资者而言，信息的公平是其关注的重点内容，信息的完全性和对称性则是衡量证券市场有效与否的标志。所以有必要加强信息法律监管，维护信息的公平，提高信息的效率，这是确保投资者的信息和利益、实现资本优化配置的关键。

第五，在监督监管权的行使方面，应当发挥新闻媒体等社会力量在资本监督方面的作用，积极地利用新闻媒体披露相关信息、落实上市公司的信息披露义务，同时促进监督监管权在法制的框架内行使。新闻媒体应成为资本市场监管与信息披露的重要主体，有必要适度强化新闻媒体舆论监督的影响力，以更广泛地提升资本市场的透明度。如有研究指出，除了公权力的行政监管外，媒体的关注逐渐成为另一种督促上市公司支付现金股利的重要机制，是一种极为有效的外部监督机制，媒体关注的增多可以显著提高公司未来股利支付意愿和支付水平。对此，规范媒体监督、鼓励媒体自由发声并合理引导媒体的舆论功能，有助于减少上市公司的违规行为，保障中小投资者的利益。

第六，加强对规章与规则的审查，也是监督监管权行使的重要内容。制定相关规章与规则是法律赋予证券监管机构的法定职权,但与此同时,该等规章与规则也需受到全国人大常委会的审查,由此,通过人大的监督能促使相关立法更公平、公正。《证券法》第七十七条第一款规定了国务院证券监督管理机构有权依法制定上市公司收购的具体办法;第一百一十五条第一款规定了证券交易所有权依照法律、行政法规和国务院证券监督管理机构的规定制定上市规则、交易规则、会员管理规则和其他有关业务规则;第一百六十六条规定,证券业协会有权制定和实施证券行业自律规则、证券行业业务规范等。该类规定对于资本市场运行将形成深刻的影响,有必要加强对相关文件的审查,以督促监管权在法制框架下行使,提升相关监管举措的透明度。

(三)中国资本市场基础设施透明度建设:投资者保护层面

中国资本市场基础设施建设应以保护公众投资者合法权益为目标定位,强化投资者保护的透明度建设,是提升中国资本市场基础设施透明度的重要内容。投资者对于市场运行的信心,将在高透明度的投资者权利行使、权利保护的环境中获得提升。目前,针对我国投资者权益保护目标未能得到充分落实的现状,可以具体从以下四个方面为投资者建立有更高透明度的投资者保护制度。

第一,应加快推动证券集体诉讼制度落地,完善投资者权利行使、保障和救济的制度机制,积极倡导长期投资、价值投资和理性投资文化。资本市场是一个以投资者为基础的市场,资本市场的制度设计需树立投资者利益保护理念。不过,由于我国资本市场具有行政干预的特点,因此我国目前的资本市场上一些基础性、技术性制度依然存在重要缺陷,这需要我们在未来的发展中不断去解决。目前,我国虽然已经开展了注册制改革,但是此项改革是一个持续性的过程,也需要不断地推进。以我国的证券集体诉讼制度为例,新《证券法》第九十五条通过部门实体法的形式确立了"中国特色证券集体诉讼"制度,包括普通代表人诉讼制度和特别代表人诉讼制度,这是制度化党的十九届四中全会决定中"加大对违法行为处罚力度"等要求的重要立法措施。不过,第九十五条在实体性规范层面以及与之配套的程序性规范层面均需要进一步明确和完善,由此,才有助于该制度更好地发挥提升证券市场违法违规成本、保障投资者利益的制度功能。

第二,通过完善投资者适当性管理、建立并完善适用于指导全行业投资者适当性管理的基础性制度,提升资本市场基础设施透明度。投资者适当性管理是投资者权益保护的重要范畴之一,投资者适当性管理制度的建立旨在保障投资者进入资本市场初始环节的合法权利。在我国资本市场的投资者结构中,中小投资者是大量且长期存在的,不同的投资者对资本市场的认识、对风险的把控与承受能力等存在较大差异;资本市场的运行则呈现出瞬息万变且结构复杂的特征。同时,经营机构开发客户、销售产品的冲动与处于信息弱势地位的投资者之间存在一定的冲突,这些因素均昭示着我国监管部门构建并完善投资者适当性管理制度的重要意义。尤其是随着资本市场的快速发展,其急需统一且清晰的监管底线要求。自 2017 年 7 月 1 日起施行的《证券期货投资者适当性管理办法》虽然填补了投资者适当性管理制度中基础性制度的空白,成为保护投资者合法权益的重要制度保障,但在文件出台后仍需进一步关注相关基础性制度的建设与完善,以就投资者适当性管理形成系统性、规范性的制度体系。明确具有不同投资偏好与风险承担能力的投资者享有进入不同市场的权利,是透明化投资者选择权的重要内容,有助于对投资者合法权益的保障提供制度保护。

第三,进一步细化责任体系、完善证券民事赔偿与民事制裁制度,提升投资者权益救济机制的透明度建设。在我国逐步推进股票发行制度市场化改革的进程中,事后的责任与制裁制度是保障市场秩序的最后屏障。健康的、成熟的资本市场不仅需要有完善的市场化制度,也需配合严格的事后责任追究制度。由此,有必要进一步细化《公司法》《证券法》及相关法规有关证券违法违规行为的民事责任制度,改变一直以来的重刑事与行政责任、轻民事责任的现象,以符合我国资本市场发展的实践需求。与此同时,需进一步细化资本市场的民事赔偿责任制度。以证券代表人诉讼制度为例，应关注以下三个方面：其一，豁免投资者举证责任。有必要在证券代表人诉讼中实行举证责任倒置，投资者只需证明其受损具体情形及结果状态、损失计价等，由侵权人证明其没有侵害行为，如侵权人举证不能，则须承担侵权责任。其二，赋予代表人实体权利。根据现行规定，诉讼代表人只能代为行使程序性权利。应当赋予代表人实体性权利，设置激励程序，鼓励代表人积极行权，并加强法院对代表人的监督，建立实体权利处分公示制度，对代表人滥用权力的行为予以惩戒。其三，妥善协调代表人诉讼与示范性判决制度之间的关系。示范性判决制度适合大规模侵权纠纷，可以与代表人诉讼形成优势互补的良性动态关系。可以制定由法官或当事人选择代表人诉讼或示范性判决的制度，尤其是制定由退出特别代表人诉讼的受害者选择适用示范性判决的机制，以便为受害者提供较为全面的保护。

第四，健全资本市场法治保障和配套支持制度。积极做好刑法修改、期货法立法以及相关司法解释出台的配合工作，推动制定关于资产支持证券发行、交易的行政法规，逐步构建符合资本市场发展规律的法律法规体系，推动完善行政执法、民事追偿和刑事惩戒相互衔接、相互支持的监管执法体系，以便为投资者提供全方位的法律保护。例如，在2021年7月6日，中共中央办公厅、国务院办公厅印发《关于依法从严打击证券违法活动的意见》，指出应扎实推进资本市场执法司法体系建设，维护投资者合法权益。对此，提出应完善证券立法机制，充分运用法律修正案、法律解释、授权决定等形式，提高证券领域立法效率，增强法律供给的及时性；完善行政法律制度，贯彻实施新修订的《证券法》，加快制定修订上市公司监督管理条例、证券公司监督管理条例等配套法规制度；健全民事赔偿制度，抓紧推进证券纠纷代表人诉讼制度的实施；强化市场约束机制，推进退市制度改革，强化退市监管，严格执行强制退市制度等，通过各项举措完善资本市场违法犯罪法律责任制度体系。在新《证券法》颁行、注册制改革的背景下，刑法等相关法律制度的修改应该联动考虑与《证券法》《公司法》等相关条款的衔接。

目前，自 2021 年 3 月 1 日起施行的《刑法修正案（十一）》虽然对资本市场的违法违规行为做出了严厉的规定，也与新修订的《证券法》在诸多条文上进行了衔接，但是仍存在较大的完善空间。例如，应当在证券违法犯罪惩处上统一行刑判罚标准。例如，利用未公开信息交易犯罪中，证券监管部门仍适用"前五后二"双向趋同的处罚标准，难以规制利用未公开信息进行短线交易的违法犯罪行为。此外，刑事诉讼程序对被害人赔偿具有局限性，广大投资者难以在证券犯罪的打击、处罚中获得应有的补偿。新《证券法》已设专章保护投资者，设立中证中小投资者服务中心等，从行政执法层面做出了有益探索。在刑事司法层面，对该类案件追缴赃款的处理和对一般刑事案件的违法所得的处理也应当有所区别，探索证券领域中系统的赔偿制度等，应当建立健全行政处罚、刑事制裁、民事赔偿"三位一体"的证券违法行为法律责任追究体系。由此，为投资者权利保护提供全面系统的、具有较高透明度的法律保障。

参考文献

[1] 鲍颖焱. 系统观察下证券监管权的统筹协调运行. 现代经济探讨，2019（6）：36‐41.

[2] 蔡伟，黄韬，冷静，等. 新《证券法》投资者保护机制实施的"中国问题"地方立法研究，2021，6（4）：1‐24.

[3] 陈岱松. 关于证券监管理念的法理分析. 兰州学刊，2009（5）：124‐128，141.

[4] 丁鹈文. 新《行政处罚法》下信息披露违法主观要件研究. 证券市场导报，2021（6）：70‐79.

[5] 董安生. 中国资本市场改革法律问题研究. 甘肃社会科学，2008（5）：51‐56.

[6] 方流芳. 独立董事在中国：假设和现实. 政法论坛，2008（5）：110‐115.

[7] 郭雳. 注册制下我国上市公司信息披露制度的重构与完善. 商业经济与管理，2020（9）：92‐101.

[8] 郭文旭. 新《证券法》实施下特别代表人诉讼的启动程序：规则解读、制度构思和完善建议. 南方金融，2021（6）：90‐100.

[9] 洪艳蓉. 我国证券监管独立性的检讨与制度完善. 法律适用, 2018 (3): 82-92.

[10] 李小荣, 罗进辉. 媒体关注与公司现金股利支付. 经济理论与经济管理, 2015 (9): 68-85.

[11] 刘道远. 中国证券市场国际化改革的法律困境及其破解: 以美国证券法制为镜鉴. 法商研究, 2016, 33 (4): 173-182.

[12] 吕成龙. 中国证监会内幕交易处罚的裁量之治. 法学评论, 2021, 39 (5): 87-100.

[13] 马春阳. 注册制倒逼中介机构勤勉尽责. 经济日报, 2021-08-26 (007).

[14] 缪因知. 国家干预的法系差异: 以证券市场为重心的考察. 法商研究, 2012, 29 (1): 59-65.

[15] 沈朝晖. 流行的误解: "注册制"与"核准制"辨析. 证券市场导报, 2011 (9): 14-23.

[16] 宋晓燕. 国际金融危机后十年监管变革考. 东方法学, 2018 (1): 190-197.

[17] 汤维建. 中国式证券集团诉讼研究. 法学杂志, 2020, 41 (12): 100-112.

[18] 唐应茂. 证券法、科创板注册制和父爱监管. 中国法律评论, 2019 (4): 130-140.

[19] 王萍. 证券交易与监管法律研究. 北京: 中国政法大学出版社, 2015: 290.

[20] 王彦明, 吕楠楠. 我国上市公司外部监督论略: 以"看门人"机制为分析进路. 社会科学战线, 2013 (12): 165-171.

[21] 吴晓求, 方明浩. 中国资本市场 30 年: 探索与变革. 财贸经济, 2021, 42 (4): 20-36.

[22] 吴晓求, 彭飞. 我国投资者保护法律体系初建成. 证券时报, 2016-09-12 (A05).

[23] 吴晓求, 许荣, 解志国, 等. 构建以市场透明度为核心的资本市场秩序. 中国人民大学学报, 2004 (1): 33-41.

[24] 向祖荣. 论证券监管机构的法律定位. 证券市场导报, 2012 (9): 53-58.

[25] 邢梅. 注册制下的证券监管权力配置研究//上海金融业联合会. 上海金融改革理论与实践: 2016 年上海金融业改革发展优秀研究成果汇编·证券期货类. 上海: 上海交通大学出版社, 2017: 142.

[26] 徐瑜璐.论注册制下的证券市场治理权能转向.河北法学,2020,38(12):163-175.

[27] 杨宜,赵一林.媒体类型、媒体关注与上市公司违规行为:基于倾向得分匹配法的研究.现代经济探讨,2017(12):60-69.

[28] 叶林.上市公司信息披露规则的制度转型.证券日报,2020-04-23(A02).

[29] 叶林,王湘淳.我国证券示范判决机制的生成路径.扬州大学学报(人文社会科学版),2020,24(2):62-77.

[30] 易会满.建立健全公开透明的资本市场制度规则体系对推动高质量发展意义重大.中国信用,2020(11):8-10.

[31] 尹振涛,潘拥军.我国金融基础设施发展态势及其统筹监管.改革,2020(8):92-101.

[32] 余剑.以系统思维护航资本市场.人民法院报,2021-06-03(006).

[33] 张怀岭.损害类型化视角下证券群体性纠纷司法救济路径选择与规则反思.甘肃政法大学学报,2021(2):101-117.

[34] 张建伟.制度基因、金融发展与"法律家长主义"进和退(上):功能视角下的"中国悖论"及求解.交大法学,2016(2):128-152.

[35] 赵星.论我国当前经济刑法的扩张.法学论坛,2021,36(5):104-110.

[36] 朱慈蕴,林凯.公司制度趋同理论检视下的中国公司治理评析.法学研究,2013,35(5):24-41.

[37] 朱绵茂,黄徐前.我国证券市场国际化法律监管问题探讨:以信息监管为视角.法学杂志,2012,33(8):92-96.

第七章

中国资本市场的生态系统：培育多样化资本业态

摘　要：从功能演变来看，中国资本市场的功能从融资为主向投融资并重的方向转变。资本市场不仅是融资的市场，而且是进行财富管理的重要平台。本章从资本市场的基本功能出发，从两个相互联系的方面讨论其多样化业态发展。其一是融资角度，立足企业资金需求、产业动态优化和经济长期增长，研究多层次资本市场的作用。具体而言，多元化的资本市场满足了不同类型、不同生命周期的融资需求；通过并购重组活动调整公司的结构，引导产业的优化升级。此外，资本市场通过提供资金支持、促进企业创新、提升公司治理水平等途径推动企业成长与经济增长。其二是投资角度，立足居民财富管理、金融机构业务转型、国家风险管理，研究良好的资本市场生态系统的重要性。具体而言，资本市场的定价功能、流动性改善和产品供给能为财富管理提供重要支撑；同时资本市场的发展会对原有金融机构业务产生深远的影响，并为金融机构转型提供新的指引方向。此外，资本市场中的市场化机制对集中性金融风险进行分散和重新配置，有利于实现国家风险管理。

一、中国资本市场生态系统的构建：融资视角

（一）资本市场的融资功能：回到本源

1. 资本市场的目标

资本市场是金融市场的一部分，其服务于整个经济系统，其目标也应该

满足经济系统的目标。经济系统是一个人造系统，当我们构建一个理想国时，我们期许的经济系统应该是一个增加人类福祉的、公平的、可持续发展的价值创造系统。而一个可持续发展的价值创造系统应该是一个基于创新的、绿色的系统。由此，我们构建的资本市场的目标也应该是服务于这个增加人类福祉的、公平的、基于创新的、绿色的价值创造系统。在这个经济系统中，企业的目标也应该是基于可持续发展的价值创造，由能够进行价值创造的企业系统组成的经济系统才能够增加人类福祉；在这个经济系统中，不同类型的企业，只要其能够进行价值创造，无论其规模大小都应该有机会得到相应的金融支持，鼓励其通过创新得到发展，这也体现了公平性；在这个经济系统中，通过资源的配置、动态的调整，整个系统结构不断优化、系统不断升级，成为更健康的价值创造系统。

2. 资本市场的融资功能

资本市场作为一个人造系统，其目标、结构和功能都是设定的。

融资功能是资本市场的核心功能。资本市场最早设立的功能即是为融资服务。资本市场并不仅仅包含证券发行和交易的市场，企业也并不仅仅依靠在证券市场上发行证券融资，实际上，在企业发展的整个生命周期中，企业的股权融资还涉及天使基金、风险投资（VC，又称创业投资）基金和私募股权（PE）基金等多种投资主体。①

资本市场的投资功能是与融资功能密切相关的功能。在一级市场上，企业的融资活动一定对应着投资者的投资活动，没有融资就没有投资。而且，只有符合投资者的目标的企业才能够获得融资。在资本市场上，投资者是以成长性为导向来进行投资的，PE/VC 基金的先行者红杉资本的"赛道理论"成功地影响了 PE/VC 基金对所投资项目的判断和选择。只有未来成长空间

---

① 私募股权基金从概念上可分为狭义的私募股权基金和广义的私募股权基金。狭义的私募股权基金主要是指并购基金，在美国，私募股权基金一般指并购基金。广义的私募股权基金包括了早期基金（包括天使基金）、VC 基金、成长基金以及并购基金。在我国，私募股权基金更多的是指成长基金。在本章中，私募股权基金在不同的语境下可能采用狭义的或广义的概念，不再加以区分。

巨大的公司才能从PE/VC基金处获得融资，由此，PE/VC基金在企业早期的融资中就已经对企业从成长性方面做出了筛选。

资本市场还具有定价功能，投资者通过资本市场的交易活动为投资产品定价。首先，定价决定了上市公司再融资的价格；其次，价值被低估的企业也会成为收购者的标的；最后，价格也是企业退市的最重要原因。资本市场的定价功能亦与融资功能密切相关。在一级市场上，资本市场的定价直接决定了企业募集的资金的数量，在二级市场上定价也对企业的再融资起着非常重要的作用。

资本市场的另外一个功能是资源的优化配置。资源优化配置功能既体现为一级市场对企业投资的筛选，也体现为二级市场投资者对上市公司的评价，通过对上市公司股价的评价引导资金流向资金运用效率高、未来能够快速成长的企业。同时，通过并购重组活动调整企业的结构，引导产业的优化升级。资本市场的融资功能与资源的优化配置功能紧密相连，资源的优化配置功能是对企业的优胜劣汰，优质的企业能获得更多的资金，企业的融资能力也在一定程度上决定了并购重组的可能性。

(二) 企业生命周期中的融资与多样化的资本业态

企业是一个生命有机体。企业生命周期一般可以分为种子期、初创期、成长期、成熟期、衰退期等阶段。企业在不同发展阶段对应不同融资方式。从企业成长顺序、融资顺序来看，企业股权融资主要可分为天使投资、风险投资、私募股权投资、上市前融资、上市融资等。参见图7-1。

1. 天使投资

在企业初创期的早期，由于企业可能仅仅具有产品的概念，企业的商业模式尚未得到验证，企业面临着巨大的不确定性，此时，创业者只能依靠自身的积累，或者从亲友手中募集资金，再就是得到天使投资人的资金支持。在该阶段往往企业融资规模较小，而天使投资人面临较大的风险，所以天使投资人会要求较高的回报率，占有企业的股份也会较大。一旦企业获得成

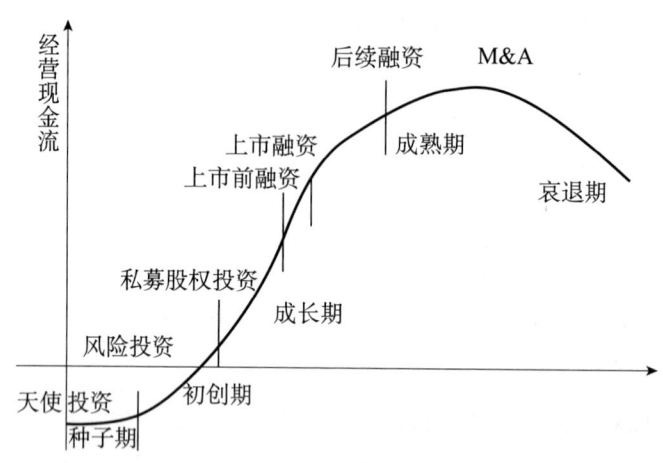

图 7-1 创新企业不同时期的经营现金流变化及融资情况

功,天使投资人未来获得的收益将会非常可观。

很多天使投资人本身就是创业成功的人士,对创业企业的经营有很多经验。天使投资人不仅可以满足初创企业的资金需求,而且可以为企业带来运营管理上的支持。

2. 风险投资

在企业的初创期,产品、商业模式得到初步验证,企业具备了更多可评估的财务、运营数据,但此时企业盈利能力较低,现金流转通常不顺畅;新产品的开发和市场开拓需要大量的资金支持。企业的自有资金难以维持后续发展,必须通过其他途径获得融资。由于企业仍处于非盈利状态,企业总体规模依然较小,还存在着较大的经营风险。在此阶段,风险投资(VC)机构可以为具有发展前景的企业提供资金。风险投资,顾名思义是高风险、高收益的投资,并聚焦投资创新、高科技企业。风险投资者亦有别于一般的投资者,风险投资者不仅给企业带来了发展所需的资金,而且向企业提供管理、市场开发等方面的专业人才,从资金、融资渠道、参与管理决策等多个方面介入所投资的风险企业,给予一定的扶持和培育。待其壮大后,风险资本便择机退出,从而完成一个投资周期,进入下一个投资循环。

3. 私募股权投资

随着创业企业经营业务的发展，经营活动产生的现金流逐渐由负转正，企业进入高速发展的成长期，在该阶段创新企业开始实现快速扩张。在企业成长期，创新企业拥有了稳定的产品和销售体系，在小范围内具备了一定的竞争优势，可供抵押的资产有所增加，内部管理制度日臻完善，企业的信息具备了一定的透明度。同时由于规模的不断扩大，企业需要更多的资金来维持企业发展。在此阶段，企业往往会获得私募股权基金的青睐。私募股权基金往往通过对投资企业进行管理获得价值增值，同时会考虑 IPO、并购、回购等多种退出方式。

4. 上市前融资

上市前融资可能包含夹层投资和 IPO 前融资。对于已经初步完成了股权融资的企业来说，如果在下一轮融资到来之前、上市之前资金缺口较大，需要补充融资，则可以对接"夹层投资机构"。夹层资本同时具有债券和股权的性质，实质上是一种附有权益认购权的无担保长期债权。夹层资本的风险和收益介于股权和债权之间，同时一般不追求控股，退出时间较短。夹层投资机构常常能够在企业急需用钱的时候送上资金，帮助企业改善业绩、提升企业价值，甚至有可能在未来帮助企业以更高的发行价上市融资。

当企业经营规模、盈利能力达到一定水平，预期达到上市条件时，企业可以寻求 IPO 前基金的投资。常见的 IPO 前基金主要有投行性基金和战略性投资基金两种。前者主要为投资银行自有的投资基金，目的是为股票价值背书，方便企业上市；后者在上市前协助企业规范化。

5. 上市融资

企业经营到一定规模，如果需要进一步扩大规模、进一步融资，往往会选择上市融资。企业上市融资的常见动因如下：第一，企业需要融资。如果企业本身已经估值较高，已经无法通过其他渠道融资，或者其他融资方式的成本过高，则会选择上市融资。第二，企业希望通过上市规范自身的规章制度和组织架构。第三，提高业务能力。上市代表着资本市场对企业的认可，因此该行为可以帮助企业提高知名度、商务合作中的优势，甚至提高企业在人才招聘方面的优势。第四，企业上市后就获得了持续融资的渠道，当企业资金短缺时，可以采用公开股票增发配售或者非公开定向发行的方式获得大量资金。上市融资主要包括 IPO 上市、借壳上市、MBO、控股大股东收购等方式。

（三）股权投资基金的作用

私募股权投资在经济增长和企业发展方面发挥了巨大的推动作用，它不仅向被投资企业注入资金以缓解其融资难的问题，而且向被投资企业提供各种增值服务，进而推动整个经济的持续增长。私募股权投资基金参与的企业普遍具有更加可持续的创新能力和成长动力、更高的企业价值、更多的投资回报。

1. 中国股权投资基金的发展

企业私募股权投资是与私募股权基金的发展密不可分的。中国的私募股权基金虽然与美国相比起步较晚，但是经过近 30 年的磨砺，中国私募股权基金获得了长足的发展。截至 2021 年 9 月底，中国证券投资基金业协会已登记私募基金管理人合计 2.45 万家，管理基金数量 11.75 万只，管理基金资产规模 19.2 万亿元，居世界前列。到 2020 年底，中国股权投资基金类型分布参见图 7-2。

截至 2020 年末，私募股权基金累计投资案例数为 98 386 起，累计在投本金为 71 766.85 亿元，分别同比增长 14.07% 和 11.80%。累计退出案例数为 26 708 起，累计实际退出金额为 22 057.99 亿元，分别同比增长 31.77% 和 40.83%。2010—2020 年中国股权投资市场投资情况（包括早期基金、VC 基金、PE 基金）参见图 7-3。

（1）早期基金的发展状况。

根据清科研究中心的数据，2020 年，从募集基金数量来看，有早期基金 73 只，占 2.1%；按照募资金额来计算，早期基金的募资金额为 158.16 亿

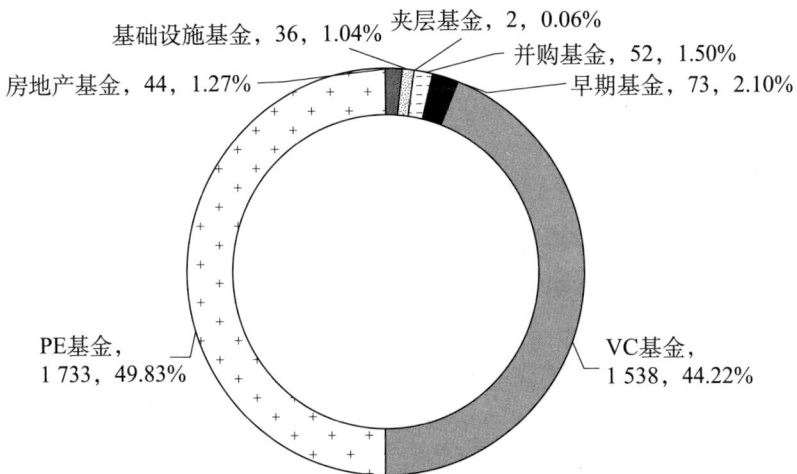

(a) 2020年中国股权投资基金类型分布（按募集基金数量，只）

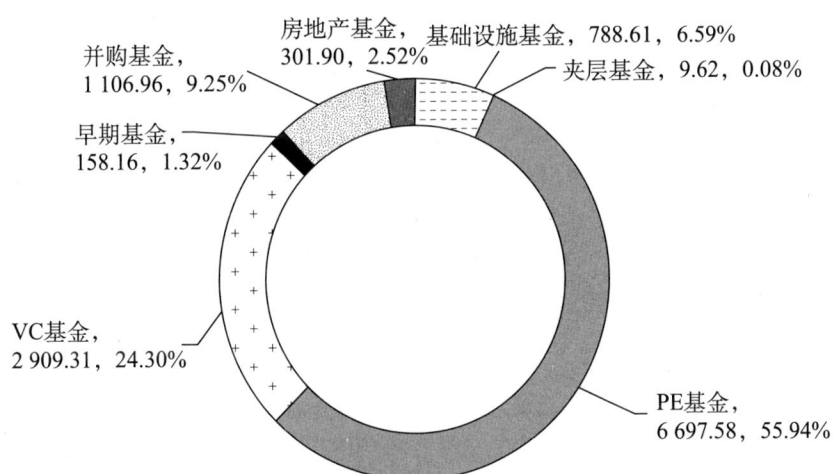

(b) 2020年中国股权投资基金类型分布（按募资金额，亿元）

图7-2　中国股权投资基金类型分布

资料来源：清科研究中心。

元，占1.32%。2020年，从中国早期投资市场的投资数量来看，投资案例数为1 076起，同比下降21%，投资总金额为123.11亿元，同比上升8.6%。2010—2020年中国早期投资市场投资情况参见图7-4。

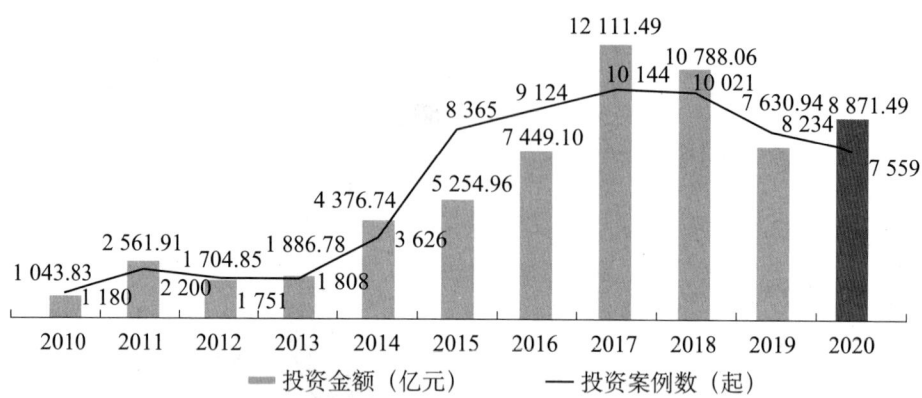

图 7-3　2010—2020 年中国股权投资市场投资情况

资料来源：清科研究中心。

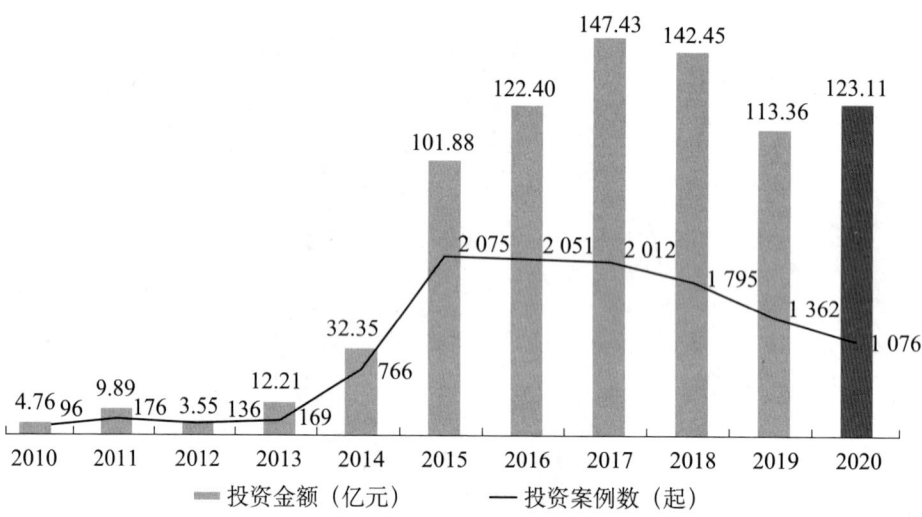

图 7-4　2010—2020 年中国早期投资市场投资情况

资料来源：清科研究中心。

（2）VC 基金的发展状况。

根据清科研究中心的数据，2020 年，从募集基金数量来看，VC 基金募集数量为 1 538 只，占 44.22%。按照基金募资金额来计算，VC 基金募集 2 909.31 亿元，占 24.30%。

第七章 中国资本市场的生态系统：培育多样化资本业态

从中国创业投资市场的投资数量来看，2020 年，投资案例数为 3 155 起，同比下降 8.7%，投资总金额为 1 952.64 亿元，同比上升 23.8%。2010—2020 年中国创业投资市场投资情况参见图 7-5。资金重点布局在生物技术/医疗健康和半导体行业。

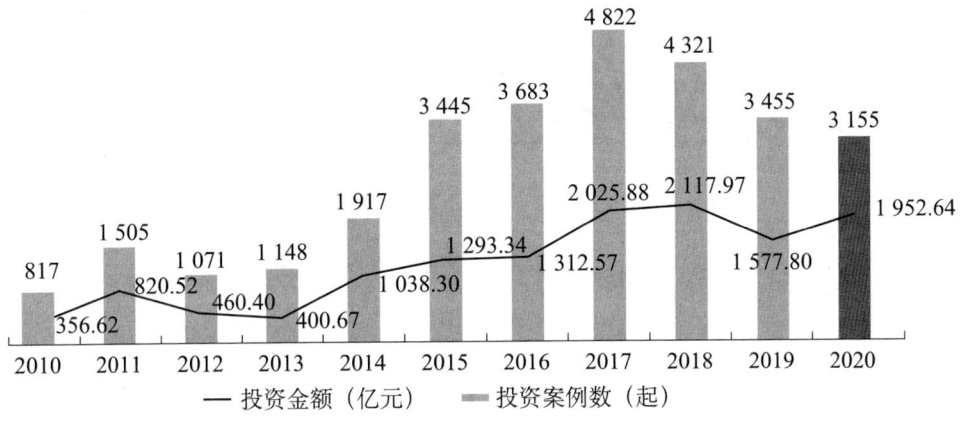

图 7-5　2010—2020 年中国创业投资市场投资情况

资料来源：清科研究中心。

（3）PE 基金的发展状况。

根据清科研究中心的数据，2020 年，从募集基金数量来看，PE 基金为 1 733 只，占 49.83%；按照基金募资金额来计算，共募集 6 697.58 亿元，占 55.94%。2020 年，从私募基金的投资数量来看，投资案例为 3 328 起，同比下降 2.6%；投资总金额为 6 795.74 亿元，同比上升 14.4%。2010—2020 年中国私募股权投资市场投资情况参见图 7-6。

（4）IPO 上市融资。

截至 2020 年底，A 股上市公司数量为 4 154 个，总市值为 79.72 万亿元。2020 年在沪深交易所通过 IPO 融资上市的公司共计 396 个，其中主板 90 个、中小板 54 个、创业板 107 个、科创板 145 个，与 2019 年首发数量 203 个相比增幅较大，增长将近一倍。2020 年首发募资总额为 4 699 亿元，其中主板 1 208 亿元、中小板 372 亿元、创业板 893 亿元、科创板 2 226 亿

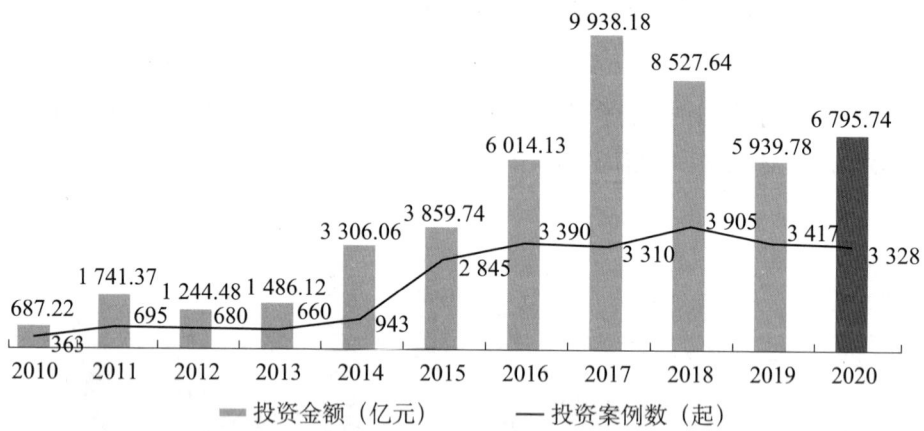

图 7-6　2010—2020 年中国私募股权投资市场投资情况

资料来源：清科研究中心。

元，募资总额同比增长 85.6%，创近年来 A 股 IPO 融资规模之最。2010—2020 年中国资本市场 IPO 情况参见图 7-7。

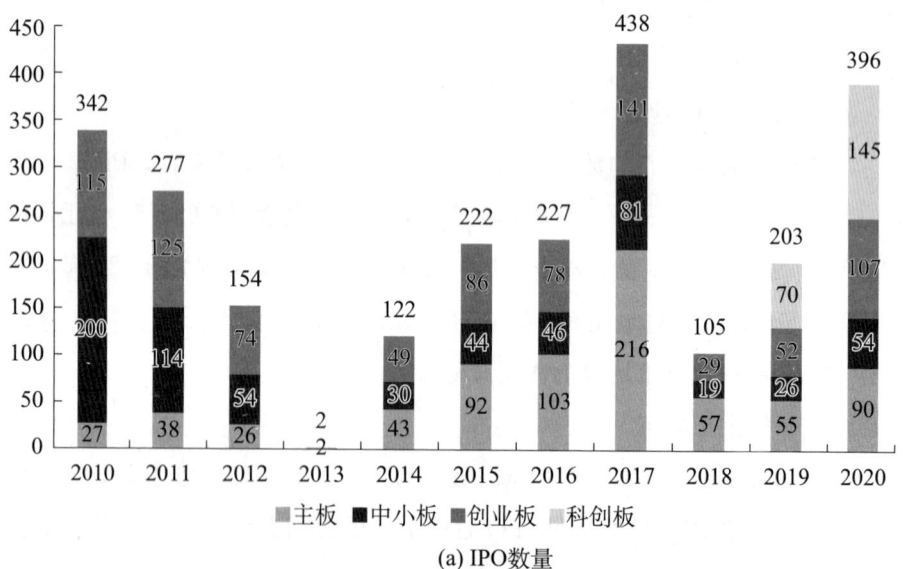

(a) IPO数量

图 7-7　2010—2020 年中国资本市场 IPO 情况

第七章　中国资本市场的生态系统：培育多样化资本业态

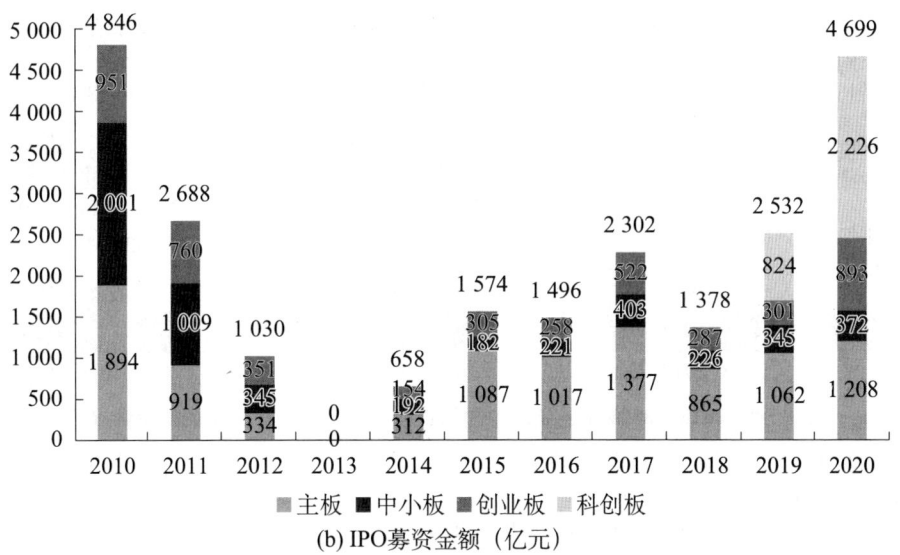

(b) IPO募资金额（亿元）

图7-7　2010—2020年中国资本市场 IPO 情况（续）

资料来源：Wind 数据库。

2. 中国私募股权基金：企业成长的推动器

（1）私募股权基金有助于为初创企业提供资金支持。

如前所述，初创企业需要资金进行研发投入，企业研发成果能否转化为经济利益仍然存在较大的不确定性，且没有足够的资产用于抵押，所以面临较大的风险。由于商业银行是风险厌恶者，所以初创企业难以获得商业银行的贷款。私募股权投资与银行的信贷资本不同，它具有期限较长、风险承受能力较高、主动性较强的优势，可以为初创企业提供股权资金支持。

私募股权基金的投资项目呈现出典型的初创期、中小型、高新科技性的特点。截至2020年末，私募股权基金有在投中小企业项目64 318个，在投本金19 866.78亿元；有在投高新技术企业项目37 311个，在投本金16 386.12亿元；有在投初创科技型企业项目14 733个，在投本金2 457.53亿元。2018—2020年各年末中国私募股权基金不同标的类型投资情况参见图7-8。

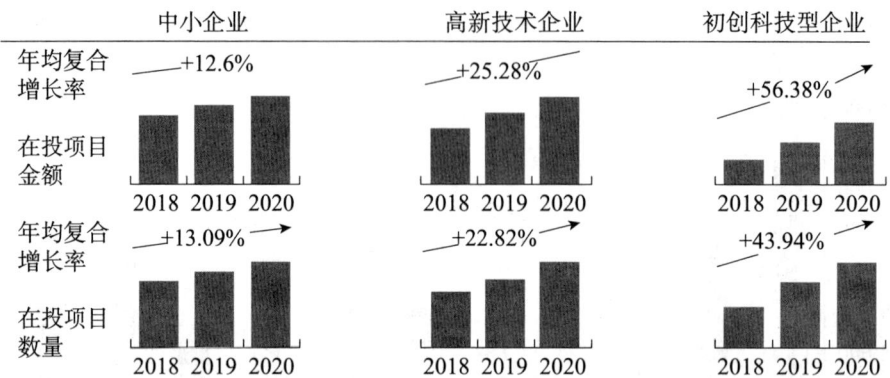

图 7-8 2018—2020 年各年末中国私募股权基金不同标的类型投资情况

资料来源：中国证券投资基金业协会。

(2) 私募股权基金有助于促进企业创新。

PE/VC 行业的一大特点就是高风险、高收益。对初创企业的投资失败的可能性极大，只能靠投资成功公司的巨大盈利来弥补投资失败的风险。私募股权基金是以成长为导向的，只有所投资企业的高成长才能带来高估值，私募基金也才能获得高额回报。企业的高成长性来源于未来巨大的市场以及企业的独特优势。

为此，私募基金会投资于未来有发展前景的产业的企业，只有进入有发展前景的产业，企业才能有巨大的成长空间，也即是说，只有未来成长空间巨大的公司才能从 PE/VC 基金处获得融资，PE/VC 基金在企业早期的融资中就已经对企业从成长性方面做出了筛选。这也是为什么全球市值排名前十的企业大都是基于互联网的公司，如：第 4 名，亚马逊；第 5 名 Alphabet（谷歌母公司）；第 6 名，脸书；第 7 名，腾讯；第 9 名，阿里巴巴。

私募股权基金的引导作用推动了产业的升级。从私募基金所投资的行业分布看，互联网等计算机运用、医药生物、医疗器械与服务、半导体等产业的升级及新经济代表领域是私募基金布局的重点，有在投项目 6.67 万个，在投本金 3.51 万亿元，投资数量和本金占比均超总数的 50%。截至 2020 年末，在投本金排名前十行业中，半导体、医药生物以及医疗器械与服务行业较上年末同比增速较高，分别为39.32％、27.85％和21.69％。①

企业的独特优势来自创新，创新作为企业的核心竞争力，是保证创业企业在激烈的行业竞争中存活下来并得以成长的关键。然而，企业的创新研发是一个漫长的不断试错的过程，因此私募股权基金对失败的容忍度会对创业公司的创新活动产生重要影响。Tian（2014）的研究表明，风险投资者对失败的容忍度越高，在其支持下的初创企业的创新能力就越强：它们对研发的投入更高，拥有更多高质量的专利。风险投资者对失败的容忍使得创业企业有机会克服企业在初创阶段的困难，充分发挥自身的创新潜能。

相比于其他传统的投融资方式，私募股权投资更能激励和促进创新，原因有以下几点：首先，私募股权投资作为有效的股权融资方式，专注于早期中小微企业的长远投资，能有效缓解这些融资约束很强的企业的研发投资不足的问题，降低外部融资成本。私募股权基金的筛选和监督能力均强于银行，对企业估值更准确。在信息不对称严重的创新活动中，股权形式的创业投资比债务更能发挥优势，更能提高资源配置效率，提升企业的创新效率。其次，私募股权基金为企业提供专业增值服务，进入董事会监督企业，促进企业的创新活动。

（3）私募股权基金有助于提升创新企业的公司治理水平。

由于私募股权基金通过在所投资的企业中持有的股份增值来获得利益，所以它们的利益与所投资企业的利益紧密相连。企业经营的好坏、成本的高低、市场的营销状况直接影响到私募股权投资的收益率。私募基金作为专业投资者，在向所投资企业注入资金的同时，通常会发挥股东的积极作用，股东利用长期积累的经验、知识和商业网络关系参与企业的公司治理。它们通过在投后提供战略、管理、资源等多维度增值服务和配套支持，综合运用"用手投票"和"用脚投票"等手段督促大股东和高管人员积极履责。私募

---

① 高云. 证监会市场二部主任王建平：将推动私募条例尽快出台，支持真私募，打击乱私募，坚决出清伪私募. 新浪财经，2021-10-21。

股权投资者一般会通过以下三种方式参与新企业的经营管理,提升公司治理水平:

第一,参与董事会活动,私募股权投资公司将自己的人员或代表安排到公司董事会中,它们对董事会的参与一方面加强了对该公司的直接控制,另一方面也及时地掌控了企业的情报、动态和趋势。第二,组建高效的管理团队,创新企业在初创期管理团队往往不健全,并且缺乏管理经验和营销知识,私募股权投资公司能够帮助其构建管理层,并设计高级管理人员的薪酬激励机制。第三,对创新企业实施监督。私募股权投资者在决定投资之后,会对该项目开发的用款逐笔监督,一看是否为必要支出,二看该项支出是否经济,有无更好的替代方案。

(4)私募股权基金有助于提升企业的价值。

Tian(2012)认为,私募股权基金充分利用自身的优势从不同方面支持所投企业,同时它们拥有更多的渠道来获取信息,对行业的理解更深入,对企业产品的定位更准确,从而更有效地帮助企业提高产品的市场价值。

此外,私募股权基金能为企业创造资本市场价值。在同等条件下,私募股权基金所支持的企业更容易被收购和实现IPO。经统计,超过80%的科创板企业和60%的创业板企业上市前曾获得私募股权基金和创投基金投资。从地域看,北京、上海、广东、江苏和浙江上市公司稳居前列,同时也是股权和创投机构聚集度最高的地域,二者互相促进。在2021年前三季度共有472个公司实现IPO,其中,341个背后有着私募股权基金的支持,私募股权基金渗透率达到了72%。[①] 2011年至2021年第三季度私募股权基金IPO渗透率参见图7-9。

(四)并购基金:产业整合与转型升级的催化器

并购基金,又称杠杆收购基金,是指专注投资于企业并购的基金,其通

[①] 高云. 证监会市场二部主任王建平:将推动私募条例尽快出台,支持真私募,打击乱私募,坚决出清伪私募. 新浪财经,2021-10-21.

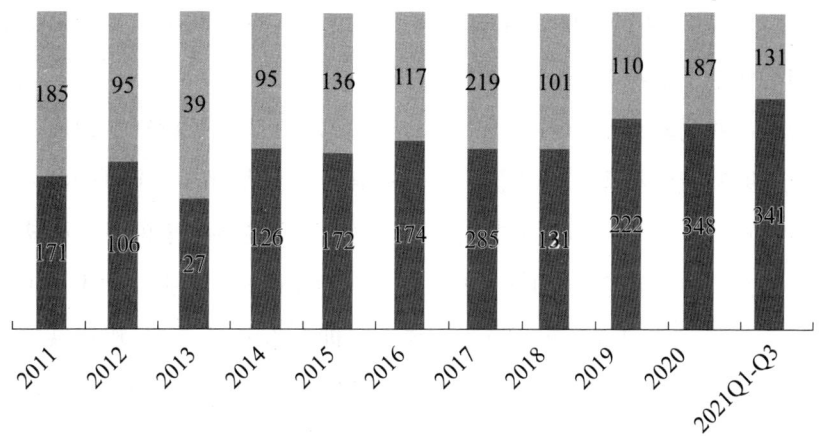

图 7-9　2011 年至 2021 年第三季度私募股权基金 IPO 渗透率

资料来源：清科研究中心。

常的运行模式是以股权收购的方式参与或取得目标企业的控制权，然后通过重组、资产置换等方式提升企业的资产质量和营运水平，在持有一个时期后通过溢价出售的方式取得并购的收益。

1. 并购基金的发展

并购基金最早出现于美国，在美国第三次并购浪潮（1965—1969 年）中，开始出现了并购基金，在这一阶段并购基金主要以参股为主。在美国第四次并购浪潮（1981—1989 年）中，并购基金开始主导并购，并直接参与标的公司的改造，并购基金大量使用了金融杠杆，采用垃圾债券作为夹层资金，金融资本渗透到实体经济中并整合相关资源对企业进行改造，通过发掘企业潜力提升其价值，促进了实体经济的发展。在美国的第五次并购浪潮（1992—2000 年）中，并购基金从主导并购转向寻求与上市公司合作，围绕上市公司的产业布局与整合，促进企业实现产业升级、跨境跨界发展，提升公司价值，发挥金融杠杆的作用，促进了高新行业的发展，通过助推行业变革促进了经济的发展，体现了杠杆收购基金服务实体经济的正向功能。美国的第六次并购浪潮（2004—2015 年）以跨境跨界跨业并购为主要特征，但由于2008年金融危机的影响，并购基金的发展势头有所减缓，并购基金通过全球布局促进了经济全球化与一体化进程。

我国的并购基金市场兴起于2000年之后，2003年弘毅资本的成立标志着本土并购基金的崛起，以弘毅资本、中信资本为代表的本土机构深入参与到国企改革、产业整合的浪潮中。随后，以硅谷天堂为代表的私募机构的出现代表了具备中国特色的"PE＋上市公司"运作模式的兴起。"PE＋上市公司"模式是我国并购基金常见的运作模式，即上市公司与PE机构共同成立产业并购基金，主要投资于上市公司拟战略投资的企业，待项目运营成熟后再由上市公司进行并购，并购基金从而实现退出。

根据普华永道等机构的报告，中国的并购活动交易额在2017年达到最大规模，2018—2019年并购金额和数量均稍有回落，2020年开始回升。主要增长来自战略投资者和基金的并购，同时中国企业海外并购的规模有所下降。并购交易随着中国经济转型升级和战略推进持续蓬勃发展，并购重组已成为资本市场支持实体经济发展的重要方式。2010—2020年中国并购市场总体情况参见图7－10。

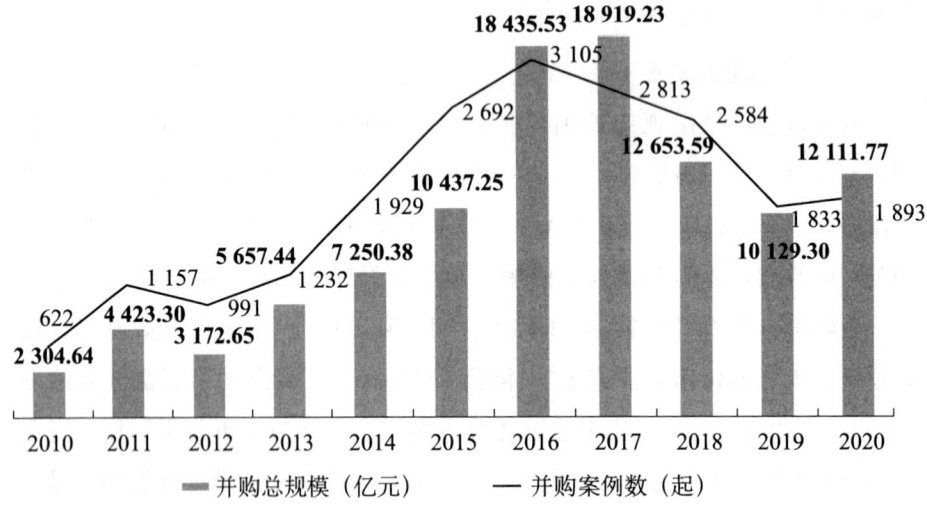

图7－10　2010—2020年中国并购市场总体情况

注：图中加黑的数字为并购总规模数据。

资料来源：清科研究中心。

根据清科研究中心的数据，目前中国境内并购基金的占比依然较低。2020年新募集并购基金数52只，募资金额达1 106.96亿元，分别占当年私募股权投资市场新募基金数的1.5%和募资金额的9.2%；而在全球市场私募股权基金中，并购基金募资金额占50%～60%。相较西方发达国家的并购基金在私募股权基金中的占比，中国的并购基金行业尚处于起步发展阶段，仍有较大的增长潜力。

2. 并购基金的功能

(1) 并购基金的外部治理机制。

在现代公司治理中，管理者利用特权追求私人利益的代理问题是不可忽视的。一般企业通过报酬安排、经理市场、有效的股票市场以及将企业的所有权与控制权相分离的机制可以在一定程度上减少代理问题。然而，当这些机制都不足以控制代理问题时，接管可能是最后的外部控制机制。如果由于低效或是代理问题而使企业经营业绩不佳，那么并购机制将使得企业高管面临着被接管的威胁，并购方作为股东可以提出正式的股东提议或对管理层公开批评并要求改革，或是威胁通过代理权争夺获得董事会席位，或是起诉管理层失职，抑或是发起代理权争夺以替换董事会或直接获取目标企业的控制权。并购基金可以通过接管威胁来减少代理问题所带来的经营效率低下、业绩不好等问题，实施新的战略规划、优化组织结构和提升运营效率等，在短期内改善企业的经营业绩，实现企业价值提升。

(2) 并购基金的内部治理机制。

并购基金会积极改善被并购企业的公司治理、优化项目公司的战略目标、商业模式、组织结构、内部控制和经营管理等，从根本上改进公司的行为方式和企业文化以达到更好的经营绩效。

并购基金的收益在很大程度上来自被并购企业公司治理水平的提升，并购基金既可以督促和激励企业自发改善治理，也可以通过并购后改组公司治理结构，加速企业向最优公司治理结构调整。

并购基金采取的具体措施包括与董事会和管理层定期就股东价值提升目

标沟通交流，以及不涉及代理权争夺或其他对立情形的董事会代表增加等。

在并购基金主导的杠杆收购中，自由现金流的代理成本会降低。如果经理倾向于规避风险，那么增加的债务会对企业高管施加压力，让他们有动力改进企业绩效以避免破产。因此，杠杆收购还会给企业高管带来一种债务约束，避免浪费资源的投资，让企业高管在做决策时将企业价值的提升作为其动机之一。

（3）并购基金的价值增值机制。

从并购基金的投资策略来看，并购基金主要分为控股型并购基金和参股型并购基金两类。控股型并购基金以杠杆方式放大自身投资能力，通过对潜在的并购项目进行锁定和培育，控制标的公司并主导其整合、重组和运营，最大限度地提高资金使用效率与并购效率。参股型并购基金不以控制标的公司为目的，以债权或股权融资的方式协助其他主要并购方参与标的项目的整合重组。并购基金通过对标的公司进行资产整合重组，发现和创造其价值。

并购基金会通过挖掘被并购企业经营效率的提升潜力改善治理结构，在公司经营战略上提供咨询和建议，实现协同效益，提升公司信息效率，降低企业自由现金流。因此，增值服务成为杠杆收购重要贡献和收益的来源。

杠杆收购通常会给管理层股权激励以及更大的决策授权，使管理层与股东的利益保持一致，有更高的自觉性来降低成本，增加公司的价值。同时，为了逐渐偿还银行贷款，降低债务负担，公司的管理人员会通过削减经营成本和改变市场战略提高运作效率，从而增加利润和现金流量。例如，减少未得到充分利用的资产（如存货和设备），加强应收账款的管理，提高产品质量，调整产品价格和雇员的工作，努力与供应商达成更为有利的条款，甚至进行裁员，适当削减在新产品研发和新厂房设备方面的投资，或者将公司的一部分获利能力低的资产、部门或附属机构售出，而保留有获取现金能力的资产、部门和附属机构等，从而最大化公司价值。

我国并购基金采用的一种主流模式是"上市公司＋PE"模式，该模式可以实现PE基金和上市公司的互利共赢。首先，PE基金在产业或行业分析、投资价值的提升等方面具有丰富的经验，以其专业的投资运作和资产管理能力为拟并购项目的筛选、立项、组织实施以及已投项目的监督和共同管理提供良好的技术支持；上市公司以良好的信誉为并购基金募集资金，后期可将并购项目装入上市公司以实现安全的投资退出。由于上市公司在其行业内具有较强的产业经验，因而有助于判别并购项目质量和降低投资不确定性。另外，上市公司能够利用其强大的产业链资源运作优势快速提升项目公司的经营业绩以使其做强做大。上市公司为提高项目公司的经营管理能力，通常会参与或主导项目公司的投后管理。

（4）并购基金的产业整合与升级机制。

根据主要资金来源、运营目标、募资地点等方面的不同，中国并购基金市场的主要参与者可以分为独立并购基金、产业合作并购基金、外资并购基金。按参与的并购交易规模计，三者在近三年中国并购基金市场中的占比依次约为44%、49%和7%。[①]

并购基金通过对被并购企业的资产重组，将被并购企业的资产组合成更优质的资产，然后再出售，从而实现价值增值。如2004年1月，弘毅投资收购并控股了江苏玻璃集团。在弘毅投资的主导下，江苏玻璃集团收购整合了另外7个玻璃企业，并引入英国皮尔金顿集团作为战略投资者。资产重组后的江苏玻璃更名为中国玻璃控股集团，于2005年6月顺利在香港上市。并购基金通过对被并购企业的资产重组实现了产业整合。

产业合作并购基金主要采取"上市公司＋PE"模式，并购主要服务于上市公司的战略、布局新产业以及扩大规模等目标。上市公司要实现公司的成长有两条路径：一是在同一行业中通过产品生命周期的演进实现企业成长；二是通过不同行业生命周期的演进实现企业成长，该成长路径是企业通过进入更具发展前景的新兴行业来实现的。企业通过在不同行业的战略资源配置实现产业升级。

---

① 蔡宇宁. 2020中国并购基金行业概览. 东方财富网，2020-03-31.

二、中国资本市场的生态系统：投资视角

无论是居民财富管理、金融机构业务转型还是国家风险管理，都与多元化的资本市场密不可分。随着资本市场功能的不断完善、投资端建设的不断增强，资本市场的发展为居民财富管理、金融机构业务转型和国家风险管理提供了重要工具和主要平台。本章将立足投资视角，分财富管理与多元化资本市场、金融机构转型与资本市场以及国家风险管理与资本市场三部分展开阐述。

（一）财富管理与多元化资本市场

1. 财富管理的经济背景

在本章中，财富管理主要是指以资产保值增值为目标的综合性金融服务。具体而言，财富管理是指以客户为中心，提供全面的财务规划、咨询服务和管理策略，对客户的资产、负债和流动性进行管理，以满足客户不同阶段的财务需求，帮助客户达到降低风险、实现财富增值的目的，其提供的金融产品和服务包括流动性支持、信用保障、保险产品、投资组合等。

中国的财富管理已经进入新阶段，未来需求广阔。当前我国正处于居民财富总量上升、资产结构改变和长期资金入市的阶段，财富管理市场正面临战略发展机遇。

（1）财富总量方面——居民财富总量上升，对财富管理的需求增长。

改革开放以来，中国经济的高速发展推动居民财富快速积累，我国人均GDP和城镇居民人均可支配收入的年化复合增速均超过10%。据预测，2025年我国成年人人均财富值将达到105 400美元。[①] 通常，居民的风险偏好存在绝对风险厌恶下降（DARA）的特征，即随着个人资产总量的上升，

---

① 资料来源于瑞信集团发布的《2020年全球财富报告》。

对风险资产的偏好程度会加强（Guiso and Sodini，2013）。Calvet 和 Sodini（2014）通过实证发现：在居民财富增加过程中，风险资产占总资产的比例逐渐上升，因此可以推断未来我国居民的财富管理规模将进一步增大。

图 7-11 给出了我国人均国民生产总值，图 7-12 给出了我国个人可投资资产规模。

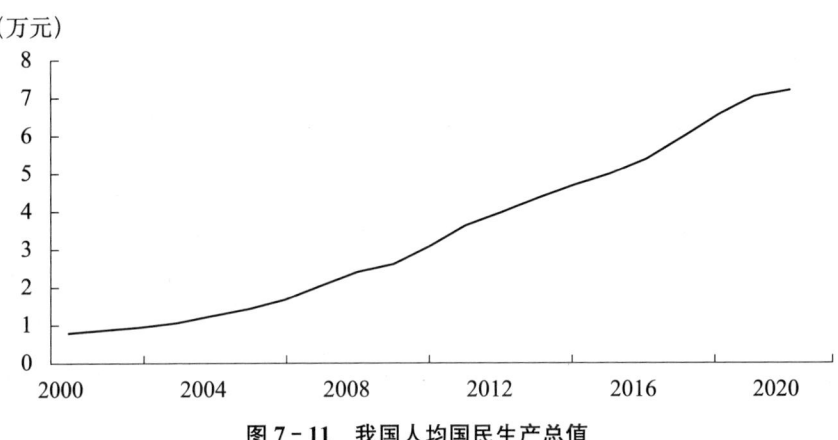

图 7-11 我国人均国民生产总值

资料来源：国家统计局。

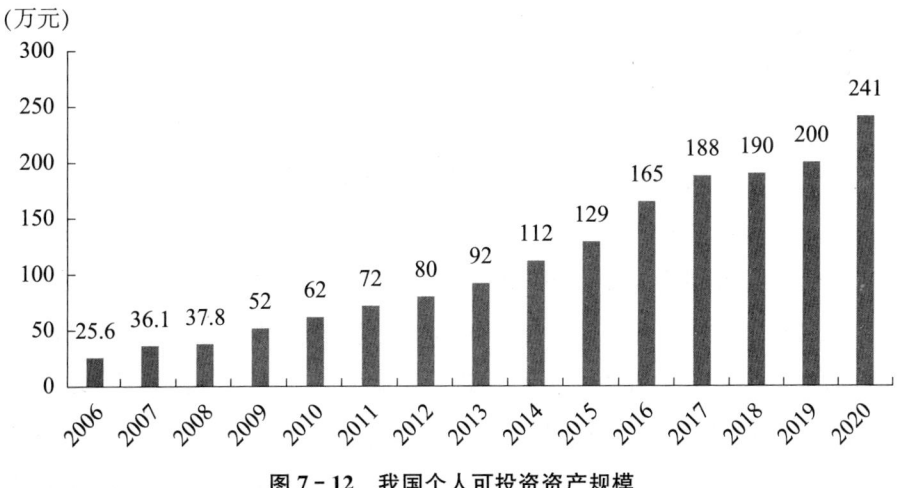

图 7-12 我国个人可投资资产规模

资料来源：中国建设银行与波士顿咨询公司联合发布的《中国私人银行报告》；Wind 数据库。

(2) 资产结构方面——实物资产向金融资产转移，储蓄转向非储蓄。

传统上，我国居民的财富主要是房地产，金融资产主要是银行存款。这种结构未来会有很大改变，原因在于以下两点：

一是在刚需式微＋"房住不炒"政策的影响下，住房占金融资产的比重会逐渐下降。当前城镇家庭的住房拥有率为96.0%，户均拥有住房1.5套，即居民的首套房需求得到初步满足。[①] 随着我国人口增速变缓、适龄购房人口规模下降，居民的刚性购房需求式微。此外，政府反复强调房住不炒。随着相关政策的进一步落实，房地产的高收益、低风险属性将淡化，居民资产向金融资产转移。

二是对金融产品的需求升温导致"存款搬家"。由于社会保障体系不健全、居民风险偏好较低、投资渠道过于狭窄等原因，中国国民储蓄率常年高于世界平均水平。随着理财产品的发展，理财产品具有低门槛、低风险和高流动性等属性，且收益率高于银行存款，成了银行存款的优良替代品，导致居民存款搬家至金融产品。据邮储银行统计，2013—2018年中国存款年复合增长率仅为8.1%，同期银行理财、券商资管、公募基金、私募基金等金融产品的年均复合增长率分别高达28.3%、39.5%、34.2%、26.8%，这反映出储蓄资产逐步向金融资产转移的特征。图7-13展现了我国居民财富配置结构。

(3) 长期资金方面——长期资金入市促进市场理性繁荣。

我国正通过以下三个渠道推进长期资金入市：一是保险基金。2021年银保监会进一步放宽了保险公司投资权益类资产的比例，与偿付能力充足率挂钩，最高一档可达到上季末总资产的45%。二是社保基金。全国社保基金投资权益类资产30%的比例上限有望进一步提高。三是地方社保基金。截至2020年，全国已有22个省份与全国社会保障基金理事会签署基本养老保险基金委托投资合同，签约规模超万亿元。随着长期资金来源的丰富，我国股

[①] 资料来源于中国人民银行《2019年中国城镇居民家庭资产负债情况调查》。

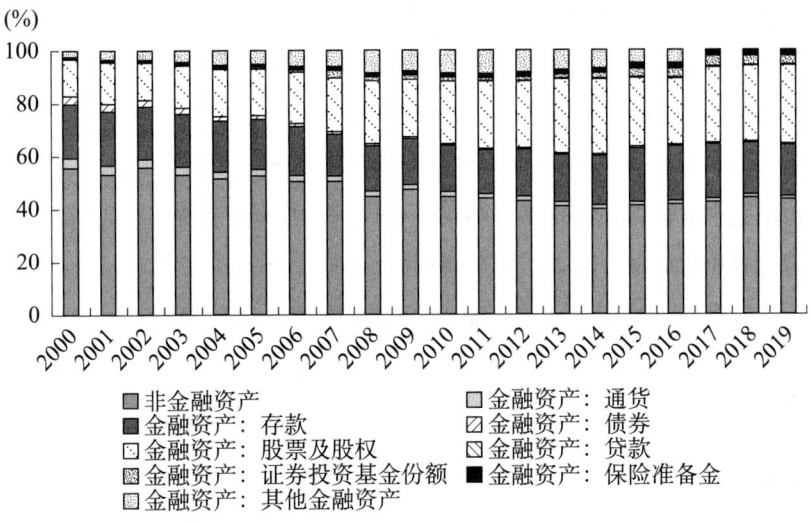

图7-13 我国居民财富配置结构

资料来源：Wind数据库。

市以短期资金为主的资金结构将发生转变，进而减少短期投机，促进市场投资理念向长期投资和价值投资转变，形成有利于财富管理行业健康发展的长牛、慢牛行情。

2.资本市场发展对财富管理的支持作用

（1）资本市场支持财富管理的理论机制。

a.定价功能对财富管理的支持作用。

风险定价功能是进行财富管理的前提，本质上是对资源配置过程中存在的不确定性进行预估并合理排序。在微观层面，风险定价所反映的是每一种资产所带来的未来收益与风险的平衡；在宏观层面，表现为金融资产价格的决定机制和价格体系的合理性。如果没有实现资产和风险市场化定价的资本市场，其金融功能就会停留在比较原始的状态，即主要为实体经济提供融资服务的初始阶段。资本市场的定价机制主要集中在证券发行定价机制、二级市场金融产品定价机制和金融衍生品定价机制上，这种定价机制对财富管理功能的实现与升级具有重要的推动作用。投资者根据对投资对象价值的判断来进行投资活动，但是除了机构投资者等有研究实力的机构外，单个投资者要对金融市场上的每个投资工具、投资对象进行分析，既不经济又难以实现。然而，当市场可以对资产和风险合理定价时，价格能直接反映金融产品的内在价值，财富管理将进而得到合理配置。此外，定价功能的实现对长期资产和相关金融产品的配置更为重要。随着资本市场的发展，各类市场主体的信用边界更加清晰、长期定价基准更加成熟，机构投资者和长期资金的不断壮大使价格所达成的共识日益显现，避免以往依赖短期资金池滚动接续以及"短借长用""明股实债"等扭曲，进而为居民长期财富管理提供有效的定价基础和风险控制。

b. 流动性改善对财富管理的支持作用。

流动性指的是市场的参与者能够迅速进行大量金融交易，且不会导致资产价格发生显著波动。随着资本市场的发展，流动性的改善有助于财富管理功能的实现。如果市场上的股票或债券产品流动性较差，即很难及时以理想的价格买卖或者交易，就会给证券价格带来大幅度波动。对于资金量较大的机构投资者来说，低流动性难以满足财富管理机构及时进行仓位调整的要求。而随着市场流动性逐步改善，可供机构投资者选择的投资标的会逐渐增加，有助于财富管理机构进一步提升资产配置功能。此外，随着资本市场的发展，国家应当为部分本身流动性较差的产品提供交易渠道，以实现流动性的增强进而吸引投资者参与投资。例如，封闭式基金在封闭期内是不可赎回的，并且基金在进入封闭期后，除非经过特殊批准，基金单位将不会再增加或减少，在此情形下，持有者若想迅速变现，可把基金转至券商账户，并在二级市场上进行竞价交易以获取流动性。

c. 资产成长性与产品供给对财富管理的支持作用。

财富管理的关键在于要促进居民储蓄向投资转化，这就需要通过完善资本市场要素为居民投资提供长期的、持续的投资价值，同时为居民投资提供多元化的金融产品。在投资价值方面，过去占市场主流更多的是一些成熟的企业，市场主要看中企业的历史、现状与当前盈利，对未来的预期不太重视,难以形成长期投资和价值投资的良好环境。随着资本市场的发展使得上市公司的市场结构不断调整,以高科技企业为代表的高成长性企业成为上市的主流,底层资产的高成长性与长期投资价值有助于进一步增强资本市场的财富管理功能。在金融产品方面,资本市场中介机构在金融产品的创造和发展中发挥了无可替代的作用。随着金融市场的发展,信贷、保险、股票、债券、理财、衍生品等多层次产品不断完善与创新,为全社会提供所有风险在不同层次匹配的序列金融资产和类型,从而吸收具有不同风险偏好的投资者的资金,实现储蓄向投资的转化。此外,产品的不断丰富与创新有利于居民丰富投资策略,强化跨时期和跨市场的配置功能,进一步帮助投资者实现风险分散和价值增值。

(2)资本市场支持财富管理的发展情况。

资本市场的发展带来了市场功能的不断深化与变革,同时也为财富管理行业的发展提供了支持,拓宽投资平台、丰富产品体系、形成与完善多层次资本市场等都是资本市场对财富管理提供支持的具体体现。具体来看:

a. 拓宽投资平台。

财富管理机构日趋多元是资本市场多元化发展的重要体现,除银行、保险公司、信托公司、证券公司等传统金融机构外,我国还新批准设立了近30个专业的理财公司,并积极引进在财富管理领域具有特长和经验的外资机构。当前国内资产管理机构主要包括基金管理公司及其子公司、证券公司及其子公司、私募机构、商业银行、信托公司、期货公司、保险公司和保险资产管理公司等,负责对受托资产进行配置、提供投资建议或执行投资计划。具体分类和对应资产管理业务见表7-1。

表7-1 资产管理机构的分类与对应业务

机构类型	资产管理业务
基金管理公司及其子公司	公募基金、各类非公募资产管理计划
证券公司及其子公司	集合资产管理计划、单一资产管理计划、私募股权及创投类基金(直投,含FOF)

续表

机构类型	资产管理业务
私募机构	私募证券投资基金、私募股权投资基金、创业投资基金、私募资产配置基金等
商业银行	非保本银行理财产品、私人银行业务
信托公司	单一资金信托、集合资金信托
期货公司	期货资产管理业务
保险公司、保险资产管理公司	万能险、投连险、管理企业年金、养老保障及其他委托管理资产

资料来源：证监会。

b. 丰富产品体系。

财富管理市场日趋成熟，已基本形成货币、信贷、保险、股票、债券、理财等协同发展的多层次金融市场体系。财富管理产品日趋丰富，基本涵盖境内、境外各个大类资产市场，形成公募基金产品、私募基金产品、基金公司专户产品、保险资管产品、券商资管产品、期货资管产品、信托产品、银行理财产品等产品体系。资本市场的多元化发展为投资者提供了多样化的投资选择，使得产品的收益与不同等级的风险相匹配。

从产品总量来看，我国资产管理规模增长迅速。截至 2020 年末，我国资产管理业务总规模约为 58.99 万亿元[①]，较 2019 年末增加 6.76 万亿元，同比增长 12.94%。其中，证券公司、基金公司和期货公司各自及其子公司私募资产管理业务规模分别为 8.55 万亿元、8.06 万亿元和 0.22 万亿元；而公募基金、私募基金、资产支持专项计划规模和基金公司管理的养老金规模分别为 19.89 万亿元、16.96 万亿元、2.11 万亿元和 3.36 万亿元（见图 7-14）。从产品结构来看，在所有的理财产品中，公募基金类标准化产品的占比在逐年提升；公募基金中头部公司市场占有率实现提升。截至 2020 年末，当前中国理财市场结构中，公募基金占理财产品（含中国证券投资基金业协会披露的所有资产管理产品以及银行理财产品）的比例为 23.44%，相

---

① 正文中的总规模数据与图 7-14 中各类数据加总有出入，可能是由于官方统计口径的问题。具体参见中国证券投资基金业协会官网中的《资产管理业务统计数据（2020 年第四季度）》。

较于2016年的11.33%，份额明显提升。

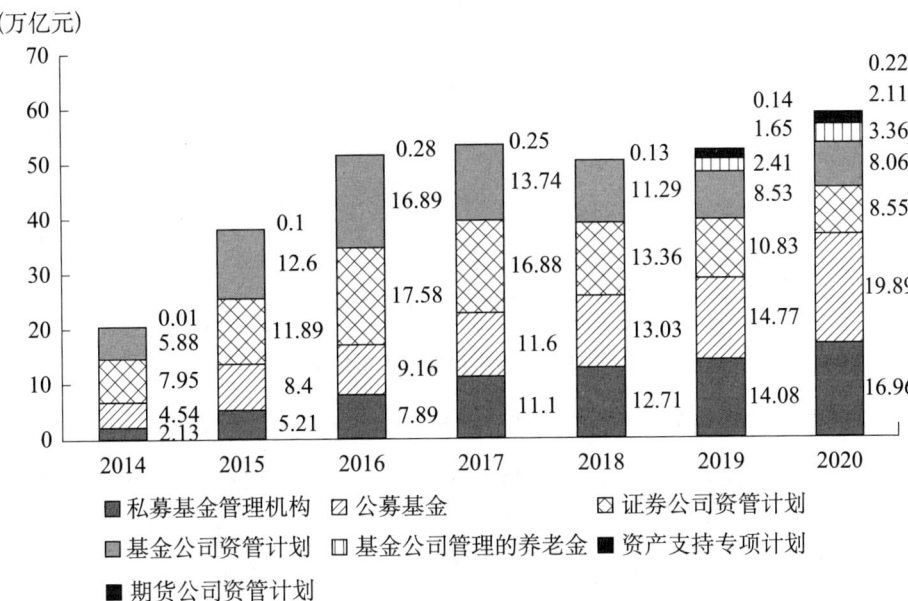

图7-14　2014—2020年中国资产管理规模构成

资料来源：中国证券投资基金业协会。

c. 形成与完善多层次资本市场。

随着2021年9月北交所的注册成立，我国将形成以沪深交易所（包括沪深主板、中小板、创业板、科创板）、新三板（包括北交所、基础层、创新层）以及区域性股权交易市场为核心的多层次资本市场（见图7-15）。同时，我国资本市场基础制度体系更加成熟，从股权分置改革到《证券法》修订，再到注册制，一揽子改革措施使市场基础制度不断完善。在注册制改革的引领和带动下，证券发行、定价、交易等环节的市场化程度逐渐提高，同时上市条件宽松、以信息披露为中心、市场预期稳定等特征形成一个良性循环，将改善我国资本市场生态系统，进一步助力专精特新中小企业的上市与发展，为投资者提供多样化的资产选择。

数据显示，截至2021年10月25日，上交所共受理了347个企业的科创板首发上市申请，合计通过IPO募资3 971.24亿元，总市值达到50 384.4

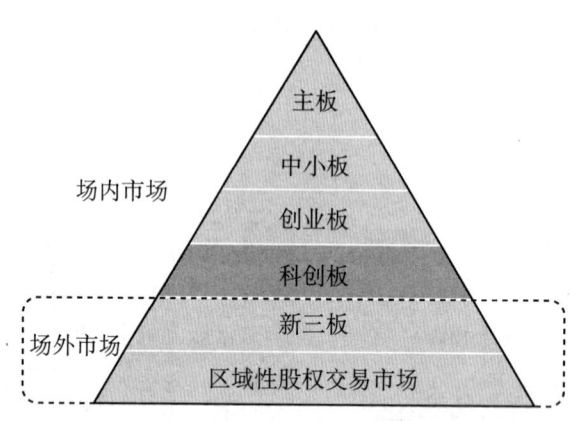

图 7－15 我国多层次资本市场结构图

亿元，是募资金额的12.7倍，其中多数集中在电子、电力设备、医药生物等高新技术行业。自创业板注册制试点以来，深交所共受理217个企业的创业板首发上市申请，合计通过IPO募资1 487.14亿元；新上市公司总市值达到19 494.1亿元，占该板块整体市值的15.02%，不管是IPO数量还是募资总额，都呈现出高速增长的态势。此外，常态化退市、投资者保护等各项制度建设也在有序推进，在上市公司宽进严出门槛制度和优胜劣汰的市场化体系运作过程中，A股市场的上市公司质量逐步提升。与此同时，越来越多在海外上市的优秀的中国企业陆续回归中国资本市场，借助沪深港通等互联互通基础设施，我国财富管理机构可投资标的范围持续扩大。随着资本市场各项规则的不断完善，与国际接轨的资本市场必将孕育出一大批在国际上有竞争力的优秀企业，为财富管理机构提供大量优质投资标的。

（二）金融机构转型与资本市场

我国资本市场正进入一个新的历史发展阶段，资本市场的发展会对原有金融机构业务产生深远的影响，并在此过程中产生大量新的金融需求，这些都将为金融机构转型提供新的指引方向。考虑到商业银行和证券公司更为典型，且与其他金融机构（信托机构、基金公司和保险公司等）在业务转型方面有较大重叠，本节就资本市场发展与商业银行、证券公司的转型展开讨论,并针对金融机构的影响和下一步转型路径展开探讨。

1. 资本市场发展与银行转型

资本市场的发展,一方面对商业银行的传统地位和资产负债业务形成了冲击,另一方面又促使商业银行增加了与资本市场的联系。资本市场的发展对商业银行既是挑战,又是转型和发展的机遇。

(1) 资本市场发展对银行业务经营的影响。

资本市场的发展伴随着金融脱媒的深化,整体来看对商业银行的影响主要体现在传统业务方面 (Schmidt et al., 1999),即以贷款业务为核心资产业务和以存款业务为核心负债业务。因此,资本市场的发展对银行的影响,本质上就是金融脱媒弱化了银行的资金融通功能。具体来看:

在存贷款业务总量方面,股票、债券市场的不断壮大,导致了商业银行存款的分流,给商业银行的负债业务造成了较大冲击。一方面,资本市场的发展促进了金融产品创新,各种金融产品和金融工具层出不穷,为居民和企业提供了更多的投资选择。而且由于投资方式也相对灵活,股票、债券、理财和基金等产品可以满足居民不同风险偏好的投资需求,其收益率也比存款利率更高。居民和机构的资金可能绕过商业银行,与资本市场直接对接进行投资,使银行吸收存款的能力被进一步削弱。另一方面,资本市场的发展使得企业融资渠道更加多元化,由于债券、票据、股权融资的成本可能比贷款更低,且相对于银行贷款具有不同的功能属性,社会融资方式逐渐由间接融资向直接融资转变。具体来看,大型优质企业更倾向于通过股票、债券方式进行融资,优质的中、小型企业也可以通过科创板、区域性股权交易市场、创业板或新三板市场筹集资金,发展前景较好的小微企业可以获得风险投资机构或私募股权机构的资金支持。因此,多层次的资本市场的发展不仅对信贷总量造成了冲击,而且造成银行优质信贷资产的部分流失。

在利差方面,贷款利率的下降和资金成本的上升使银行利差进一步收窄。一方面,从贷款利率来看,在资本市场的冲击下商业银行贷款利率可能出现下滑的趋势。当资本市场融资成本低于银行贷款利率时,银行可能通过贷款利率让利避免优质客户流失，同时商业银行之间的同业竞争也会使贷款利率进一步走低。从商业银行贷款平均利率来看，四大国有商业银行贷款平均利率从2012年的6.2%左右下降到2020年的5.76%左右。另一方面，从资金成本来看，随着资本市场的发展，商业银行的资金成本可能呈现出上升的趋势。资本市场中多元化的金融产品可以为居民和企业提供多样化的投资选择，对商业银行存款可能存在较强的替代作用，商业银行的资金来源也必然受到冲击。对此，商业银行为扩大资金来源，以较高利率的方式推出更多存款工具，例如结构性存款、通知存款、表外理财产品等。2015年我国政府取消了对商业银行存款利率的浮动上限后，五大国有商业银行3个月期、半年期、1年期定期存款利率分别相对于基准利率上浮1.227倍、1.192倍、1.167倍，吸收存款能力较弱的股份制商业银行和城商行存款利率的上升幅度则更大。这说明在资本市场发展中确实存在利率效应，一旦利率管制被放松，商业银行资金成本便呈现出上升的趋势。

(2) 商业银行的转型。

鉴于资本市场发展对商业银行资金融通业务造成的冲击，在资本市场加快直接融资发展的趋势下，商业银行可以从成立理财子公司、开展私人银行业务和服务资本市场三个方面进行转型。具体来看：

a. 成立理财子公司，促进直接融资和间接融资的对接。

鉴于当前理财子公司已获得"公募基金＋私募基金＋类信托"等综合的全能型牌照，已成为资产管理市场上唯一能够同时开展这三类业务的最强资管机构，理财子公司必将成为银行参与资本市场和大众投资的重要方式，并且由于理财子公司以公募基金、私募基金的方式直接对接资本市场投资，因而能在银行的间接融资功能上添加直接融资功能。按照"资管新规"和"理财新规"的要求，理财子公司成立后，银行理财资金可以投资于国债、地方政府债券、中央银行票据、政府机构债券、金融债券、银行存款、大额存单、同业存单、公司信用类债券、在银行间市场和证券交易所市场发行的资产支持证券、公募证券投资基金、非标债权、股票、未上市公司股权等。银行理财投资品类齐备、层次丰富，有效地实现了跨市场和跨品类投资，满足了高净值家庭组合投资、全生命周期投资甚至是财富传承的整体配置需求。此外，银行理财子公司是以银行的独立法人公司治理机制完全独立开展理财产品的经营管理的，无论是法律责任还是经营风险均在银行体系内建立了有效的"防火墙"隔离体系和机制。目前，商业银行理财子公司已成为商业银行存贷款业务转向资本市场业务的重要机构。截至2020年末，已有36家银行公告设立理财子公司及理财孙公司，包括6家国有行、10家股份行、17家城商行、3家农商行。其中，18个银行理财子公司已获准开业（见表7-2），还有2个理财子公司已获批筹建。

表7-2 银行理财子公司设立情况

序号	公司名称	开业时间	注册资本（亿元）	注册地	母公司名称	2019年母公司理财余额（亿元）
1	建信理财	2019年5月	150	深圳	中国建设银行	20 619
2	工银理财	2019年5月	160	北京	中国工商银行	26 421
3	交银理财	2019年6月	80	上海	交通银行	—
4	中银理财	2019年7月	100	北京	中国银行	14 277
5	农银理财	2019年7月	120	北京	中国农业银行	20 294
6	光大理财	2019年9月	50	青岛	中国光大银行	7 788
7	招银理财	2019年11月	50	深圳	招商银行	21 900
8	兴银理财	2019年12月	50	福州	兴业银行	—
9	中邮理财	2019年12月	80	北京	中国邮政储蓄银行	—
10	杭银理财	2019年12月	10	杭州	杭州银行	—
11	宁银理财	2019年12月	15	宁波	宁波银行	—
12	徽银理财	2020年4月	20	合肥	徽商银行	—
13	渝农商理财	2020年6月	20	重庆	重庆农商银行	—
14	信银理财	2020年7月	50	上海	中信银行	11 033
15	南银理财	2020年8月	20	南京	南京银行	2 924
16	苏银理财	2020年8月	20	南京	江苏银行	3 729
17	平安理财	2020年8月	50	深圳	平安银行	6 577
18	华夏理财	2020年9月	30	北京	华夏银行	6 522

资料来源：银行业理财登记托管中心。

b. 私人银行业务，针对高净值人群开展资产配置。

随着我国经济的发展，高净值人群数量及可投资资产规模持续增大，为财富管理业务的发展奠定了客户基础。国内私人财富市场稳健发展，2020年，中国高净值人群（个人可投资资产1 000万元人民币以上）数量达到262万人（见图7-16），高净值人群的可投资资产规模达到85万亿元人民币（见图7-17），年均复合增速达17%。

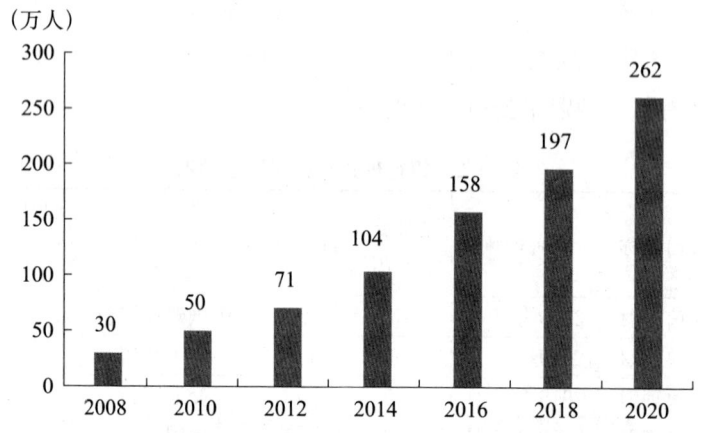

图7-16　2008—2020年可投资资产超过1 000万元的人数

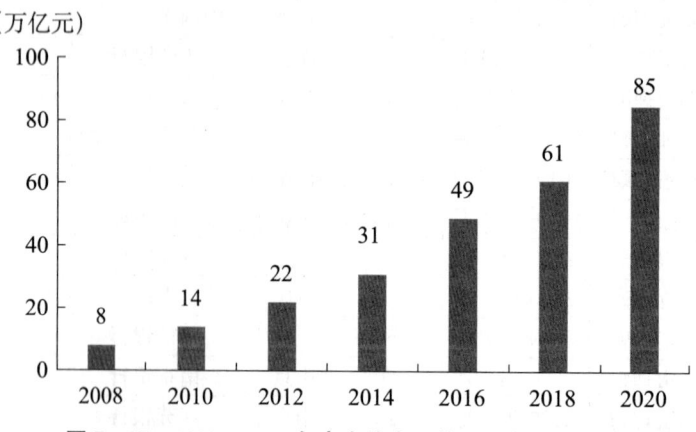

图7-17　2008—2020年高净值人群的可投资资产规模

资料来源：参见招商银行《2021中国私人财富报告》。

当前高净值人群的财富观念已不再局限于个人财富增长，财富需求更加趋向多元化，主要可以分为四个方面：个人需求、家庭需求、企业需求、社会需求。总体来看，财富增值仍然是个人需求的首要目标，但在家庭需求中子女教育、财富传承、财产安全等需求为主要方面。同时，非金融需求的人群也逐渐增加，尤其是在家庭需求中，更偏向于资产的综合配置和平衡投资、子女教育、财富传承等定制化的服务需求。银行应加速推动私人银行转型升级，开展为高净值客户提供专业化、个性化、综合化金融服务和全方位非金融服务的经营，进而发挥客户关系精细管理、低资本占用和产生多元稳定收入等作用。具体来看，在财富增值方面，经济新常态下银行理财产品收益率下滑，可以针对高净值人士积极寻求标准化的银行理财产品之外的高收益投资机会，例如私募股权投资、风险投资、大宗商品投资和另类投资等。同时私人银行客户的资产状况、风险偏好和投资理念各有不同，银行可以针对投资者偏好提供定制化的投资策略和产品，并可以引导高净值人士寻求境外投资，实现离岸、跨境业务协同发展，使投资渠道和种类更加多元。银行还可以利用其对不同市场风险的抵抗能力，实现更高层次的风险控制。在非财富增值方面，依托行内外的专家资源，培养一批高效的私人银行顾问和综合化服务团队，针对客户需求集中法律、税务、教育、医疗、不动产等若干领域专家建立专家库，满足客户的个性化咨询服务需求。

c. 借助资本市场，拓展业务领域。

近年来，我国商业银行普遍调整了业务经营侧重点，其对资本市场的参与度显著加强。不足的是，商业银行对资本市场的参与程度仍然高度依附于传统的存贷款业务，相对于发达国家而言仍然存在较大的差距。

一方面，从发达国家的经验来看，商业银行总资产中债券、股票、资产证券化产品等投资业务比例相对较高。以美国花旗银行为例，其总资产中投资业务比重超过30%，甚至高于客户贷款。相反，我国商业银行总资产中投资业务占比普遍在20%左右，不及贷款规模的一半，且商业银行投资结构中，债券（主要是政府债券）投资占比普遍超过90%，资产证券化业务仍处在起步阶段。因此，随着企业信贷业务的下滑，商业银行可以加大投资业务的发展力度，将资金配置到资本市场中，这样做既可以获得资本收益，又可以拓宽商业银行的收入来源。

虽然《中华人民共和国商业银行法》禁止信贷资金直接进入股票市场，但是首先，随着资本市场的发展，商业银行还可以积极探索通过"商行＋投行""股权＋债权""融资＋融智"等组合模式参与到资本市场之中。例如，商业银行可以在其现有企业客户中进行拓展，为其提供包括企业债务融资工具承销业务在内的投行服务，以拓宽收入渠道。其次，银行用贷款支持直接融资和股权投资的发展，加强与资本市场的衔接作用。商业银行还可以通过并购贷款直接对接资本市场，支持资本市场企业重组。此外，商业银行应加强与资产管理机构的合作，包括客户资源合作与业务合作，核心在于投贷联动，即在风险投资机构评估、股权投资的基础上，与PE投资机构达成战略合作。商业银行以"股权＋债权"的模式对中小科技企业进行投资，形成股权投资和银行信贷之间的联动融资模式，从而促进直接融资和支持科创企业发展。

2. 资本市场发展与券商转型

(1) 资本市场发展对券商业务经营的影响分析。

一是传统经纪业务逐渐下滑。2013年3月25日，中国结算公司发布了《证券账户非现场开户实施暂行办法》，开启了券商网上开户的新模式。由于网上开户的传播范围较广而运营成本又远低于线下扩张，规模经济带来的边际成本逐渐走低，佣金率不断下滑（见图7-18），经纪业务的利润空间不断受到压缩。同时，代理买卖证券业务收入在总营业收入中的占比也从2011年的50.67%下降至2020年上半年的24.97%。并且，代理买卖证券业务对市场表现的依赖度较高，水平随市场活跃程度波动较大，缺乏稳定性。总体来看，券商经纪业务开启存量竞争模式，面临同质化竞争和价格竞争的双重困境。

二是证券公司所服务的对象发生了变化。传统的投资银行所服务的对象主要是企业，投资银行与企业客户长期保持着密切的联系。但随着整个社会

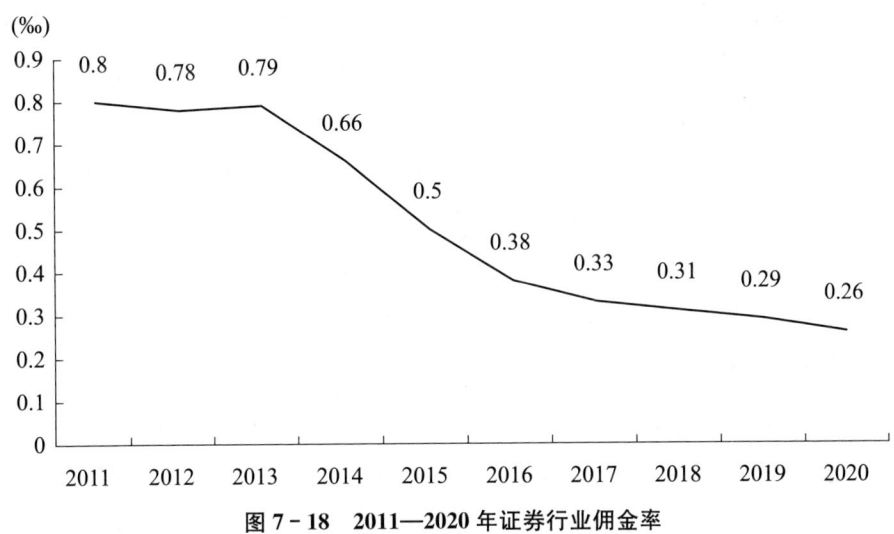

图 7-18 2011—2020 年证券行业佣金率

资料来源：证监会。

财富的增长，资本的稀缺程度开始下降，投资银行与客户之间传统的纽带作用开始减弱。与此同时，居民财富的增加催生出财富管理的需求，共同基金、养老基金等应运而生并获得了长足的发展，开始作为机构投资者在资本市场上占据主导地位，使得机构投资者逐渐成为证券公司的服务对象。

（2）证券公司的转型。

从券商自身来看，佣金率的下行和新增投资者的速度放缓直接导致代理买卖证券业务收入在券商收入中的占比持续下降，而居民财富增长和资本市场发展为券商财富管理带来了新的机遇。因此，完善资管业务、促进投顾业务发展和推动投行业务发展是券商下一步转型的内在重点。具体来看：

a. 完善资管业务，加大与机构投资者的对接。

以往的通道业务关闭后，证券公司朝着主动管理转型，设立资管子公司、布局公募基金和加快资管公募化已成为转型的重要举措。设立资管子公司有利于聚焦主动管理，提升市场竞争力，有利于进一步提高业务运作效率，发挥公司资管业务的协同优势，拓宽业务开展的深度和广度，提高客户服务能力；而布局公募基金和加快资管公募化可降低客户申购门槛，提高公司资产管理业务对于零售客户的吸引力。转型后券商参照公募运作的产品可以公开宣传业绩，从而得以进入公众视野，扩大公司品牌影响力，为广大投资者提供更多类型的产品选择。

在布局公募基金和加快资管公募化的转型过程中，券商应加强与研究部门的协同合作，提升财富管理业务的吸引力。从产业链分布来看，数量充足、种类齐全的全融产品既是资产配置的重要工具，也是券商发展财富管理的基石。与此同时，券商在各投研领域有着长年积淀，投研体系较为完善。券商财富管理业务的发展应该充分利用其投研优势，与研究部门协同合作，在完善固定收益类和权益类产品的基础上大力发展期权、衍生品等创新型产品，通过丰富产品池建立产品超市，这样不仅可以吸引净值较低的客户挑选，而且能更好地满足高净值客户风险对冲、财富传承等更加多元化的需求。

b. 促进投顾咨询业务发展，实现买方投顾转型。

从投顾业务的供需来看，在需求端，资本市场的发展为财富管理业务带来了前所未有的机遇，投顾咨询的需求愈加旺盛。但反观供给端，仍处于相对初级阶段，这是因为供给方多为传统的金融机构，牌照红利明显，扮演的是营销推荐的角色，很难满足投资者的需要，供需矛盾不断加剧。目前我国正处于买方投顾转型初期，需要实现从营销推介到资产配置的转变，打通资产管理—投资顾问—产品销售的业务链条。就券商而言，发展投顾咨询业务具有以下优势：一是具有基于资本市场长期积累的经验，拥有完善的投研体系；二是拥有专业的投资顾问团队和具备金融科技基础，能够为客户提供顾问式服务；三是拥有相对完善的线下网点和高质量的客户基础。2019年10月，证监会下发了《关于做好公开募集证券投资基金投资顾问业务试点工作的通知》。基金投顾模式的试点推行，为券商提供了发挥自身特长的空间。基金投顾服务意味着券商可以接受客户委托，代客户做出关于具体基金投资品种、数量和买卖时机的决策，并代客户执行基金产品申购、赎回、转换等交易申请，开展管理型基金投顾服务。券商可以借此契机引导投资者依靠专业机构的服务能力、加大金融产品的配置与保有、获得中长期投资收益。通过开展管理型基金投顾服务，收取基金投顾服务费，丰富券商盈利来源并推动财富管理业务模式转型升级。截至 2021 年 10 月，共有 56 家机构获得基金投顾试点资质，包括 23 个公募基金公司、27 个证券公司、3 家银行和 3 家第三方独立基金销售机构，其中部分获批试点资格的基金投顾情况如表 7-3 所示。

表 7-3 部分基金投顾试点

基金公司	易方达基金	易方达投顾
	南方基金	司南投顾
	广发基金	广发基金投顾
	盈米基金	且慢
基金子公司	华夏财富	查理智投
	中欧财富	水滴投顾
	嘉实财富	嘉实投顾
证券公司及其子公司	银河证券	中国银河投顾
	国联证券	国联投顾
	中金财富	A+基金投顾
	申万宏源	星基汇
	中信建投	蜻蜓管家
	华泰证券	涨乐星投
独立基金销售机构	国泰君安	君享投
	蚂蚁基金	帮你投
	腾安基金	一起投
商业银行	工商银行	AI 投
	招商银行	摩羯智投
	平安银行	平安智投

资料来源：中国证券投资基金业协会。

c. 推动投行业务，当好企业价值的发现者。

其一，从自身业务的角度来看，投行业务是留存高净值客户、引领更多企业参与直接融资的有效手段。一方面，投行业务作为直接接触资本市场的核心业务，可作为吸引高净值客户的入口，将 IPO 或再融资客户转换为财富管理机构客户，同时可以将投行业务作为通道，增加与机构客户的管理层和决策层的交流机会，吸引更多高净值个人客户。另一方面，投行业务本身可以作为服务高净值客户的工具以满足其融资需求，为客户提供附加值更高的综合服务，如并购、权益类募资、资产证券化、市值管理等。所以，总体来看，投行业务是提升资本市场直接融资质效的重要一环。

其二，从资本市场发展的需要来看，券商投行业务可以为资本市场发掘并输送优质高成长的投资标的，以此满足财富管理的需求。当前，资本市场的改革客观上对证券公司提出了更高的要求，注册制试点的逐步全面推广使得证券公司在参与培育发行主体、询价定价、保障交易、风险管理、投资者适当性管理等各个环节，需要重塑和强化四个方面的责任：一是识别选择发行人责任。特别是新型科创企业具有技术迭代快、不确定性高的特点，深入理解其技术含量、商业模式，是判断企业发展前景的关键。证券公司需要有足够的专门人才和严格的投行质量控制流程，才能真正识别新型技术的发展前景，确保发行材料真实、准确、完整。二是合理估值和定价责任。长期以来，证券公司保荐业务仅做出简单的合规性判断，承销是完全的卖方市场，投行不关注定价问题，也缺少稳定的机构客户群。市场化发行定价机制将考验承销机构在询价中能否与买方客户、发行人充分沟通、博弈，平衡好双方的长、短期利益。三是风险管理责任。在市场化发行机制下，证券公司将面对巨大的发行失败风险，需要相应重构内控机制，改造技术系统，调整管理流程。四是组织交易责任。以机构投资者为主的市场需要中介机构提供灵活多样的风险管理、结构化融资、融券、批量订单执行等交易管理服务。

（三）国家风险管理与资本市场

1. 资本市场的风险管理机制

金融体系的有效性可以被理解为体系具有较强抗风险、抗冲击的经济韧性。具体而言，有效的金融体系可以利用市场化机制对集中性金融风险进行分散和重新配置，这样做虽然可能造成部分经济主体破产或倒闭，但整个金融体系能够承受各类外部冲击，在过程中进行整合和恢复。

第一，资本市场的高组织性将为有价证券（股票、债券等）提供充足的交易流动性。流动性的提升一方面可以让投资者所持有资产拥有相应的变现能力,降低出售有价证券时的交易成本;另一方面可以避免投资者长期持有有价证券所出现的流动性风险、利率风险,同时,具有高度组织性的金融市场也为风险的对冲和分散提供了交易平台,有利于规避风险的集中爆发。

第二,资本市场以及伴随的证券流动性改变了证券原有的风险收益特征,适应了更多投资者的投资收益要求和风险要求,将引导更多的投资者进入证券领域,极大地拓宽承担风险主体的范围,有效提高实体经济对金融风险的承受能力。同时,金融创新催生出可为不同主体配置的金融产品、交易策略和风险管理技术,以此提高风险管理效率。

第三,资本市场的运行具有价格发现功能,有利于更加有效地进行风险管理。如果没有一个高度发展的资本市场,将无法客观了解一个资产的准确价值及其背后的供求关系,进而无法把握资产风险。目前,这种风险的测算以"收益矫正"的形式出现,判定逻辑非常主观,而随着资本市场的发展,各种金融工具(如股票、债券等)不仅充当了金融交易的载体,而且其价格还起到了揭示并传递代理人私人信息的作用。一旦拥有了价格私人信息,各类主体就拥有了广泛的信息源,这有效提升了风险管理的效率和有效性。

第四,随着资本市场的发展,以银行为基础的金融结构逐渐转向以市场为基础的金融结构,此时可通过两个渠道降低银行部门的系统性风险:需求方(公司)和供应方(银行)。转型首先提高了企业绩效,进一步提高了个体企业的负债能力(受到股票市场发展的积极影响);与此同时,转型降低了银行信贷增长速度,这反过来又增加了银行对信贷的监管力度。这些因素都可以降低企业的破产风险和银行的信贷风险,从而降低整个银行业的系统性风险。

2. 银行主导型金融体系的风险特征

金融发展集中体现在金融资产结构的变化上,本小节基于金融结构视角分析当前中国的金融风险。总体来看,金融领域最重要的结构失衡表现为经济增长对银行信贷的过度依赖,即表现为银行体系间接融资与资本市场直接融资之间的结构性失衡。相对于直接融资中风险可以分散到投资主体上,间

接融资更容易使得风险集中于银行部门。具体分析如下:

从金融资产的总量来看,在金融资产总量快速增长的同时,信贷仍然是中国金融资产的最大组成部分。从2020年上半年的数据我们可以看出,银行贷款占比(贷款与GDP之比)上升,直接融资占比下降(见表7-4)。同时信贷总量中的中长期信贷占比在不断提升,可能加剧银行体系的信贷风险。虽然近年来以债券融资为代表的直接融资项增长十分迅速,但中国的直接融资往往具有不少间接融资的影子。如果从货币创造的角度去理解,银行持仓债券实际上类似于信贷投放,同时其风险实际上也难以充分分散,信贷风险仍然集中于银行部门。考虑到银行债券持仓占全部托管量的40%左右,我国真实的直接融资比例可能更低。

表7-4 中国资产总量与结构

	2007年		2018年		2020年1—6月	
	余额(万亿元)	与GDP之比(%)	余额(万亿元)	与GDP之比(%)	余额(万亿元)	与GDP之比(%)
金融资产总量	159.1	588.9	722.1	785.5	806.34	780.91
国内经济主体持有的国内外金融资产	149.4	553.0	686.5	746.7	767.82	743.60
国内经济主体持有的国内金融资产	132.7	491.3	636.2	692.0	712.19	689.73
1. 通货	2.9	10.6	7.3	7.9	7.95	7.70
2. 存款	41.2	152.6	189.1	205.7	207.48	200.93
3. 保险准备金	2.9	10.7	19.2	20.9	20.56	19.92
4. 准备金	6.1	22.4	23.8	25.9	20.72	20.07
5. 贷款	27.1	100.5	162.4	176.7	183.74	177.95
6. 证券	45.1	166.9	124.6	135.5	167.18	161.91
债券	12.6	46.8	83.5	90.0	107.80	104.40
股票	32.4	120.1	41.0	44.6	59.38	57.51
7. 特定目的载体份额	3.2	11.8	53.5	58.2	46.32	44.85
8. 中央银行贷款	0.7	2.8	10.4	11.3	11.16	10.81
9. 其他	3.5	13.1	45.9	50.0	47.09	45.60

资料来源:明明. 无需担忧货币快速收紧. 中新经纬,2020-11-24.

第七章 中国资本市场的生态系统：培育多样化资本业态

从企业部门的资产负债结构来看，2018年末，企业部门资金运用和来源总额分别达129.5万亿元和183.3万亿元，较2007年末分别增长12.9%和11.4%。企业部门是金融资金的最大净融入部门。从资金来源结构看，贷款仍是企业的主要资金来源，依然保持强劲增长。随着债券市场的完善，企业部门债券融资快速增长，2008—2018年间，债券融资占比累计提高了9.4%。相比之下，企业部门股票融资增长放缓，2018年末股票市值占比较2007年末下降了28%。

此外，基于风险承担视角考察融资结构，根据易纲（2020）在《再论中国金融资产结构及政策含义》中的测算，2018年末，由金融机构承担风险的金融资产规模为365.9万亿元，是2007年末的5.85倍，其中金融机构承担风险的占比为54.5%，比2007年高14.2%。因此，基于风险承担的视角，也可以看出资产风险向银行等金融机构集中。

3. 发展直接融资，避免风险过度集中

为了降低风险在商业银行的过度积聚，有效管理风险，应大力发展资本市场。近年来我国资本市场的多项改革逐步铺开，推进了各类上市制度及交易制度变革（科创板和创业板试行注册制、再融资松绑），为资本市场带来了勃勃生机。展望未来，除了融资端改革进一步推进之外，投资端改革也应同步推行，进一步发挥优化资源配置的枢纽作用。具体来看：

（1）完善注册制，拓宽直接融资入口。

注册制改革是资本市场改革的"牛鼻子"工程，也是提高直接融资比重的核心举措。随着注册制的完善与推广，上市门槛的降低使得各类企业拥有更多直接融资机会，充满活力的资本市场和完善的信息披露机制进一步促进投资者进入资本市场，有益于缓解金融风险过度积聚。同时透明度是资本市场的灵魂与基石，继续完善信息披露制度，增强资本市场透明度，便于投资者利用充分的信息"用脚投票"，在一定程度上也可以督促公司合法、高效经营。此外，在完善注册制的同时全面带动发行、上市、交易、持续监管等基础制度改革，提高资本市场运行效率，使市场定价机制更加有效，以此为优质企业创造更好的条件。

(2) 健全中国特色多层次资本市场体系。

一是增强直接融资的包容性，健全中国特色的多层次资本市场体系，继续完善主板市场、中小板市场、创业板市场、科创板市场、新三板市场和区域性股权交易市场的发展，激发各个市场主体活力。二是增强服务的普惠性，形成适应不同类型、不同发展阶段企业差异化融资需求的多层次资本市场体系，丰富直接融资路径，尤其是提升针对科技型成长性中小企业的服务能力。三是科学把握各层次资本市场定位，完善差异化的制度安排，畅通转板机制，进一步发挥新三板市场与交易所市场和区域性股权交易市场的衔接作用，打造一个错位发展、功能互补、有机联系的市场体系。

(3) 大力推动长期资金入市。

从美国的实践来看，长期资金的入市能够有效减少市场波动，长期资金占比也是影响直接融资比重的关键变量，因而需要大力构建长期资金入市的体制机制。第一，应优化公募基金的注册机制。公募基金相对于普通投资者具有明显的专业优势，对于稳定资本市场波动、发挥市场配置功能具有稳定器效应。第二，加快养老金入市。养老金具有期限长、规模大的特点，是我国长期资金的重要组成部分，同时养老金投资风格较为保守，更加关注资产的安全性和稳定性，故养老金可以作为资本市场重要的压舱石，减少短线投机带来的权益市场波动。第三，适当放宽银保资金权益投资比例。当前财富管理业务的权益配置比例过低，需进一步引导中长期资金积极配置权益市场，培育价值投资和长线投资的理念，以此支持资本市场的发展。

(4) 推进债券市场创新发展，丰富直接融资工具。

债券市场在直接融资体系中能够有效筹措中长期资金，是构建全方位、宽领域、有竞争力的直接融资体系的重要抓手。第一，应加快完善债券注册制，引导银行积极参与交易所债券市场。第二，应加强资产证券化产品的推进力度，继续推进 REIT 的试点范围。资产证券化产品可以有效提高资金流动性，有助于分散投资风险并改善资产质量。第三，应推进知识产权证券化有效实施，盘活闲置的专利资产，实现专利的市场价值，从而能有效缓解科技型中小企业的融资难题，促进科技及创新发展。

参考文献

［1］Calvet L E，Sodini P. Twin picks：Disentangling the determinants of risktaking in household portfolios. Journal of Finance，2014（69）：867－906.

［2］Guiso L，Sodini P. Household finance：An emerging field. Handbook of the Economics of Finance，2013，Vol. 2：1397－1532.

［3］Ji G，Kim D S，Ahn K. Financial structure and systemic risk of banks：Evidence from Chinese reform. Sustainability，2019，11（13）：3721.

［4］Lerner J，Leamon A，Hardymon F. Venture Capital，Private Equity，and the Financing of Entrepreneurship. Beijing：Tsinghua University Press，2018.

［5］Lippitt G L，Schmidt W. Crisis in a developing organization. Harvard Business Review，1967（45）：102－112.

［6］Moshirian F，Tian X，Wang Z，et al. Financial liberalization and innovation. Kelley School of Business Research Paper，2014－08.

［7］Obrimah O A. How important is innovation for venture capitalists（VCs）market reputation?. Quarterly Review of Economics and Finance，2016（61）：64－76.

［8］Schmidt R H，Hackethal A，Tyrell M. Disintermediation and the role of banks in Europe：An international comparison. Journal of Financial Intermediation，1999，8（1－2）：36－37.

［9］Tian X. The role of venture capital syndication in value creation of entrepreneurial firms. Review of Finance，2012，16（1）：245－283.

［10］Tian X，Wang T. Tolerance for failure and corporate innovation. Review of Financial Studies，2014，27（1）：211－255.

［11］安青松，张兆兵，熊焰，等. 中国上市公司并购基金研究. 证券时报，2016－10－28.

［12］田轩. 西学东渐：海外杠杆收购与公司治理. 清华金融评论，2017（1）：32－33.

[13] 田轩,丁娜. 风险投资如何支持创业企业. 清华金融评论,2016 (4):107-108.

[14] 田轩,孟清扬. 如何利用金融体系促进企业创新?. 清华金融评论,2016 (3):97-99.

[15] 王兰芳,胡悦. 创业投资促进了创新绩效吗?:基于中国企业面板数据的实证检验. 金融研究,2017 (1):181-194.

[16] 吴晓求. 现代金融:理论探索与中国实践(第九辑)(《资本市场评论》精粹). 北京:中国人民大学出版社,2010.

[17] 吴晓求,等. 中国资本市场研究报告(2019):现代金融体系:中国的探索. 北京:中国人民大学出版社,2019.

[18] 易纲. 再论中国金融资产结构及政策含义. 经济研究,2020,55 (3):4-17.

[19] 应展宇,黄春妍. 金融演进中的金融风险管理:回顾与反思. 中央财经大学学报,2019 (9):24-34.

第八章

中国资本市场的未来重点：市场化、法制化和国际化

摘　要：中国资本市场经过30余年的探索与发展，不论是制度、规模、结构还是功能和国际影响力都发生了重大而深刻的变革。沪深交易所的设立，是中国资本市场开天辟地的壮举，开启了中国金融脱媒的时代，不断提升中国构建大国金融体系的市场化水平，加快了中国建设现代金融体系的法制化进程，推动了中国建立国际金融中心的国际化进程。尽管中国资本市场已经在制度、监管和开放等方面取得了长足的进步，但离现代金融体系下的资本市场仍有很长一段距离。未来的重点要聚焦于资本市场的市场化、法制化和国际化三个方向。要以注册制改革为契机，全方位推进市场化建设，进一步推进法制体系的健全和完善，逐步提升资本市场开放化和国际化水平，努力把中国资本市场建设成为人民币计价资产交易和全球财富管理的国际金融中心。

中国资本市场正在探索一条有别于美德模式的第三种资本市场发展模式，既不同于英美的市场主导型金融体系，更不同于德日的银行主导型金融体系，而是一种"市场-银行"双轮驱动的现代金融体系。中国以大陆法系为基础架构，广泛吸收英美法系的重要元素，如独立董事制度、特殊投票权制度、代表人诉讼制度等，逐步形成资本市场发展的第三种模式。中国发展资本市场的第三种模式，是基于中国的制造业大国地位和创新型国家发展战略，推进与经济体量相匹配、与科技创新和产业升级相适应的市场化进程，不仅依赖于银行所提供的大量信贷资金对整个经济稳定运行的支持，而且依赖于资本市场风险分散机制下的投融资功能对科技创新的推动。

在未来，中国资本市场的发展道路一定要立足于中国发展实际，坚持以建设大国金融下的现代金融体系和保持资本市场健康、稳定、长久运行为发展目标，始终都离不开市场化、法制化、国际化的推进和完善。要以注册制改革为契机，全方位推进市场化建设，进一步推进法制体系的健全和完善，逐步提升资本市场开放化和国际化水平，努力把中国资本市场建设成为人民币计价资产交易和全球财富管理的国际金融中心。

一、中国资本市场的改革重点：市场化

中国所要构建的现代金融体系一定是高度市场化的，这是由中国金融脱媒趋势和证券化资产不断上升引致金融资产结构变化决定的。高度市场化的金融体系要求资本市场比银行系统更多地参与资源配置，甚至发挥主导作用，从体制、机制上加快推动以资本市场为核心的金融市场发展，实现在金融结构上证券化资产比重攀升、规模扩大，从而推动金融功能从以融资为主过渡到融资、财富管理并重的位置（吴晓求等，2020b）。中国资本市场全面推进市场化进程，要进一步完善注册制改革，逐步完善配套制度和规则的建设，发挥市场的优胜劣汰机制，为具有科技属性和成长性的企业提供更有利的发展环境，进一步提高金融资源配置的效率。

（一）进一步完善注册制改革

在过去的三十多年里，中国资本市场已经在市场化制度演进方面进行了一系列改革。最重要的制度变革就是发行制度的演进，先后经历了审核制、核准制、注册制三个阶段，实现了从计划经济色彩浓厚的行政管理到市场主导资源配置的合理转变。发行制度改革是资本市场市场化改革的核心和逻辑起点，而科创板、创业板以及北京证券交易所相继实行的注册制被认为是以信息披露为中心的、更加市场化的发行制度，拉开了中国资本市场全面市场化的新篇章。

现阶段，注册制改革对科技创新和产业升级有着极为重要的意义。如何更好地服务于实体经济，让科技型企业成为上市公司的主体，是中国资本市场当前的重要任务，也是进一步完善注册制改革的关键目标。科创板和创业板推行注册制改革的成功实践，为中国资本市场推进全面市场化改革积累了宝贵的经验，但这只是全面推进市场化改革的一个开端，仍需要进一步完善注册制相关配套制度和规则，重视上市公司的科技属性和成长性，健全注册制下的监管机制，同时强调股票发行人和中介机构的责任。

首先，要强调科技创新和成长性。新金融业态主要是着眼于未来，在注册制环境下，资本市场会更加聚焦于支持硬科技企业，促进创新驱动发展战略的实施，为硬科技企业创造更好的融资环境，进而维护好国家经济安全和发挥好资本市场财富管理功能。其次，要健全监管机制。事后监管要求交易所围绕具有重大性、针对性的问题提升审核问询的质量，促进发行人提高信息披露的质量，促进中介机构提高核查把关的质量。同时加大与发行人、中介机构等市场主体的沟通。最后，要强调发行人和中介机构的责任。一方面要强化监管威慑，督促发行人、中介机构履职尽责。另一方面要加强基础制度建设，配合监管部门，完善信息披露规则、保荐机构尽职调查工作准则，明晰各方责任边界。

（二）完善注册制改革配套制度和规则

要围绕注册制改革，在资本市场全链条形成与注册制改革相衔接、相配套的制度和规则。从狭义来讲，注册制改革指发行制度的改革，主要指用市场化机制让企业上市，同时通过市场化的平台对股票进行市场化定价。从广义来看，与注册制配套的制度和规则除了发行和定价市场化外，还包括重视信息披露、改革监管方式、强化退市机制、完善并购重组、加强投资者利益保护、加大违规违法行为惩处、健全相关法律法规等。与此同时，股票发行由核准制向注册制转变，并不意味着发行标准的降低和监管的放松。资本市场秩序的核心是维护市场透明度，而注册制改革要求监管重心转移到透明度监管，更加重视信息披露，对事中、事后监管提出了更高要求。监管机构要依法治市，做到"建制度、不干预、零容忍"，健全和完善相关法律法规，严厉打击市场违法违规行为，维护公开、公平、公正的市场秩序。

2020年3月新《证券法》的正式实施，为全面推行注册制铺开了道路，并对一系列制度进行了相关改革和完善，主要体现在完善信息披露和证券交易规则、提高证券违法违规成本、引入代表人诉讼制度等方面，进一步规范了市场秩序并加强了投资者利益保护。2020年12月，沪深交易所发布退市规则征求意见稿，完善了退市标准、简化了退市程序、拓宽了退市渠道，而且交易所退市实施的主体责任和退市监管力度也得到空前强化，同时投资者保护机制亦得到极大优化。2021年3月《刑法修正案（十一）》正式实施，分别从欺诈发行证券、违规披露或不披露重要信息、操纵市场、提供虚假证明文件四个方面对相关定罪和量刑进行了适应性调整，填补了相关法律漏洞，大大加重了对相关违法行为的处罚力度，对资本市场的犯罪行为形成了极大的威慑作用。

（三）重视企业的科技属性和成长性

在市场占资源配置主导地位的基础上，中国资本市场与国家战略需求存在紧密的耦合性：一方面，资本市场为科技创新提供了大量资金和资源再配置，并以高额市场回报产生了巨大的吸引力；另一方面，科技创新为企业提供成长性的同时，既让市场参与企业增长红利的分享，又推动资本市场的长期健康发展。市场脱媒的力量加速了中国资本市场的功能从以融资为主向投融资并重的方向演进，使得资本市场的财富功能日益凸显，这十分依赖于企业的科技属性和成长性。市场会关注企业过去的盈利性，但更看重未来的成长性。对于成长性好的企业，市场会给出更高的估值，更多的金融资源将涌入企业，支持企业通过创新来保持自身不断成长或处于领先地位。良好的股票流动性是提升资本市场效率的重要因素，对企业创新有着重要影响。一方面，在高度竞争的市场下，企业能否保持较好的成长性或领先优势，是否符合行业未来的发展方向,决定了未来股价的走势;另一方面,市场通过高额回报和"用脚投票"激励企业加大创新投入和产出,鼓励经理人勤奋工作,向市场传递积极信号。

科技创新对我国经济战略转型起到了至关重要的作用,资本市场的发展则为企业在科技创新上提供了多方面支持,其中最为基础的是资金支持。与银行业不同,资本市场有更高的风险承担能力,因为资本市场具有更强的风险识别和分散能力,这与高科技创业型企业的不确定性存在耦合性,有助于在长期为创新型企业提供资金支持。一方面,资本市场为有技术的个人或企业提供大量资金进行生产经营和规模扩张,鼓励更多的个人或企业进行创新。另一方面,企业在市场中面临激烈的竞争,需要足够的资金支持以便在技术创新和人才引进等方面进行持续投入,进而达到降低生产成本、提高经营效益、实现产品创新和产业升级等目的。

二、中国资本市场的制度基础:法制化

1990年沪深交易所建立,中国资本市场法制建设处于正式起步阶段,开启了与资本市场制度改革相适应的法制化道路。30余年间,中国资本市场的制度变革发生了翻天覆地的变化,最重要的制度变革就是发行制度的演进,先后经历了审核制、核准制、注册制三个阶段,实现了从计划经济色彩浓厚的行政管理到市场主导资源配置的合理转变。与此同时,中国资本市场法律制度以发行制度改革为基础,从初创到逐步完善,经历了长时期的探索和发展,不断对一系列法律法规等进行规范化、制度化,并取得了巨大进步。

中国资本市场的法制建设从早期的行政化和政策化逐渐向市场化转变,在大陆法系的基础和框架下注入了英美法系的内容和元素,并在此基础上进行了一定程度的本土化改造,形成了兼容英美与德日两种典型模式的特点的法律体系,不断适应着资本市场的快速发展和制度创新(吴晓求和方明浩,2021)。传统上,我国深受大陆法系政府立法模式的影响,常以政府的思维

与模式作为市场规则与反应的替代,由此,投资者权益保护规范的实效将受制于政府立法者的思维模式、传递效率等因素(虞群娥,2006)。由于大陆法系采用严苛主义与保守主义的立法模式,是建立在概念主义和形式主义基础上的体系,因此,它难以及时应对资本市场的创新活动。而英美法系受法律实用主义思潮的影响,其资本市场创新实践往往不用打破原有的法律体系,不会损害证券法律制度的基本原则,因此不会遭遇过大的理念与制度障碍。因此,中国资本市场的法律制度整体上以大陆法系为基础架构,部分制度安排开始呈现出融合英美法系相关元素的特征。

(一)资本市场法制化的深远意义

资本市场法制化对资本市场市场化改革有深远意义,规范了所有市场参与者的权利与义务,从发行人、中介机构到投资者、监管者,都在标准的、统一的规则下进行市场活动。资本市场法制化维护了公开、公平、公正的市场秩序,强化了发行人信息披露义务,压实了中介机构责任,通过大幅提高对各种违法违规行为的处罚力度,显著提高了违法违规成本,保证了资本市场的健康发展。同时,资本市场法制化推动投资者保护制度的完善,特别是中小投资者的合法权益,逐步弥补市场优胜劣汰机制,增强投资者的信心,对资本市场的良性循环起到积极的促进作用。具体来说,资本市场法制化可以从以下四个方面展开。

第一,维护市场秩序,推动市场化改革。1984年股份制改革试点工作开始,当时股票发行相对自由,市场逐步活跃,但也出现了一些市场乱象。1989年下半年,国家开始对资本市场的乱象进行治理整顿,除了保留上海、深圳两地继续试点外,其他地区的股份制试点工作基本暂停。以1990年沪深交易所的设立为标志,中国资本市场法制建设从无到有、正式起步,从此中国资本市场有法可依,市场秩序得到了合法有效的维护,市场参与者各方的权利与义务进一步明确,其利益也受到法律的保护。以《公司法》为代表的、规范资本市场的全国性法律法规体系逐步形成,资本市场法制建设的主

第八章 中国资本市场的未来重点：市场化、法制化和国际化

导权亦由地方转移至中央，相关法制与规则逐步展现出统一性的特征。随着资本市场的快速发展，资本市场累积了一些深层次问题，如资本市场基础性制度缺失、股权分置、上市公司内部治理失衡、证券公司违规经营、市场违规现象突出等渐渐暴露，严重影响了资本市场的健康有序发展。《证券法》的颁布施行对于规范资本市场活动、保护投资者权益、促进资本市场健康发展起到了重要作用。随着注册制改革的开展，《证券法》和《刑法》针对资本市场存在的缺陷进一步进行完善，对上市发行、信息披露、退市制度等进行市场化的调整，对违法违规行为加大处罚力度，为资本市场全面市场化奠定了坚实的基础。

第二，推动市场透明度建设。沪深交易所的建立，拉开了中国金融脱媒时代的帷幕，而金融脱媒的力量又推动了资本市场的发展，交易者或投资者的交易行为基于对信息的判断而进行，此时信息是否充分而透明决定了风险的存在和大小。资本市场秩序的核心是维护市场透明度，这是因为市场透明度是资本市场赖以存在和发展的基础，是资本市场功能得以有效发挥的必要条件（吴晓求等，2004）。随着中国资本市场的快速发展和壮大，中国金融资产结构已经发生了重大的变化，证券化金融资产在整个金融资产中所占的比重在不断上升，金融风险无论在形式上还是在来源上均发生了重大的变异，风险形态由存量聚积变化为流动而分散，风险来源由资本不足演变为资本不足和透明度不足并存，因此，市场透明度建设对资本市场健康成长起着至关重要的作用。1993年《公司法》出台后，与资本市场配套的信息披露等相关法律法规相继出台。随着市场的发展，信息披露相关法律法规得到不断完善。

第三，促进资本市场功能的完善和充分发挥。沪深交易所设立和运行以后，中国金融进入到市场化金融发展模式的运行轨道，资本市场的功能也随之慢慢演进，市场脱媒的力量加速了中国资本市场的功能从以融资为主向投融资并重的方向演进。不论是融资功能，还是财富管理功能，都依赖于资本市场的制度建设和完善。法律制度是最核心、最根本的制度，没有法律制度

的保障，就不能充分发挥市场的各项功能。从融资功能角度来看，以上市发行和增发等相关法律法规制度为起点，资本市场的法制化建设对发行人和中介机构等行为从法律上进行有效约束，让符合规定的公司股票公开透明地上市和发行，使得投资者掌握充分信息并匹配自身风险偏好，同时为市场提供大量资金。从财富管理功能角度来看，加强交易机制、信息披露、退市制度等相关法律法规的建设和完善，使得市场机制更加完善和有效，使得资本市场能够稳定运行和健康成长，投资者财富相应地获得增长，同时，让违法违规行为都受到应有的法律制裁，极大地保护了投资者的利益。

第四，加强监管体系的完善和监管能力的提升。除了监管机构改革外，中国资本市场监管体系的完善必须依托法律法规的健全和完善，以各项法律法规作为监管部门发挥监管职能的主要依据，由此做出规范的、统一的监管。在资本市场法制化起步阶段，由于法律体系存在诸多不完善的地方，导致市场出现很多监管真空，同时对违法违规的处罚力度较小和执法部门权力界定不明晰，由此引发监管套利和恶意违法违规的现象层出不穷。《公司法》和《证券法》的多次修订和完善，加上《刑法》等法律法规的适应性修正，使得法制观念逐渐深入人心，法制威慑力得到有效加强，进而推动监管部门的能力大幅提升。

因此，资本市场法制化为打造一个规范、透明、开放、有活力、有韧性的资本市场提供了有力的法制保障，成为市场预期形成的基石，同时对深化金融改革，健全具有高度适应性、竞争力、普惠性的现代金融体系，维护国家经济金融安全具有重要意义。

（二）资本市场法律体系和制度的完善

1. 资本市场法制化基本进程

1990年沪深交易所的建立，使中国资本市场法制建设步入正式起步阶段，率先形成的法律制度以地方政府行政规则和交易所业务规则为主，此时的资本市场法制建设呈现显著的地方性与探索性的特征。随着国务院证券委

第八章 中国资本市场的未来重点：市场化、法制化和国际化

和证监会的成立，资本市场开始形成更高层级的法律法规，其中以1993年4月的《股票发行与交易管理暂行条例》和同年12月的《公司法》为代表，开始形成了规范资本市场的全国性法律法规。在1999年《证券法》出台前，随着资本市场由地方性向全国性转变，资本市场法制建设的主导权亦由地方转移至中央，相关法制与规则逐步展现出统一性的特征，但由于资本市场立法政出多门，同时缺乏高位阶的法律作为规范基础，呈现出较浓的行政化与政策化色彩，导致相关规定之间容易出现脱节、矛盾等现象，缺乏一定的系统性。

1999年《证券法》的颁布，是中国资本市场法制化的一座里程碑，吸收了各地资本市场建设探索取得的成功经验，正式规定了用于规制我国证券市场的一系列基本法律制度，主要包括证券发行制度、证券交易制度、对证券公司的分类管理制度、证券规范监督管理制度等，由此奠定了我国资本市场的法律基石。2005年10月27日《证券法》针对资本市场的各项制度进行了第一次修订，体现在证券种类、证券发行保荐制度和预披露制度、公开发行新股和公司债券条件、上市公司收购制度、证券交易所法律地位的明确、证券监管机构职权等方面，使得法治观念基本得以确立。截至2019年，我国已形成以《公司法》和《证券法》为核心，以国务院行政法规和监管部门行政规章为重点，以最高人民法院司法解释和资本市场自律机构业务规则为补充的证券法律体系。

2019年3月开始注册制创新性试点工作，进一步适应了市场化改革和资本市场创新趋势。同年12月28日《证券法》迎来了第二次修订，并自2020年3月1日起正式施行，为全面推行注册制铺开了道路。此次修订还做出了一系列新的制度改革和完善，在完善信息披露、强化证券交易规则、提高证券违法违规成本、引入代表人诉讼制度等方面进行了大幅修订，进一步加强了对投资者利益的保护。在发行制度日益完善的情况下，需要加快退市制度的健全和完善，形成优胜劣汰的良性循环，促进资本市场的健康发展。为了与《证券法》相衔接，《刑法修正案（十一）》于2020年12月26日正式通

过，并自 2021 年 3 月 1 日起正式实施。该修正案分别从欺诈发行证券、违规披露或不披露重要信息、操纵市场、提供虚假证明文件四个方面对相关定罪和量刑进行适应性调整，填补了相关法律漏洞，大大加重了对相关违法行为的处罚力度，对资本市场的犯罪行为形成了极大的威慑力。

2. 基于大陆法系架构的英美法系融合

中国资本市场的法制化进程不仅从体系上进行了全面完善，而且基于大陆法系的基本架构，针对资本市场的一些新的变化吸取英美法系的特点，先后推出了独立董事制度、特殊投票权制度、代表人诉讼制度等。

第一，独立董事制度。独立董事制度是英美法系的产物，旨在解决一元制公司治理结构下董事会监管不力而又缺乏监事会监督这一弊端，而大陆法系的公司则更多以监事会作为"独立第三方"监督公司大股东或者高层，形成二元制公司治理结构，以达到规范公司治理的目的。中国资本市场自《公司法》颁布实施以后形成了"双层治理模式"，即在股东大会下设董事会和监事会两个平行机构。2001 年 8 月，证监会开始推行独立董事制度，并在 2002 年发布《上市公司治理准则》后强制实施独立董事制度。因此，这两项制度奠定了上市公司内部治理结构。随着资本市场的不断发展和健全，公司股权结构越来越分散，慢慢形成股权制衡力量，减少了内部人"隧道行为"形成的利益输送问题，也防止了内部人的操纵行为，保证了董事会、监事会等内部治理机制有效发挥监督作用，提升了公司治理水平。然而，独立董事制度仍需要对独立董事的治理权力范围界定、选聘制度、薪酬制度、激励与约束机制等方面做出进一步完善，同时对如何平衡独立董事与监事会的功能在理论和实践中进行深入研究。

第二，特殊投票权制度。随着第四次产业革命的深入和互联网时代的来临，越来越多的高科技企业选择发行具有不平等投票权的双重股权结构股票。除了谷歌、脸书等来自美国的高科技企业外，大量中国互联网企业如京东、百度、优酷等相继在美国以发行双重股权结构股票的方式上市。同时，也出现了以阿里合伙人制度和以腾讯大股东背书模式为代表的具有不平等投票权本质的股权结构。2018年7月9日，小米成为香港股市首个采取同股不同权架构的内地企业。实行注册制改革后，科创板和创业板先后推出特殊投票权制度。2019年9月27日，优刻得科技成为A股第一个采用"同股不同权"架构的企业。在此背景下，公司治理范式开始发生从以股东为中心向以企业家为中心的转变，这种以企业家为中心的公司治理范式在股权结构设计上体现为从"同股同权"转变为"不平等投票权"，使得专业化分工加深、人力资本投入加大，迎合了互联网时代创新导向的组织架构需要，进而实现了效率的提升（吴晓求和方明浩，2021）。值得注意的是，在法律上该如何处理好特殊投票权制度和同股同权制度，这是理论和实践层面都亟须解决的问题。

第三，代表人诉讼制度。新《证券法》第九十五条对代表人诉讼制度做出了相关规定，与此同时，最高司法机关以司法解释的形式、证券会以专项通知的形式使该制度在司法实践中落地生根。代表人诉讼制度在学理上突破了关于"代表人必须同时是案件当事人"的传统认识，在实践上直接赋予了投保机构基于当事人委托而成为代表人的法律地位，这对构建中国特色的证券集体诉讼制度具有基础性的、特别的意义。其中，普通代表人诉讼可以理解为"明示加入"制的代表人诉讼，需要投资者去法院登记加入，才算加入了原告的范围。而特别代表人诉讼则遵循"默示加入、明示退出"的基本规则，即只要投资者不明确表示不愿意加入代表人诉讼，则意味着加入了特别代表人诉讼，由此产生的权利义务关系均对其有约束力。"默示加入、明示退出"有效地克服了单个投资者主动以司法手段维权动力不足的问题，客观上有利于证券集体诉讼的开展，让特别代表人诉讼制度的公益价值得以最大化，以尽量广的面覆盖投资者合法权益的维护工作。2021年4月，中证中小投资者服务中心就ST康美案公开接受投资者委托，由此成为中国首例特别代表人诉讼案例。在不久的将来，代表人诉讼制度如何开展业务操作并发挥保护投资者的功能将会在实践中进一步探索出一条可行的具体实施路径。

中国资本市场基于发展过程中发现的问题和不足，在大陆法系基础架构之上搭建起法律体系，并通过融合英美法系的一些特点，不断完善和推进资本市场法制进程，有效地解决了制约资本市场发展的制度性问题。除以上制度值得深入研究和思考外，中国资本市场还需要加强退市制度和并购重组制度建设，进一步增强资本市场的资源整合和再配置能力。同时，由于创业板、科创板、北京证券交易所以及新三板的创新层和基础层都对个人投资者存在较高的投资门槛要求，而对机构投资者则不存在任何门槛，所以需要进一步研究不同市场投资者门槛确定与公平投资权如何平衡。

（三）依法治市和公平执法

中国资本市场法制化建设是监管体系的重要基础，也是监管效率的有力保障。自注册制改革以来，中国资本市场全面推进市场化进程，法制化建设是先行手段，是维护市场秩序的定心丸，是市场形成预期的基石。有关监管部门多次提出，要大力发展多层次资本市场，坚持"建制度、不干预、零容忍"九字方针，提高上市公司质量。这九字方针本质上就是资本市场法制化水平的衡量标准。推进注册制改革不仅涉及股票发行，而且事关重塑资本市场环境、监管转型以及一系列资本市场基础制度建设，是一项牵一发而动全身的"牛鼻子"工程。

"建制度"是规范市场秩序、优化治理效能的重要基础，是落实资本市场基础制度建设的必然要求，有助于维护好公开、公平和公正的市场秩序，保护投资者的合法权益，不断推进资本市场治理体系和治理能力现代化。"不干预"澄清了资本市场靠什么力量实现资源有效配置的问题，与"放管服"改革相配合，由市场主体开展其自身事务，进一步激发和释放市场主体活力，保证市场功能正常发挥。"不干预"不代表放任自流，而是要求市场主体和监管部门依法依规办事，这也要求我们进一步完善资本市场的法制环境，坚持公平执法。"零容忍"是监管部门公平执法的基本态度，是对证券违法违规行为的强力震慑，是强化依法治市和净化市场生态的重要保障。实行注册制改革后，监管工作的重心主要从传统的事前、事中监管转变为事中、事后监管，也就是强化"后端"违法违规的惩戒作用。

从注册制推行的一系列改革来看，中国资本市场正在通过健全和完善资本市场配套制度体系弥补规则的不足和缺陷。同时，通过公平执法严厉打击违法违规行为，形成强大的法制威慑力，为维护好资本市场秩序和健康发展提供了有力的制度支撑和监管保护，将更好地助力"建制度、不干预、零容忍"目标与原则的实现。从成熟资本市场来看，法律制度越完善，市场越公平有序，行政干预空间和可能性就越小。资本市场要实现长远健康发展，必须突出"建制度"主线，只有基础制度更加成熟定型，才能更好地将有效监管和市场干预区分开，慢慢做到依法治市和"不干预"，进而才能真正实现对违法违规行为"零容忍"。

三、中国资本市场的发展趋势：国际化

（一）中国资本市场国际化的重要意义

1. 构建现代金融体系下的大国金融

中国是个大国，中国经济是大国经济，中国必须构建与大国经济规模、结构和特征相匹配的大国金融。中国未来所构建的大国金融应该具备四个核心要素：高度市场化、高度科技化、高度开放化以及具有更强的风险分散能力和更高的金融效率（吴晓求等，2020b）。从特征上看，中国的大国金融模式是一种基于发达市场基础的现代金融体系。从结构上看，中国的大国金融必须具备四个关键要素：一是开放、透明、具有成长性预期的资本市场；二是灵活而有效的市场创新能力和满足客户多样化金融需求的金融服务提供商；三是发达的货币市场和安全、便捷的支付体系；四是人民币的国际化（吴晓求，2018）。

从世界金融发展历史看，没有一个全球性大国的金融不是开放的，从荷兰的阿姆斯特丹到英国的伦敦再到美国的纽约，世界金融中心的形成均离不

开开放的大国金融。全球性大国的金融之所以是开放性的金融，是因为金融资源的集聚效应和风险的全球分散。开放的金融有利于制度的进步、法治的完善、价格的有效形成和金融功能的全面提升。对中国而言，开放的金融意味着人民币必须是可自由交易的货币，意味着中国资本市场既是中国投资者的市场，也是全球投资者的市场。

2. 提升金融的资源配置和风险分散功能

中国金融在资产结构上正在发生显著变化，在业态上也表现出多元化的特征，在功能上正从以融资为主转向投融资并重，在风险结构上则由资本不足风险逐渐演变为当前资本不足与透明度风险并重的状态。金融只能分散、转移风险，并不能消灭风险，对金融资产（风险）的跨时空配置在当代愈发重要。一方面，随着知识经济时代的来临，科技创新在现代产业发展中居于重要地位，产业快速升级与迭代使资金供给方的投资收益不确定性上升，对于风险分散金融服务的需求增加。另一方面，随着实体经济需求的多样化和金融产品与工具的复杂化，金融机构之间、金融市场之间的关联性不断加强。这些客观变化都要求金融体系具有更强的风险流量化的功能与机制，在有效配置资源的同时将藏身于体系内的风险分散化。

在现代金融体系下资本市场发挥的一个主要功能就是风险分散化。作为一种跨时空的风险转移、流动机制，它的核心是为实体经济创造一种风险动态传递的方式。只有资本市场这种有别于传统商业银行的金融制度才真正具备这种功能。从金融逻辑来看，资本市场发展的初始动因是，通过风险定价机制，提供一种代替银行信贷融资的、平衡资金供求双方收益与风险的选项。这种脱媒的融资工具可以使市场参与者承担其愿意承担的风险而交易不愿意承担的部分，最终提高企业与家庭的福利。

3. 成为人民币国际化的重要基石

中国已经成为世界上的第二大经济体、第一大贸易国，且根据测算，到2030年左右，中国的经济体量将超过美国成为世界上第一大经济体，人民币国际化的前提条件已经具备。人民币国际化既包括人民币的可自由交易，又包括人民币在国际贸易和国际金融交易中的重要作用，还包括储备市场的地位。人民币国际化需要两大基石：一是经济的持续增长和创新活力，二是金融市场特别是资本市场财富管理功能和国际化。一方面，人民币国际化必然要求中国经济能够保持持续增长和创新活力，为国际资本流动提供一定规模的、具有成长性的全球性市场，使得人民币在国际贸易中发挥计价和结算功能以及人民币计价资产配置比例占据重要的地位。另一方面，人民币国际化不仅需要人民币在国际贸易支付和结算市场中发挥越来越重要的作用，而且需要为国际投资者提供能够跨境交易的、流动性好的、以人民币计价的资产交易和财富管理场所，使得人民币能够在全球贸易和金融市场中保持长期性的储备和配置规模，这就离不开国际化的、功能完备的资本市场。

（二）中国资本市场国际化的目标：构建全球新的国际金融中心

自 2001 年中国加入 WTO 后，中国经济逐步融入国际体系，已经成为世界第一大出口国和第二大进口国。中国制造借助广阔的国际市场得到了空前的发展，中国经济的增长质量、竞争力和国际影响力也随之稳步提高。实体经济的开放给中国经济带来了巨大的经验和成就，但在金融方面，尤其是在资本市场上，开放程度显得有些不足与不匹配，人民币资产在全球的影响力也十分有限。现代金融体系以市场为主导，资本市场的开放程度决定了整个金融体系的开放程度，决定了中国大国金融体系的世界地位。因而，构建全球新的国际金融中心并发展成为人民币计价资产交易中心和全球财富管理中心，是中国资本市场国际化的未来目标。

1. 资本市场国际化的目标是建设国际金融中心

建成国际金融中心是中国资本市场国际化的目标，需要让中国资本市场成为与美国、英国等世界主要资本市场比肩的市场，让中国主要金融中心城市成为与纽约、伦敦相称的国际金融中心城市，使中国具备与主要发达大国对等的金融软实力。构建新的国际金融中心的路途虽崎岖而复杂，但目标清晰：构建有国际化投资者结构和发行人机构、具备人民币资产定价权的新的国际金融中心。

第一，要有国际化的投资者结构。主要大国国际金融中心建设的经验表明，境外投资者在本国金融市场的持仓市值占比约为15%。这一水平要比印度、俄罗斯等非国际金融中心高，要比新加坡等小型国际金融中心低。截至2020年9月，境外投资者持有境内流通股票市值占比达3.60%，持有境内银行间市场债券占比达3.51%，但与理想的大国国际金融中心目标仍有较大差距。进一步扩大资本市场开放，提高境外投资者持仓比例是建设国际金融中心的基本目标。此外，中国建设大国金融中心，应该允许境外投资者自由地投资境内各类金融产品，建立包括股票、债券、基金、衍生品在内的全品类投资组合，享有中国资本市场完善的风险管理和财富管理服务。在目前的QFII和陆港通制度下，境外机构的投资标的还有诸多限制，最终取消境外机构投资标的限制是国际金融中心建设的目标之一。

第二，要有国际化的发行人结构，具体来说就是要吸引并接纳国际公司至中国境内上市。国际化股票市场不仅要有国际化的投资者结构，而且要有大型国际化公司的挂牌上市。从融资功能来讲，中国股票市场将因为大型国际公司的上市而扩充容量，资金活跃度提升；从投资功能来讲，大型国际公司登陆中国股票市场，中国境内投资者将可以在国际市场进行分散化投资，境外投资者投资中国股票市场的意愿也会得到加强。

第三，要有人民币计价资产的定价权。中国建设国际金融中心，建设的是以人民币为计价和交易结算货币的国际金融中心。纽约和伦敦金融中心的建设，分别以美元、英镑为计价和交易结算货币，构建了品类丰富、交易活跃的美元和英镑资产。未来中国国际金融中心应当有同样丰富活跃的人民币资产，拥有人民币计价资产的定价权，并且人民币计价资产价格能在全球发挥影响力，成为企业合约签订和风险管理中的首要选择。人民币、人民币计价金融资产和中国国际金融中心三者深度融合，相互促进，构建起中国大国的金融总实力。

2. 建设国际金融中心的意义

拥有国际金融中心是中国建设大国金融体系的必要条件。建成国际金

第八章　中国资本市场的未来重点：市场化、法制化和国际化

融中心对中国有多重意义。从金融部门自身来说，国际金融中心能提升金融运行的效率、完善金融服务的功能、丰富金融产品的维度、满足不同主体的金融需求。中国上市公司通过发达健全的资本市场获得来自全球的资金支持，中国资本市场集聚世界优质的企业，在中国上市的公司质量得到整体提升。金融风险通过组合分散的方式进行全球化配置，居民财富通过长期的价值创造方式实现增值。交易机制顺畅，交易行为活跃，金融市场具备高度的流动性。国际金融中心强化了风险管理功能，高效地为大国提供风险分散机制，是防控系统性金融风险的重要手段。资本市场以风险分散的方式管理风险，同时提供多种对冲工具，帮助投资者、金融机构和企业管理风险敞口，金融体系的潜在风险也可以在国际化资本市场的帮助下得以充分释放。

从服务中国经济可持续增长的角度来看，国际金融中心的建设是中国经济与世界经济深度融合的必然要求。以往中国参与全球产业链分工，更多地强调吸引外资、扩大就业和出口。现在中国经济对外联系的模式正逐步丰富，中国主动对外投资，中国企业出海等现象日益增多，与"一带一路"沿线国家开展全方位经济合作，于是以不同币种发行证券、管理对冲汇率风险等的需求日益增多；外国投资者希望进入中国证券市场进行投资，资本市场开放的呼声越来越高。如果中国要以大国的姿态融入世界经济体系，就无法绕开资本市场国际化，建设国际金融中心的议题。国际金融中心可以与其他中心高效联动，国际金融中心加强了经济中心、贸易中心、交通中心、科技创新中心的地位。企业生产、跨境贸易、人员货物往来、科技创新都会受金融力量的推动而快速发展。国际金融中心让本土企业具备在国际范围内调配资源的能力，帮助本土企业更好地实现跨国发展。国际金融中心能够满足国际贸易产生的跨境支付、贸易融资、风险对冲的需求。国际金融中心能触发密集的人流、物流、信息流，拉动金融中心所在地逐步跻身世界主要大型城市行列。国际金融中心能快速促进科技创新，服务于科技创新企业成长发展的整个生命周期。成熟的资本市场较银行业有更高的风险偏好，允许科技创

新的不断试错改良，最终提高国家科技创新整体实力。国际金融中心间接拉动了多个经济部门的成长，将会是中国经济换挡升级、可持续增长的强劲动力。

更深一步从国家综合软实力来讲，国际金融中心是国家强大软实力的集中体现，是大国竞争的一张王牌。大国竞争早已成为软实力的较量，金融实力是软实力的代表。国际金融中心从世界吸引资本流入，增加所在国资本存量，支持上市公司融资，提升风险管理能力。掌握了重要商品定价权的国际金融中心能获取定价权收益，有交易便利和风险对冲保障。把中国资本市场建设为国际金融中心，就标志着中国在金融领域已经具有较强的整体实力。在建成国际金融中心后，中国的资本市场将掌握主要金融产品的定价权，中国的金融机构将成为经验丰富、专业一流的国际市场参与方，人民币将成为区域乃至全球主要货币，中国的金融政策将对其他国家形成显著的溢出效应。

3. 全球国际金融中心的漂移：中国的机遇

中国构建新的国际金融中心，当前还有良好的外部机遇。全球的国际金融中心具有动态漂移的趋势，国际金融中心的影响力此消彼长。中国应开放资本市场，顺应好全球国际金融中心漂移的趋势，推动自身资本市场跻身大国金融中心行列。全球金融中心指数（Global Financial Centers Index，GFCI）由英国智库 Z/Yen 集团和中国（深圳）综合开发研究院共同编制，着重关注全球各金融中心的市场灵活度、适应性以及发展潜力等方面，反映全球各大金融中心竞争力的大小。2021 年 9 月 24 日第 30 期全球金融中心指数报告发布，纽约（762 分）、伦敦（740 分）、香港（716 分）和上海（713 分）名列前四，北京（711 分）和深圳（699 分）分别位于第 8 和 16 位。图 8-1 给出了第 1~30 期全球金融中心指数。

历史演进表明，从 13 世纪的意大利威尼斯到 18 世纪的荷兰阿姆斯特丹，到 19 世纪的英国伦敦，再到 20 世纪的美国纽约，全球国际金融中心随着国际经济格局的变化而移动。从全球国际金融中心的历史演进过程来看，

第八章　中国资本市场的未来重点：市场化、法制化和国际化

随着中国经济实力的不断增强和开放进程的逐步推进，新的全球国际金融中心正在向中国移动。国际金融中心的这种漂移过程与经济规模、经济竞争力、国际贸易都有密切关系（许少强，2013）。反观美国近一百年来的历史，虽然历经了多次金融危机和经济衰退，但经济从长期来看是持续增长的，金融市场的力量和美元的力量发挥了关键作用，成就了美国今天的霸权地位。

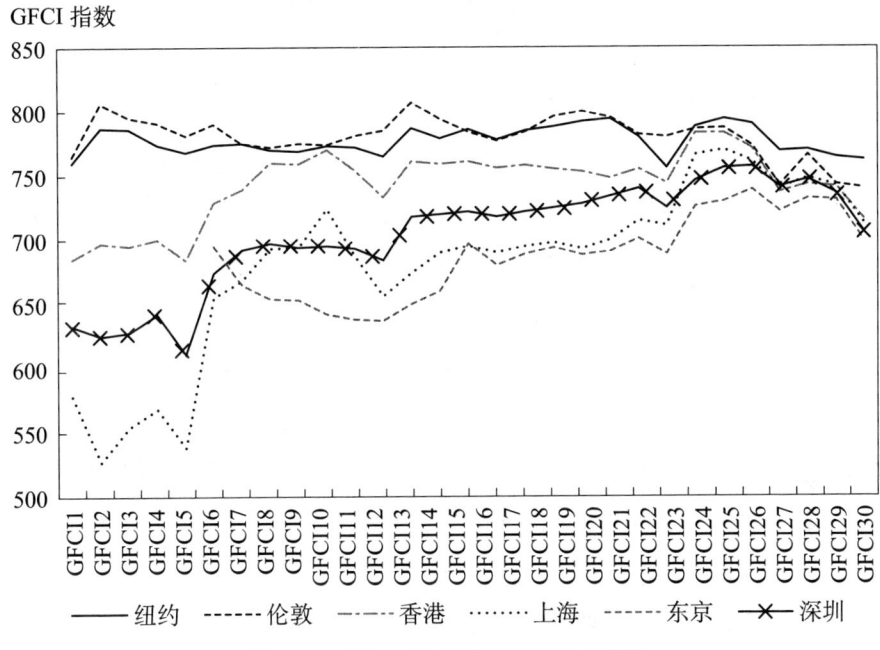

图 8-1　第 1~30 期全球金融中心指数

资料来源：GFCI 官网。

（三）中国资本市场国际化的条件、路径及市场效应分析

1. 条件分析

中国的国际金融中心建设需要四个硬条件和三个软条件。四个硬条件是保持经济增长的可持续性、进一步扩大开放、维护人民币的长期信用基础和建设强大的国防能力，三个软条件是法制基础、契约精神和透明度。

(1) 四个硬条件。

保持经济增长的可持续性是首要的硬条件。金融的发展程度本来就依托经济发展水平。建设国际金融中心不仅要在经济体量上超过一定规模，而且要能保持长期的持续增长。美国和英国稳定且较高的经济增长速度，有助于分别保持纽约和伦敦的国际金融中心地位。中国是建设国际金融中心的后发国家，实现赶超必须有相应的经济增长能力作为保障。持续的增长缓和了经济发展中的各方矛盾、压制了金融风险的爆发，给国际金融中心的建设营造了良好的条件。要积极推进供给侧改革，激发民营企业活力，打通产业链供应链阻塞点，保持经济平稳可持续增长。

进一步扩大开放是第二个硬条件。国际金融中心离不开与世界各地密切的贸易、信息、技术和人员交流。不断扩大对外开放，坚持走开放道路是中国建成国际金融中心必须走的路径。中国要成为国际经贸活动和资本自由流动的枢纽，才能为国际金融中心的生长提供良好的土壤。事实上，为建设有广泛影响力的国际金融中心，中国需要有较强的区域影响力，要成为多个国家和地区的主要贸易伙伴和直接投资来源地，人民币的国际流通使用要被广泛接受，中国金融机构要深度参与全球的主要金融交易。当世界与中国的贸易、投资、金融乃至科学和人文交流有紧密的联系时，中国国际金融中心就不仅有了中国自身建设的推力，而且有了吸引世界其他国家和地区主动参与的拉力。两个合力共同驱动中国构建新的国际金融中心。

维护人民币的长期信用基础是第三个硬条件。中国要打造全球新的国际金融中心，构建人民币计价资产交易中心和全球财富管理中心。长期良好的人民币信用决定了中国国际金融中心的信用。坚实的信用带来了相对稳定的人民币汇率和可靠的资产计价标准，在遇到市场波动时，跨境资本对人民币保持信心，金融市场具备充分的韧性。人民币的信用不仅与中国国内的经济形势和宏观政策相关，而且取决于人民币在国际范围内的流通使用能力以及人民币的国际化程度。当国际投资者频繁使用人民币进行贸易结算和金融投资时，对人民币的了解随之增多，依赖性也随之增强。所以，人民币的长期信用是由国内和国际两个方面因素共同决定的。

建设强大的国防能力是第四个硬条件，却是最基本的保障性条件。任何处于战乱状态地区的金融体系都处于非正常的运行状态：通货膨胀高，货币贬值快，金融市场资产价格显著偏离价值，拆借市场利率飙升，市场流动性紧缺。二战时期伦敦国际金融中心陷于战争的威胁之中，经济物资需要盟国海运支援，金融业务无法正常开展。大西洋彼岸安全的纽约成了新晋国际金融中心。中国建设国际金融中心同样需要强大的国防能力为国际金融中心提供坚实的安全保障。即使不幸卷入战争，国防力量也能保护国际金融中心免受军事打击，维持国际金融中心的正常运转。

（2）三个软条件。

法制基础是国际金融中心建设的前提性条件。包括资本市场在内的现代化金融体系，需要现代化的法制保障。现代金融的崛起依托于私有产权的保护，建立完善的私有产权保护法律体制能够更好地保护投资者的权利，支持私人协议的签订与履行，使得投资者也更愿意增大投资力度和丰富投资渠道，资本市场从而能够获得更大程度的发展。不同法源对金融体系的发展有不同的影响。中国目前采用的是大陆法系的成文法体系，与英美判例法相比较为僵化，难以对一些严重的市场违法行为进行有效惩处和遏制，频繁出现欺诈上市、内幕交易、虚假信息披露、操纵市场等违法违规行为。建设中国国际金融中心，要积极完善法治体系，加强投资者权益保护，支持金融契约的签订与履行。通过立法对发行注册制等主要改革成果予以确认，提高违法成本，落实监管执法。提高金融法律法规与国际金融市场的接轨程度，降低中国金融市场对于全球投资者的法律不确定性。

契约精神是国际金融中心建设的必备条件。金融的本质是建立在信用体系上的一系列契约。信用体系的崩溃、契约精神的不足会让金融体系赖以存在的基础消失，若欺诈、违约频发，国际金融中心的建设将无从谈起。中国国际金融中心应该有良好的契约精神支撑，上市公司应积极履行信息披露义务，定期向股东大会报告工作，市场应自觉抵制内幕交易。机构投资者应坚持长期价值投资理念,证券服务机构应从投资者利益出发,执行好投资者适当性原则,向个人投资者普及专业知识。要用良好的市场环境和义务履行氛围,让全球公司和投资者主动参与到中国国际金融中心的市场中来。中国要健全社会信用体系,引导树立良好的契约精神。要加大对故意欺诈的处罚力度,完善信用评级体系,让市场化的违约惩戒机制发挥作用。

透明度是国际金融中心建设的基础性条件。有效提升企业信息披露质量和市场对信息的处理能力,减少由信息不对称程度导致的各种违法违规行为,增强市场对资源配置的决定性作用,使得在高信息透明度下市场价格迅速精确地反映资产的真实价值,让内幕交易、欺诈上市、市场操纵等违法违规行为没有暗箱。透明度建设需要市场多方参与:上市公司披露信息,分析师调研分析并发布信息,媒体挖掘传播信息。应监管执行明确清晰的负面清单制度,货币政策规则应平缓可预期。任何有效信息均应迅速引起市场反应,偏离资产真实价值的价格需要重新调整。金融体系规则应透明清晰,使得境内外参与者都能公正平等地在金融中心中进行交易。

四个硬条件和三个软条件是国际金融中心建设的前提,相互制约相互促进。硬条件支撑软条件,软条件完善硬条件。经济可持续增长有助于稳固人民币信用和增强国防实力,进一步扩大开放有助于金融功能的全面提升和人民币的国际化,人民币信用有助于为经济增长和国防建设提供稳定的币值保障,国防实力有助于确保经济可持续增长和人民币信用免受安全威胁的不利冲击。法制基础有助于培养金融中心的契约精神,强制提高信息透明度。契约精神有助于强化法律执行,增加自愿信息披露。信息披露有助于增强执法透明度,提高市场参与者对契约精神的认同。要系统地推进各项改革,统筹达到四个硬条件和三个软条件的要求。

2. 路径分析

中国经济在逐步对外开放的过程中取得了辉煌的成就,与此相适应,中国资本市场也在不断地进行对外开放的探索,稳步提高其开放水平。在开放中不断探索,在探索中不断改革和完善中国资本市场,形成了更加强大的市场力量和更加完善的市场环境，进而更好地服务于实体经济，加快经济向创新型发展模式转变。在过去的 30 余年中，中国资本市场对外开放制度创新性地采取了 B 股、QFII/RQFII 制度、QDII 制度、沪深港通等过渡性制度安排，取得了显著的成果。中国资本市场在迅速发展过程中不断提升国际影响力，逐渐成为世界上不可忽视的大国资本市场。必须清醒地认识到的是，中国现在的资本市场依然处于不完全开放状态，建设完全开放的大国国际金融中心才是最终目标。

回顾中国资本市场开放进程，继 1991 年推出的 B 股制度之后，2002 年 12 月正式实施的 QFII 制度进一步吸引境外投资者参与，2007 年 7 月正式启动的 QDII 制度开创了境内机构对境外资本市场投资的先河。2011 年底推出的 RQFII 制度试点工作，为境外机构投资者通过离岸人民币投资境内资本市场开辟了渠道，同时随着国务院于 2019 年 9 月取消 QFII/RQFII 额度限制以及取消 RQFII 试点国家和地区限制，进一步提升了中国资本市场的影响力和国际化水平。同时，2014 年 11 月和 2016 年 12 月相继实施的沪深港通制度，以及后续取消对沪深港通的额度限制的政策，都加速了中国资本市场的对外开放进程。此外，中国还推出了沪伦通等制度。然而，中国资本市场目前采取的开放措施都是管道式开放，而不是系统性开放，属于过渡性的制度安排，所以中国资本市场仍处于不完全开放状态，结果导致境外资本投资于 A 股的比例整体上一直处于较低水平。

中国未来要继续扩大资本市场开放，朝着构建新的国际金融中心的目标努力，继续优化完善现有的过渡性资本市场开放制度，逐步取消各类境外机构准入限制。要继续扩大中国资本市场开放程度和国际竞争力，吸引更多境外投资者参与进来，逐步提高境外投资者持有中国金融资产的占比，从目前的 3% 提高到主要大型国际金融中心的 15% 左右的水平，最终建成高水平开放的大国资本市场。

3. 市场效应分析

从实践来看，中国金融开放首先走的是金融机构的开放。这是日本、韩国、俄罗斯和印度等国家所没有走过的、独特的金融开放路径，是中国金融开放谨慎的重要表现。但无论走什么路，有一个坎都是绕不开的，那就是人民币自由化改革。如果本币不是完全可自由交易的货币，最后的开放是完成不了的，国际金融中心也不可能建成。

货币自由化是资本市场开放的基础和前提，从过往的国别经验来看，货币自由化有可能引发金融市场的动荡和金融体系的脆弱性，从而引起汇率的大幅度波动。"三元悖论"原则指出，一国不可能同时实现货币政策独立、汇率稳定以及资本自由流动三大金融目标，只能同时选择其中的两个，如图8-2所示。在资本完全流动情况下，如果实行严格的固定汇率制度，则没有货币政策的完全独立；如果要维护货币政策的完全独立，则必须放弃固定汇率制度；如果要使得固定汇率制度和货币政策独立性同时兼得，则必须实行资本管制。也就是在灰色三角形中，三个角点只能三选二。

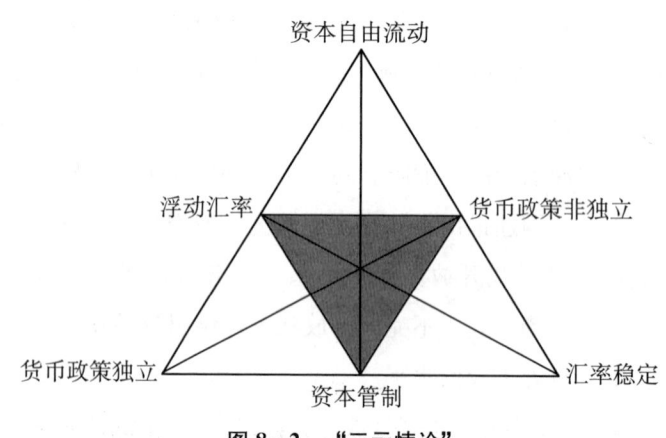

图8-2 "三元悖论"

中国金融全面开放的关键在于资本市场的开放，资本市场的开放是中国金融与资本市场实现国际化的前提。中国资本市场开放是一个既定目标，为了提高资本的自由流动性，中国有必要尽快实施人民币自由化改革，为金融全面开放和国际化奠定基础。结合对日本、韩国等国家金融全面开放后市场效应的综合分析，可以判断，中国是一个经济大国，金融开放既具有大国效应，又具有新兴经济体的特征（吴晓求等，2020a）。人民币汇率会出现一个时期的较大幅度波动，但人民币不会出现像东南亚国家或者韩国那样剧烈

第八章 中国资本市场的未来重点：市场化、法制化和国际化

的、处于危机状态的市场效应。中国金融开放后的效应可能更多地会与日本相似，人民币在经历一个时期大幅波动后会趋于收敛状态。中国的经济规模、经济实力、经济竞争力以及经济市场化程度具有较强的竞争力。应该说，人民币自由化后，从长期趋势看，是有稳定力的。因此，人民币自由化后可能会出现一个时期的波动，最后会收敛于一个相对稳定值，这是由中国的大国经济模式决定的（吴晓求，2015）。

资本市场开放的市场效应评估要依托国际金融中心的发展状况。上海市场是中国新的国际金融中心的主体部分，深圳市场是中国新的国际金融中心的重要组成部分，是成长性资产的储备市场。从时间序列来看，中国与金融指数排名靠前的中心城市差距越来越小；从时间循环和大历史周期来看，这个全球新的国际金融中心已向中国移动。外国投资者持有资产在中国市场的占比可能会在15%左右，这一比例将与美国市场相似。

总之，中国金融与资本市场的开放前景整体上是乐观的。中国经济规模较大、经济实力较强，尤其体现在国际贸易上。日本、韩国、俄罗斯和印度四国在当年开放金融的时候比中国现在的经济实力要小得多，但中国当前存在的最大不足是金融基础设施薄弱。在金融开放和发展过程中，不够成熟的金融基础设施体系会造成风险的累积，客观上会加大市场波动的幅度和危机发生的概率。需要进一步指出的是，中国金融的全面开放、人民币的自由化、国际化和国际金融中心的形成，对中国社会的进步、法制的完善、经济的持续稳定增长和经济竞争力的提升无疑具有巨大的推动作用。中国金融与资本市场的国际化，也就是中国社会的现代化，其意义比加入WTO还重要，会推动中国社会的现代化。

参考文献

[1] 吴晓求．大国金融中的中国资本市场．金融论坛，2015（5）：28-35.

[2] 吴晓求．改革开放四十年：中国金融的变革与发展．经济理论与经济管理，2018（11）：5-30.

［3］吴晓求，方明浩．中国资本市场30年：探索与变革．财贸经济，2021（4）：20-36.

［4］吴晓求，郭彪，方明浩，等．中国金融开放：模式、基础条件和市场效应评估．财贸经济，2020（5）：5-18.

［5］吴晓求，许荣，孙思栋．现代金融体系：基本特征与功能结构．中国人民大学学报，2020（1）：60-73.

［6］吴晓求，许荣，解志国，等．构建以市场透明度为核心的资本市场秩序．中国人民大学学报，2004（1）：33-41.

［7］许少强．国际金融中心建设的决定因素：经济实力抑或金融政策——基于历史的思考．上海金融，2013（6）：14-16.

［8］虞群娥．金融改革探索．杭州：浙江大学出版社，2006.

后　记

自 2020 年 11 月我和我的同事合作完成《中国资本市场三十年》（中国人民大学出版社 2021 年 1 月出版）书稿以来，时间又过去了一年。一年来，中国资本市场除呈现出结构性分化和稳中有升的态势外，有两件事尤其值得关注：一是 2021 年 9 月 3 日注册成立的北京证券交易所；二是理论界一直关注的金融或资本市场与经济关系是学习借鉴美国模式还是德国模式。前一件大事即北京证券交易所的成立，意味着中国资本市场新格局的形成，意味着更加重视资本市场对创新型中小企业的扶持和孵化作用，意味着中国对发展资本市场的理论认识正在深化。后一个问题即关注经济金融关系应学习美国模式还是德国模式，意味着我们在深刻思考中国金融和中国资本市场的未来发展目标，意味着在理论上认识金融和资本市场如何发展才能更有效率地服务于实体经济，从而才能更高质量地服务于国家重大战略需求。中国资本市场的未来模式及其与实体经济和国家战略需求的良性循环，需要我们做进一步的深入研究。

对中国资本市场发展模式的研究的实质是如何理解中国金融演变的未来模式。关于这个问题，我和我的研究团队早在 2005 年前后就做过专门研究，研究成果集中体现在《市场主导与银行主导：金融体系在中国的一种比较研究》（中国人民大学出版社 2006 年 4 月出版）一书中。在这本 15 年前出版的著作中，我们提出，市场主导型金融体系是中国金融改革的战略目标。时间已经过去 15 年，中国金融脱媒的进程一直在持续，金融体系中资本市场的作用日益重要。

今天，呈现在读者面前的《中国资本市场：第三种模式》是 15 年前研究的延续和深化。基于中国已有的实践，我们从法理角度初步提出了中国资本市场正在形成有别于美德模式的第三种模式，从更宏观的角度提出了市场与银行"双峰"或"双柱"主导型金融体系下的中国资本市场发展新模式，修订或深化了过往的理论认识。这种新的理论认识既遵循了现代金融发展的基本趋势和一般规律，也试图客观地把握中国金融的现实基础和文化法律特征。

本书是中国人民大学中国资本市场研究院（前身为中国人民大学金融与证券研究所）自 1996 年以来连续撰写的第 26 部学术性著作，是集体合作完成的研究成果。

本书详细研究大纲及内部写作讨论会由我起草和主持，初稿完成后，我在通览全书后对部分章节提出了具体修改意见。

本书作者是：导论，吴晓求、何青、方明浩；第一章，李永森、陆超、刘庭竹、张斯毓；第二章，赵锡军、宋科、虞思燕、沈靖人、郭雍、巫佳鹏、赵扬；第三章，汤珂、张丰羽、曾嘉庆；第四章，郭彪、尚凌楠、林星辰、刘思；第五章，许荣、谭松涛、朱芸、张强、徐一泽；第六章，应展宇、林海权、黄春妍；第七章，瞿强、李凤云、闫永佳；第八章，吴晓求、郭彪、方明浩、邹杨。中国人民大学中国资本市场研究院赵振玲女士做了大量复杂的编辑工作。

感谢中国人民大学出版社的大力支持，崔惠玲编审和周华娟副编审的高效率、高水平的编辑工作，使本书能在较短时间内高质量地出版。谨此致谢。

吴晓求
于中国人民大学中国资本市场研究院
2021 年 11 月 4 日